I0255844

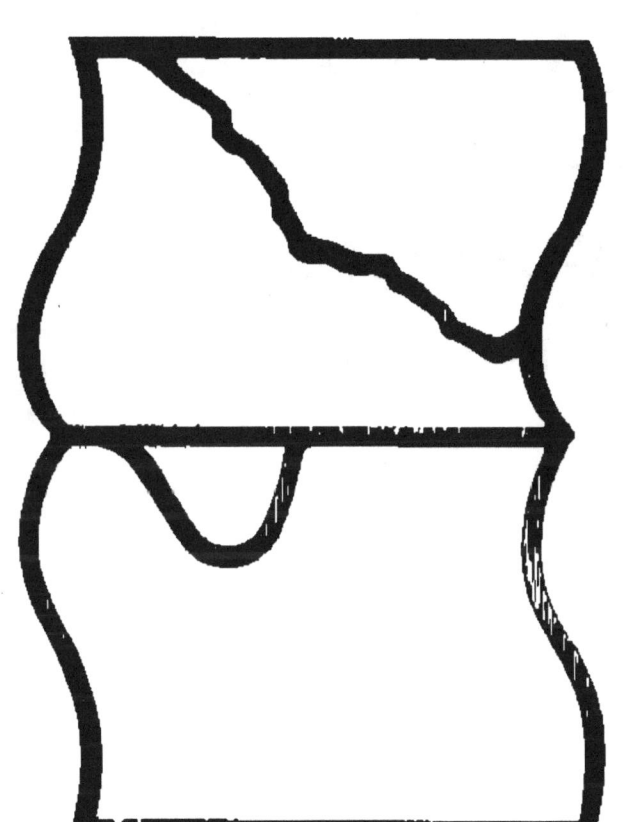

Texte détérioré   reliure défectueuse

NF Z 43 120 11

ŒUVRES
DE MONSIEUR
DE SAINT-EVREMOND,
TOME TROISIÉME.

ŒUVRES
DE MONSIEUR
DE SAINT-EVREMOND,
AVEC
LA VIE DE L'AUTEUR,

Par Monsieur DES MAIZEAUX Membre
de la Société Royale.

NOUVELLE EDITION.

TOME TROISIE'ME.

M. DCC. LIII.

TABLE
DES PIECES
DU TOME TROISIÉME.

Jugement sur César & sur Alexandre, à Monsieur ***. *page* 1

Sonnet. *Qu'avez-vous plus, Destins, à me faire endurer*, &c. 18

A Madame ***. Stances. *Il me souvient de mes plaisirs*, &c. 19

Sur la complaisance que les Femmes ont en leur beauté, 21

Jugement sur Séneque, Plutarque & Pétrone, 26

La Matrone d'Ephèse, 48

Conversation du Maréchal d'Hocquincourt avec le Pere Canaye, 54

Conversation de M. D'Aubigny avec M. de Saint-Evremond, 66

Le Prophéte Irlandois, Nouvelle, 71

A Madame de Comminges, sur ce qu'elle dit un jour à Monsieur D'Aubigny, qu'elle aimeroit mieux avoir été Hélene, que d'être une beauté médiocre. *Stances*, 90

A M. le Chevalier de Grammont, 93

TABLE

Sur la mort de la belle Marion de Lorme. Stances, *page* 95

Lettre à M. le Marquis de Créqui, 97

Lettre à M. le Marquis de Lionne, qui avoit fait dire à M. de Saint-Evremond de lui envoyer une Lettre qu'il pût montrer au Roi, 103

Idée de la Femme qui ne se trouve point, & qui ne se trouvera jamais, *ibid.*

Lettre à M. le Comte de Lionne, 112

Au même, 118

Au même, 120

Au même, 122

Observations sur Salluste & sur Tacite, 126

Dissertation sur la Tragédie de Racine, intitulée *Alexandre le Grand*, 136

Conversation de M. de Saint-Evremond avec M. le Duc de Candale, 151

Lettre à M. le Comte de Lionne, 181

Au même, 184

Au même, 187

Lettre de M. Corneille à M. de Saint-Evremond, pour le remercier des Louanges qu'il lui avoit données dans la *Dissertation sur l'Alexandre de Racine*, 189

Réponse de M. de Saint-Evremond à M. Corneille, 191

Lettre à M. le Comte de Lionne, 194

Au même, 197

L'intérêt dans les personnes tout-à-fait

corrompues, page 199
La Vertu trop rigide, 204
Sentiment d'un honnête & habile Courtisan sur cette vertu rigide & ce sale intérêt, 209
Lettre à M. le Comte de Lionne, 218
Au même, 219
Au même, 221
Au même, 223
A M. le Maréchal de Créquy, qui m'avoit demandé en quelle situation étoit mon esprit, & ce que je pensois sur toutes choses dans ma vieillesse, 224
De la lecture & du choix des Livres, 231
De la Poësie, 234
De quelques Livres Espagnols, Italiens & François, 236
De la Conversation, 242
Des Belles-Lettres & de la Jurisprudence, 249
Sur les Ingrats, 257
Sur la Religion, 263
Sur la vanité des disputes de Religion, & sur le faux zéle des Persécuteurs. Stances, 279
Problême à l'imitation des Espagnols. A Mademoiselle de Queroualle, 280
Lettre à M. le Comte d'Olonne, 284
Sur les premieres années de la Régence. A Mademoiselle de l'Enclos. Stances, 294

TABLE DES PIECES.

De la Tragédie ancienne & moderne, *page* 297

Sur les caractéres de la Tragédie, 311

A un Auteur qui me demandoit mon sentiment d'une Piéce où l'Héroïne ne faisoit que se lamenter, 322

Lettre à M. le Comte de Lionne, 326

Discours sur les Historiens François, 328

Fin de la Table des Piéces du Tome III.

ŒUVRES
DE MONSIEUR
DE SAINT-EVREMOND.

JUGEMENT
SUR CÉSAR
ET
SUR ALEXANDRE.

A MONSIEUR ***.

C'EST un consentement presque universel, qu'Alexandre & César ont été les plus grands hommes du monde ; & tous ceux qui se sont mêlés d'en juger, ont cru faire assez pour les Conquérans qui sont venus après eux, de trouver quelque rapport entre leur réputation & leur gloire. Plutarque, après avoir examiné leur naturel, leurs actions, leur fortune, nous laisse la liberté de décider, qu'il n'a osé prendre. Montagne, plus hardi, se déclare pour le premier : &, depuis que les versions de Vaugelas & d'Ablancourt ont fait ces Héros le sujet de toutes nos conversations (1), chacun s'est rendu partisan de l'un ou de l'autre, selon son inclination ou sa fantaisie. Pour moi, qui ai peut-être examiné leur vie avec autant de curiosité que personne, je ne me donnerai pourtant pas l'autorité d'en juger absolument : mais, puisque vous ne voulez pas me dispenser de vous dire ce que j'en pense, vous aurez quelques observations que j'ai faites sur le rapport & la différence que j'y trouve.

Tous deux ont eu l'avantage des grandes naissances. Alexandre, fils d'un Roi considérable ; César, d'une des premieres maisons de cette République, dont les citoyens s'estimoient plus que les Rois. Il semble que les Dieux ayent voulu donner à connoître la grandeur future d'Alexandre, par le songe d'Olympias, & par quelques autres présages. Ses inclinations relevées dès son enfance, ses larmes jalouses de la gloire de son pere, le jugement de

---

(1) Vaugelas a traduit la VIE D'ALEXANDRE écrite par Quinte-Curse ; & d'Ablancourt, les COMMENTAIRES DE CESAR.

Philippe, qui le croyoit digne d'un plus grand Royaume que le sien, appuyerent l'avertissement des Dieux : plusieurs choses de cette nature n'ont pas été moins remarquables en César. Sylla trouvoit en lui, tout jeune qu'il étoit, plusieurs Marius. César songea qu'il avoit couché avec sa mere ; & les Devins expliquerent que la Terre, mere commune des hommes, se verroit soumise à sa puissance. On le vit pleurer en regardant la statue d'Alexandre, de n'avoir encore rien fait à un âge où ce Conquérant s'étoit rendu maître de l'Univers.

L'amour des Lettres leur fut une passion commune ; mais Alexandre, ambitieux par tout, étoit piqué d'une jalousie de supériorité en ses études, & avoit pour but principal dans les Sciences, d'être plus savant que les autres. Aussi voit-on qu'il se plaignit d'Aristote, d'avoir publié des connoissances secrettes qui ne devoient être que pour lui seulement ; & il avoue qu'il n'aspire pas moins à s'élever au-dessus des hommes par les Lettres, que par les armes. Comme il avoit l'esprit curieux & passionné, il se plut à la découverte des choses cachées, & fut touché particuliérement de la Poësie. Il n'y a personne à qui la passion qu'il avoit pour Homere ne soit connue, & qui ne sache qu'en faveur de

Pindare, les maisons de ses descendans furent conservées dans la ruine de Thébes & la désolation générale de ses citoyens.

L'esprit de César, un peu moins vaste, ramena les Sciences à son usage; & il semble n'avoir aimé les Lettres que pour son utilité. Dans la Philosophie d'Epicure qu'il préféra à toutes les autres, il s'attacha principalement à ce qui regarde l'homme: mais il paroit que l'Eloquence eut ses premiers soins, sachant qu'elle étoit nécessaire dans la République, pour arriver aux plus grandes choses. Il harangua aux Rostres (1), à la mort de sa tante Julia, avec beaucoup d'applaudissement: il accusa Dolabella; & fit ensuite cette Oraison si adroite & si délicate, pour sauver la vie aux prisonniers de la conjuration de Catilina.

Il ne nous reste rien qu'on puisse dire sûrement être d'Alexandre, que certains dits spirituels d'un tour admirable, qui nous laissent une impression égale de la grandeur de son ame & de la vivacité de son esprit.

Mais la plus grande différence que je trouve dans leurs sentimens, est sur le sujet de la Religion. Alexandre fut dévot jusqu'à la superstition, se laissant posséder par les Devins & par les Oracles; ce qu'on peut attribuer, outre son naturel, à la lec-

(1) La Tribune aux Harangues.

ture ordinaire des Poëtes, qui donnoient aux hommes la crainte des Dieux, & composoient toute la Théologie de ces temps-là. Quant à César, soit par son tempérament, soit pour avoir suivi les opinions d'Epicure, il est certain qu'il passa dans l'autre extrémité; n'attendit rien des Dieux en cette vie, & se mit peu en peine de ce qui devoit arriver en l'autre. Lucain le représente au siége de Marseille, la hache à la main, dans un bois sacré, où donnant les premiers coups, il incitoit les soldats saisis d'une secrette horreur de religion, par des paroles assez impies (1). Saluste lui fait dire que la mort est la fin de tous les maux; qu'au-de-là il ne reste ni souci, ni sentiment pour la joie (2).

(1) Voici les vers de LUCAIN, Livre III. vers 432 à 439.

Implicitas magno Cæsar terrore Cohortes
Ut vidit, primus raptam librare bipennem
Ausus, & æriam ferro proscindere quercum,
Effatur merso violata in robora ferro:
Jam ne quis vestrum dubitet subvertere sylvam,
Credite me fecisse nefas. Tunc paruit omnis
Imperiis non sublato secura pavore
Turba, sed expensa Superorum & Cæsaris irâ.

C'est-à dire, selon la Traduction de BREBEUF :

Il querelle leur crainte, il frémit de courroux,
Et, le fer à la main, porte les premiers coups.
Quittez, quittez, dit-il, l'effroi qui vous maîtrise :
Si ces bois sont sacrés, c'est moi qui les méprise :
Seul j'offense aujourd'hui le respect de ces lieux,
Et seul je prens sur moi tout le courroux des Dieux.

(2) *In luctu atque miseriis mortem ærumnarum requiem, non cruciatum esse, eam cuncta mortalium mala dissolvere; ultra neque curæ, neque gaudio locum esse.* DE CONJURATIONE CATILINÆ, cap. 51.

A iij

Mais, comme les hommes, quelques grands qu'ils ſoient, comparés les uns aux autres, ſont toujours foibles, défectueux, contraires à eux-mêmes, ſujets à l'erreur ou à l'ignorance; Céſar fut troublé d'un ſonge qui lui prédiſoit l'Empire, & ſe moqua de celui de ſa femme, qui l'avertiſſoit de ſa mort. Sa vie répondit aſſez à ſa créance. Véritablement il fut modéré en des plaiſirs indifférens, mais il ne ſe dénia rien des voluptés qui le touchoient: c'eſt ce qui fit faire à Catulle tant d'Epigrammes contre lui, & d'où vint à la fin ce bon mot, que Céſar étoit *la femme de tous les maris, & le mari de toutes les femmes.*

Alexandre eut en cela beaucoup de modération; il ne fut pourtant pas inſenſible. Barzine & Roxanne lui donnerent de l'amour; & il n'eut pas tant de continence, qu'il ne s'accoutumât enfin à Bagoas, à qui Darius s'étoit accoutumé auparavant (1).

Le plaiſir du repas ſi cher à Alexandre, & où il ſe laiſſoit aller quelquefois juſqu'à l'excès, fut indifférent à Céſar. Ce n'eſt pas que parmi les travaux & dans l'action, Alexandre ne fût ſobre & peu délicat; mais

---

(1) *Nabarzines acceptâ fide occurrit, dona ingentia ferens, inter quæ Bagoas erat ſpecie ſingulari ſpado, atque in ipſo flore pueritiæ, cui & Darius fuerat aſſuetus, & mox Alexander aſſuevit.* QUINTUS CURTIUS, *de rebus geſtis Alexandri Magni*, l. 6. cap. V. num. 22.

dans le temps du repos, la tranquillité lui étoit fade, s'il ne l'éveilloit, pour ainsi dire, par quelque chose de piquant.

Ils donnerent l'un & l'autre jusqu'à la profusion, mais César avec plus de dessein & d'intérêt : ses largesses au Peuple, ses dépenses excessives dans l'Edilité, ses présens à Curion, étoient plûtôt des corruptions, que de véritables libéralités. Alexandre donna pour faire du bien, par la pure grandeur de son ame. Quand il passa en Asie, il distribua ses domaines ; il se dépouilla de toutes choses, & ne garda rien pour lui, que l'espérance des conquêtes, ou la résolution de périr. Lorsqu'il n'avoit presque plus besoin de personne, il paya les dettes de toute l'armée. Les Peintres, les Sculpteurs, les Musiciens, les Poëtes, les Philosophes, (tous illustres nécessiteux) eurent part à sa magnificence, & se ressentirent de sa grandeur. Ce n'est pas que César ne fût aussi naturellement fort libéral : mais, dans le dessein de s'élever, il lui fallut gagner les personnes nécessaires ; &, à peine se vit-il maître de l'Empire, qu'on le lui ôta malheureusement avec la vie.

Je ne trouve point en César de ces amitiés qu'eut Alexandre pour Ephestion, ni de ces confiances qu'il avoit en Craterus. Les commerces de César étoient, ou des liaisons pour ses affaires, ou un procédé assez obligeant ; mais beaucoup moins passionné pour ses amis. Il est vrai que sa familiarité n'avoit rien de dangereux ; & ceux qui le pratiquoient n'appréhenderent ni sa colere, ni ses caprices. Comme Alexandre fut extrême, ou il étoit le plus charmant, ou le plus terrible ; & on n'alloit jamais sûrement dans une privauté où il engageoit lui-même. Cependant l'amitié fut sa plus grande passion après la gloire, dont il ne faut point d'autre témoignage que le sien propre, lorsqu'il s'écria auprès de la statue d'Achille : *O, Achille, que je te trouve heureux d'avoir eu un ami fidéle pendant ta vie, & un Poëte comme Homere après ta mort !*

Jusqu'ici, nous avons cherché ces deux grands hommes dans leur naturel ; il est temps d'examiner le génie des Conquérans, & de les considérer dans toute l'étendue de l'action. Il y a quelque espéce de folie à raisonner sur des choses purement imaginaires ; néanmoins, selon toute la vraisemblance, si Alexandre se fût trouvé en la place de César, il n'auroit employé ses grandes & admirables qualités qu'à sa propre ruine. On peut croire que son humeur altiere & ennemie des précautions, l'eût mal conservé dans les persécutions de Sylla ; difficilement eût-il pû chercher sa sûreté dans un éloignement volontaire. Comme il donnoit par un pur mouvement de libéralité, ses largesses lui eussent été pernicieuses : au lieu d'attendre l'Edilité, où les magnificences & les profusions étoient permises, ses dons & ses présens hors de saison, l'auroient rendu justement suspect au Sénat : peut-être n'auroit-il pû s'assujettir à des loix qui eussent gêné une ame si impérieuse que la sienne ; &, tentant quelque chose à contre-temps, il auroit eu le destin de Manlius, des Gracques, de Catilina. Mais, si Alexandre eût péri dans la République, César, dont le courage & la précaution alloient d'ordinaire ensemble, ne se fût jamais mis dans l'esprit ce vaste dessein de la conquête de l'Asie.

Il est à croire que César, dont la conduite étoit si fine & si cachée, qu'il entra dans toutes les conspirations, sans être accusé qu'une seule fois, & jamais convaincu ; lui, qui dans les divisions qu'il fit naître entre les Gaulois, secouroit les uns, pour opprimer les autres, & les assujettir tous à la fin : il est à croire, dis-je, que ce même César, suivant son génie, auroit soumis ses voisins, & divisé toutes les Républiques de la Grece, pour les assujettir pleinement. Et certes, avoir quitté la Macédoine sans espérance de retour, avoir laissé des voisins mal affectionnés, la Grece quasi soumise, mais peu affermie dans la sujétion ; avec trente-cinq mille hommes, soixante-dix mille talens (1), & peu de vivres, avoir cherché un Roi de Perse que les Grecs appelloient LE GRAND ROI, & dont les simples Lieutenans sur les frontieres faisoient trembler tout le monde ; c'est ce qui passe l'imagination, & quelque chose de plus que si aujourd'hui la République de Genes, celles de Luques & de Raguse entreprenoient la conquête de la France. Si César avoit déclaré la guerre au grand Roi, ç'eût été sur les frontieres de proche en proche, & il ne se fût pas tenu malheureux de borner ses Etats par le Granique. Si l'ambition l'avoit poussé plus avant, pensez-vous qu'il eût refusé les offres de Darius, lui qui offrit toujours la paix à Pompée, & qu'il ne se fût pas contenté de la fille du Roi, avec cinq ou six Provinces qu'Alexandre refusa peut-être insolemment ? Enfin, si mes conjectures sont raisonnables, il n'auroit point cherché dans les plaines le Roi de Perse suivi d'un million d'hommes. Quelque brave, quelque ferme qu'il pût être, je ne sai s'il auroit dormi profondément la nuit qui précéda la Bataille d'Arbelles ; je croi du moins qu'il eût été du sentiment de Parmenion, & nous n'aurions de lui aucune des réponses

─────────────

(1) Qui font 42 mille écus de notre monnoie.

d'Alexandre. Cependant il falloit donner ce grand combat pour se rendre maître de l'Asie ; autrement, Darius eût traîné la guerre de Province en Province, toute sa vie : il falloit qu'il pérît comme il arriva, & que mille Peuples différens le vissent vaincu avec toutes ses forces.

Il est vrai que ce desir de gloire immodéré, & cette ambition trop vaste qui ne laissoit point de repos à Alexandre, le rendirent quelquefois si insupportable aux Macédoniens, qu'ils furent tout prêts de l'abandonner. Mais c'est là particuliérement que parut cette grandeur de courage qui ne s'étonnoit de rien. *Allez, lâches, leur dit-il, allez, ingrats, dire en votre Pays que vous avez laissé Alexandre avec ses amis, travaillant pour la gloire de la Grece, parmi des Peuples qui lui obéiront mieux que vous.* Dans toute sa vie, Monsieur le Prince (1) n'admire rien plus que cette fierté qu'il eut pour les Macédoniens, & cette confiance de lui-même. « Alexandre, dit-il, abandonné des siens parmi des barbares mal assujettis, se sentoit si digne de commander, qu'il ne croyoit pas qu'on pût refuser de lui obéir. Etre en Europe ou en Asie, parmi les Grecs ou les Perses, tout lui étoit indifférent : il pensoit trouver des sujets où il trouvoit des hommes.

(1) Le Prince de Condé.

Ce qu'on dit à l'avantage de César, c'est que les Macédoniens eurent affaire à des Nations pleines de molesse & de lâcheté, & que la conquête des Gaules dont les peuples étoient fiers & belliqueux, fut beaucoup plus difficile aux Romains. Je ne m'amuserai point à examiner le courage des uns & des autres ; mais il est certain que César ne trouva pas dans les Gaules de véritables armées. C'étoient des peuples entiers, à la réserve des femmes, des enfans & des vieillards, qui s'armoient tumultuairement pour la défense de leur liberté ; des multitudes de combattans sans ordre & sans discipline ; & à la vérité, si vous en exceptez deux ou trois, César pouvoit dire : VENI, VIDI, VICI, en toutes les occasions. Ce qui me fait croire que Labienus commandant les Légions, n'eût pas moins assujetti nos Provinces à la République, ou, selon toutes les apparences, Parmenion n'auroit pas donné cette grande bataille qui décida des affaires de l'Asie. Vous trouverez encore cette particularité remarquable, que celui-ci eut besoin du secours d'Alexandre dans le combat ; & que César un jour étoit perdu sans Labienus, qui après avoir tout battu de son côté, envoya la dixiéme Légion le dégager. Soit par le plus grand péril des entreprises, soit pour s'exposer davantage, ou pour être en cela plus malheureux, Alexandre fut cent fois en danger manifeste de sa vie, & reçut souvent de grandes blessures. César eut véritablement ses hazards, mais plus rares ; & je ne sache point qu'il ait été fort blessé dans toutes ses guerres.

Je ne voi pas aussi que les peuples de l'Asie dûssent être si mols & si lâches, eux qui ont toujours été formidables à l'Europe. Dans la plus grande puissance de la République, les Romains n'ont-ils pas été malheureux chez les Parthes, qui n'avoient qu'une partie de l'Empire de Darius ? Crassus y périt avec ses Légions du temps de César, & un peu après Antoine y fit un voyage funeste & honteux. Pour des conquêtes, on ne peut véritablement attribuer à César que celles des Gaules ; car dans la Guerre civile, il assujettit la République avec la meilleure partie de ses forces ; & la seule bataille de Pharsale le fit maître de cent peuples différens, que d'autres avoient vaincus. Vespasien n'a pas conquis l'Empire, pour s'être fait Empereur par la défaite de Vitellius. Ainsi César a profité des travaux de tous les Romains : les Scipions, Emilius, Marcellus, Marius, Sylla & Pompée, ses propres ennemis, ont combattu pour lui : tout ce qui s'étoit fait en six cens années, fut le fruit d'une seule heure de combat.

Ce qui me semble plus incomprehensible d'Alexandre, c'est qu'en douze ou treize ans, il ait conquis plus de pays que les plus grands États n'ont sû faire dans toute l'étendue de leur durée. Aujourd'hui un voyageur est célébre, pour avoir traversé une partie des Nations qu'il a subjuguées; & afin qu'il ne manquât rien à sa félicité, il a joui paisiblement de son Empire, jusqu'à être adoré de ceux qu'il avoit vaincus. En quoi je plains le malheur de César, qui n'a pû donner une forme à l'État, selon ses desseins, ayant été assassiné par ceux qu'il alloit assujettir.

Il me reste une considération à faire sur Alexandre; que tous les Capitaines Macédoniens ont été de grands Rois après sa mort, qui n'étoient que des hommes médiocres, comparés à lui durant sa vie. Et certes, je lui pardonne en quelque sorte, si dans un pays où c'étoit une créance reçûe, que la plûpart des Dieux avoient leur famille en terre, où Hercule étoit crû fils de Jupiter, pour avoir tué un lion & assommé quelques voleurs : je lui pardonne, dis-je, si appuyé de l'opinion de Philippe, qui pensoit que sa femme eût commerce avec un Dieu, si trompé par les oracles, si se sentant si fort au-dessus des hommes, il a quelquefois méprisé sa naissance véritable, & cherché son origine dans les cieux. Peut-être faisoit-il couler cette créance parmi les barbares pour en attirer la vénération; & tandis qu'il se donnoit au monde pour une espece de Dieu, le sommeil, le plaisir des femmes, le sang qui couloit de ses blessures, lui faisoit connoître qu'il n'étoit qu'un homme.

Après avoir parlé si long-temps des avantages d'Alexandre, je dirai en peu de mots que par la beauté d'un génie universel, César fut le plus grand des Romains en toutes choses, dans les affaires de la République & dans les emplois de la Guerre. A la vérité, les entreprises d'Alexandre ont quelque chose de plus étonnant; mais la conduite & la capacité ne paroissoient pas y avoir la même part. La Guerre d'Espagne contre Petreius & Afranius, est une chose que les gens d'une expérience consommée admirent encore. Les plus mémorables siéges des derniers temps ont été formés sur celui d'Alexie : nous devons à César nos forts, nos lignes, nos contrevallations, & généralement tout ce qui fait la sûreté des Armées devant les Places. Pour ce qui est de la vigueur, la Bataille de Munda fut plus contestée que celle d'Asie; & César courut un aussi grand péril en Egypte, qu'Alexandre dans le Bourg des Malliens.

Ils ne furent pas moins différens dans le procedé que dans l'action. Quand César n'avoit pas la justice de son côté, il en cherchoit les apparences : les prétextes ne lui manquoient jamais. Alexandre ne donnoit au monde pour raisons que ses volontés : il suivoit par tout son ambition ou son humeur. César se laissoit conduire à son intérêt, ou à sa raison. On n'a guére vû en personne tant d'égalité dans la vie, tant de modération dans la fortune, tant de clémence dans les injures. Ces impétuosités qui coûterent la vie à Clitus, ces soupçons mal éclaircis qui causerent la perte de Philotas, & qui, à la honte d'Alexandre, traînerent ensuite comme un mal nécessaire la mort de Parmenion : tous ces mouvemens étoient inconnus à César. On ne peut lui reprocher de mort que la sienne, pour n'avoir pas eu assez de soin de sa propre conservation.

Aussi faut-il avouer que bien loin d'être sujet aux désordres de sa passion, il fut le plus agissant homme du monde & le moins ému : les grandes, les petites choses le trouvoient dans son assiette, sans qu'il parût s'élever pour celles-là, ni s'abaisser pour celles-ci. Alexandre n'étoit proprement dans son naturel qu'aux extraordinaires. S'il falloit courir, il vouloit que ce fût contre des Rois. S'il aimoit la chasse, c'étoit celle des lions. Il avoit peine à faire un présent qui ne fût digne de lui. Jamais si résolu, jamais si gai que dans l'abattement des Troupes, jamais si constant, si assuré que dans leur désespoir. En un mot, il commençoit à se posséder pleinement où les hommes d'ordinaire, soit par la crainte, soit par quelqu'autre foiblesse, ont accoutumé de ne se posséder plus. Mais son ame trop élevée s'ajustoit mal-aisément au train commun de la vie; & peu sûre d'elle-même, il étoit à craindre qu'elle ne s'échappât parmi les plaisirs ou dans le repos.

Ici, je ne puis m'empêcher de faire quelques réflexions sur les Héros, dont l'Empire a cela de doux, qu'on n'a pas de peine à s'y assujettir. Il ne nous reste pour eux, ni de ces répugnances secrettes, ni de ces mouvemens intérieurs de liberté, qui nous gênent dans une obéissance forcée. Tout ce qui est en nous, est souple & facile : mais ce qui vient d'eux est quelquefois insupportable. Quand ils sont nos maîtres par la puissance, & si fort au-dessus de nous par le mérite, ils pensent avoir comme un double Empire qui exige une double sujétion; & souvent c'est une condition fâcheuse de dépendre de si grands hommes, qu'ils puissent nous mépriser légitimement. Cependant, puisqu'on ne regne pas dans les solitudes, & que ce leur est une nécessité de converser avec nous, il seroit de leur intérêt de s'accommoder à notre foiblesse. Nous les revererions comme des Dieux, s'ils se contentoient de vivre comme des hommes.

Mais finissons un discours qui me devient ennuyeux à moi-même, & disons que par des moyens pratiquables, César a exécuté les plus grandes choses, qu'il s'est fait le premier des Romains.

Alexandre étoit naturellement au-dessus des hommes : vous diriez qu'il étoit né le maître de l'Univers, & que dans ses expéditions il alloit moins combattre des Ennemis, que se faire reconnoître de ses peuples.

SONNET.

Qu'avez-vous plus, Destins, à me faire endurer?
N'aviez-vous pas assez éprouvé mon courage?
Et falloit-il encor, par ce dernier outrage,
Pousser un malheureux à se désespérer?

Je n'avois pas voulu seulement soupirer;
J'avois tout supporté sans changer de visage:
Mais il faut repousser la rage par la rage,
Et contre vos rigueurs sans cesse murmurer.

DE SAINT-EVREMOND.

Par vos ordres cruels, l'amour & la fortune
Rendant sur mon sujet leur disgrace commune,
M'ont éloigné d'Iris, & chassé de la Cour.

※

Poussez jusques au bout votre mortelle envie;
Et ne me laissez pas la lumiere du jour,
Après m'avoir ôté les douceurs de ma vie.

A MADAME ***.
STANCES.

IL me souvient de mes plaisirs;
 Je songe à Paris, à Valence;
 Je pousse ici mille soupirs,
  Et pour Lisie, & pour la France.
Je pense à tous momens à ces aimables lieux
Qui faisoient autrefois mes plus cheres délices;
Mais, parmi tant d'ennuis, les plus cruels supplices
Sont les maux que me fait l'absence de tes yeux.

※

 En vain le murmure des eaux,
 Triste charme des solitudes;
 En vain le chant de mille oiseaux
  Veut flatter mes inquiétudes:
Rien ne peut soulager de si vives douleurs,
Soit que j'aille chercher le repos du silence;
Ou soit que je le trouble au recit des malheurs
Dont je souffre aujourd'hui l'injuste violence.

※

  Quand nous étions en même Cour,
  Et que sur les bords de la Seine
  Voir mon maître & parler d'amour,
  Etoit une chose sans peine,
Je voyois chaque jour tes innocens appas ;
L'amour touchoit bien peu ma jeune fantaisie ;
Et maintenant, hélas ! trop aimable Lisie,
Je t'aime, je me meurs, & je ne te voi pas.

     ✳

  O vous, race de gens d'honneur,
  Petits Montresors * de campagne,
  Qui troublez tout notre bonheur
  Du chagrin qui vous accompagne ;
Professeurs éternels de régularité,
Ne romprez-vous jamais votre morne silence,
Que pour nous alléguer quelque grave sentence,
Et nous faire sentir votre sévérité ?

     ✳

  Meres, qui d'un esprit jaloux
  Voyez les charmes de vos filles ;
  Maris, dont on craint le courroux
  Aux plus innocentes familles,
Puisse arriver bien-tôt le terme de vos ans !
Veuille un Prince animé vous déclarer la guerre,
Et, contraire à celui qui tua les enfans **,
Ne laisser ni maris ni meres sur la terre !

---

* Monsieur de Montresor se piquoit d'une régularité scrupuleuse & importune.
** Herode.

SUR LA COMPLAISANCE
que les Femmes ont en leur beauté.

IL n'y a rien de si naturel aux belles personnes que la complaisance qu'elles ont en leur beauté : elles se plaisent avant qu'on leur puisse plaire ; elles sont les premieres à se trouver aimables & à s'aimer. Mais les mouvemens de cet amour sont plus doux qu'ils ne sont sensibles : car l'amour propre flatte seulement, & celui qui est inspiré se fait sentir.

Le premier amour se forme naturellement en elles, & n'a qu'elles pour objet : le second vient du dehors, ou attiré par une secrette sympathie, ou reçû par la violence d'une amoureuse impression. L'un, est un bien qui ne fait que plaire, mais toujours un bien, & qui dure autant que la beauté : l'autre, fait toucher davantage, mais il est plus sujet au changement.

A cet avantage de la durée, qu'a la complaisance de la beauté sur le mouvement de la passion, vous pouvez ajoûter encore qu'une belle femme se portera plûtôt à la conservation de sa beauté, qu'à celle de son amant, moins tendre qu'elle est pour un cœur assujetti, que vaine & glorieuse de ce qui peut lui donner la conquête de tous les autres. Ce n'est pas qu'elle ne puisse être sensible pour cet amant : mais avec raison elle se résoudra plûtôt à souffrir la perte de ce qu'elle aime, que la ruine de ce qui la fait aimer.

Il y a je ne sai quelle douceur à pleurer la mort de celui qu'on a aimé. Votre amour vous tient lieu de votre amant dans la douleur; & de-là vient l'attachement à un deuil qui a des charmes.

> Qui me console, excite ma colere;
> Et le repos est un bien que je crains.
> Mon deuil me plaît, & me doit toujours plaire;
> Il me tient lieu de celle que je plains *.

Il n'en est pas ainsi de la perte de la beauté. Cette perte met une pleine amertume dans vos pleurs, & vous ôte l'espérance d'aucun plaisir pour le reste de votre vie.

Avec votre beauté, il n'y avoit point d'infortune dont vous ne pussiez vous consoler : sans votre beauté, il n'y a point de bonheur dont vous puissiez vous satisfaire. Par tout, le souvenir de ce que vous avez été fera vos regrets; par tout, la vûe de ce que vous étes fera vos chagrins.

Le remede seroit de vous accommoder sagement au malheureux état où vous vous

---

* Maynard, dans L'ODE, sur la mort de sa fille.

trouvez : & quel remede pour une femme qui a été adorée, de revenir d'une vanité si chere à la raison ! Nouvelle & fâcheuse expérience après l'habitude d'un sentiment si doux & si agréable.

Les dernieres larmes que se réservent de beaux yeux, c'est pour se pleurer eux-mêmes quand ils seront effacés. De tous les cœurs, le seul qui soupire encore pour une beauté perdue, c'est celui d'une misérable qui la possédoit.

Le plus excellent de nos Poëtes, pour consoler une grande Reine de la perte d'un plus grand Roi son époux, veut lui faire honte de l'excès de son affliction, par l'exemple d'une Reine désesperée qui se prit au sort, dit aux Astres des injures, & accusa les Dieux de la mort de son mari (1);

Qui dit aux astres innocens
Tout ce que fait dire la rage
Quand elle est maîtresse des sens. (2).

(1) Artémise, qui avoit perdu Mausole, Roi de Carie, son époux.
(2) Ces Vers sont de Malherbe, dans l'ODE qui a pour titre : CONSOLATION à CARITÉE sur la mort de son mari. Ménage, dans ses OBSERVATIONS sur les Pieces de Malherbe, dit que cette CARITÉE étoit une Dame de Provence de grand mérite & d'une beauté extraordinaire. Mais Monsieur de Saint-Evremond nous apprend ici que Malherbe composa cette Ode pour Marie de Medicis, après la mort de Henry IV. Cependant, comme il me sembloit que cette Pièce, quoique très-belle, étoit d'un stile trop simple, & pour ainsi dire, trop familier pour une personne d'un si haut rang ; je lui montrai

Mais ne trouvant pas que l'horreur de l'impiété pût être assez forte dans une ame outrée de douleur, il garde pour sa derniere raison à lui représenter l'intérêt de ses appas, comme s'il n'y avoit plus aucun remede à son mal, que la considération du tort qu'elle fait à sa beauté:

> Que vous ont fait ces beaux cheveux,
> Dignes objets de tant de vœux,
> Pour endurer votre colere,
> Et devenus vos ennemis,
> Recevoir l'injuste salaire
> D'un crime qu'ils n'ont point commis?

Il pardonnoit aux femmes d'être impies, d'être insensées; il ne leur pardonnoit pas de s'être rendues moins aimables. C'est le crime dont il prétendoit avec moins de peine leur faire horreur. Les vouloir rappeller à la Religion, c'est peu de chose: leur mettre devant les yeux l'intérêt de leur beauté, c'est tout ce qu'il s'imagine de plus fort contre l'opiniâtreté de leur deuil; il ne connoît rien au-delà qui soit capable de les guérir.

Pour connoître jusqu'où va cet attachement des femmes à leur beauté, il le faut

la remarque que j'avois faite sur cet endroit, à la marge de mon exemplaire, où je rapportois l'observation de Ménage, & les raisons qui me la faisoient paroître vraisemblable: mais il m'assura que de son temps, personne ne doutoit à la Cour que Malherbe n'eût en vûe Marie de Medicis, considerer dans les plus retirées & les plus dévotes. Il y en a qui ont renoncé à tous les plaisirs, qui se sont détachées de tous les intérêts du monde, qui ne cherchent à plaire à personne, & à qui personne ne plaît : mais dans une indifférence de toutes choses, elles se flattent secrettement de se trouver encore aimables. Il y en a d'autres qui s'abandonnent à toutes sortes d'austérités ; & si par hazard elles se regardent dans un miroir, vous les entendrez soupirer de se voir changées. Elles font avec la derniere ferveur ce qui défigure leur visage, & ne peuvent souffrir la vûe de leur visage défiguré.

La nature qui peut consentir à se laisser détruire elle-même par un sentiment d'amour pour Dieu, s'oppose en secret au moindre changement de la beauté, par un mouvement d'amour propre dont elle ne se défait point. En quelque lieu qu'une belle personne soit retirée, en quelque état qu'elle soit, ses appas lui seront chers. Ils lui seront chers dans la maladie ; & si la maladie va jusqu'à la mort, le dernier soupir est moins pour la perte de la vie, que pour celle de la beauté.

JUGEMENT
SUR
SENEQUE, PLUTARQUE
ET PETRONE.

JE commencerai par Sénéque, & vous dirai avec la derniere impudence, que j'estime beaucoup plus sa personne que ses ouvrages. J'estime le précepteur de Neron, l'amant d'Agrippine, l'ambitieux qui prétendoit à l'Empire. Du Philosophe & de l'Écrivain, je ne fais pas grand cas : je ne suis touché ni de son stile, ni de ses sentimens. Sa Latinité n'a rien de celle du temps d'Auguste, rien de facile, rien de naturel ; toutes pointes, toutes imaginations, qui sentent plus la chaleur d'Afrique ou d'Espagne, que la lumiere de Gréce ou d'Italie. Vous y voyez des choses coupées, qui ont l'air & le tour des sentences, mais qui n'en ont ni la solidité, ni le bon sens ; qui piquent & poussent l'esprit, sans gagner le jugement. Son discours forcé me communique une espece de contrainte ; & l'ame, au lieu d'y trouver sa satisfaction & son repos, y rencontre du chagrin & de la gêne.

Neron, qui pour être un des plus méchans Princes du monde, ne laiſſoit pas d'être fort ſpirituel, avoit auprès de lui des eſpéces de Petits-Maîtres fort délicats, qui traitoient Sénéque de Pédant, & le tournoient en ridicule. Je ne ſuis pas de l'opinion de Berville, qui penſoit que le faux Eumolpe de Petrone fût le véritable Sénéque. Si Petrone eût voulu lui donner un caractere injurieux, c'eût été plûtôt ſous le perſonnage d'un Pédant Philoſophe, que d'un Poete impertinent. D'ailleurs il eſt comme impoſſible d'y trouver aucun rapport. Sénéque étoit le plus riche homme de l'Empire, & louoit toujours la pauvreté. Eumolpe, un Poëte fort mal dans ſes affaires, & au déſeſpoir de ſa condition, il ſe plaignoit de l'ingratitude du ſiécle, & trouvoit pour toute conſolation, que *bonæ mentis ſoror eſt paupertas*. Si Sénéque avoit des vices, il les cachoit avec ſoin, ſous l'apparence de la ſageſſe. Eumolpe faiſoit vanité des ſiens, & traitoit ſes plaiſirs avec beaucoup de liberté.

Je ne voi donc pas ſur quoi Berville pouvoit appuyer ſa conjecture. Mais je ſuis trompé, ſi tout ce que dit Pétrone du ſtile de ſon temps, de la corruption de l'éloquence & de la poëſie, ſi *controverſiæ ſententiolis vibrantibus pictæ*, qui le choquoient ſi fort, ſi *vanus ſententiarum ſtrepitus*, dont il étoit étourdi, ne regardoient pas Sénéque, si le *per ambages Deorumque ministeria, &c.* ne s'adressoit pas à la Pharsale de Lucain, si les louanges qu'il donne à Virgile, à Horace, n'alloient pas au mépris de l'oncle & du neveu. Quoiqu'il en soit, pour revenir à ce qui me semble de ce Philosophe, je ne lis jamais ses écrits, sans m'éloigner des sentimens qu'il veut inspirer à ses lecteurs. S'il tâche de persuader la pauvreté, on meurt d'envie de ses richesses. Sa vertu fait peur, & le moins vicieux s'abandonneroit aux voluptés par la peinture qu'il en fait. Enfin, il parle tant de la mort, & me laisse des idées si noires, que je fais ce qui m'est possible pour ne profiter pas de sa lecture. Ce que je trouve de plus beau dans ses ouvrages, sont les exemples & les citations qu'il y mêle. Comme il vivoit dans une Cour délicate, & qu'il sçavoit mille belles choses de tous les temps, il en allégue de fort agréables, tantôt de César, d'Auguste, de Mécénas : car après tout, il avoit de l'esprit & de la connoissance infiniment : mais son stile n'a rien qui me touche ; ses opinions ont trop de dureté, & il est ridicule qu'un homme qui vivoit dans l'abondance, & se conservoit avec tant de soin, ne prêchât que la pauvreté & la mort.

SUR PLUTARQUE.

Montaigne a trouvé beaucoup de rapport entre Plutarque & Séneque (1) : tous deux grands Philosophes, grands prêcheurs de sagesse & de vertu ; tous deux précepteurs d'Empereurs Romains : l'un, plus riche & plus élevé ; l'autre, plus heureux dans l'éducation de son disciple. Les opinions de Plutarque (comme dit le même Montaigne) sont plus douces & plus accommodées à la societé : celles de Sénéque plus fermes selon lui, plus dures & plus austéres selon moi. Plutarque insinue doucement la sagesse, & veut rendre la vertu familiere dans les plaisirs même. Sénéque raméne tous les plaisirs à la sagesse, & tient le seul Philosophe heureux. Plutarque naturel, & persuadé le premier, persuade aisément les autres. L'esprit de Sénéque se bande & s'anime à la vertu ; & comme si ce lui étoit une chose étrangere, il a besoin de se surmonter lui-même. Pour le stile de Plutarque, n'ayant aucune connoissance du Grec, je n'en saurois faire un jugement assuré : mais je vous avouerai que parmi les Traités de sa morale, il y en a beaucoup où je ne puis rien comprendre, soit par la grande différence des choses & des manieres de son temps à celles du nôtre,

(1) Voyez les ESSAIS de Montaigne, Livre II. ch. 10.

ou que véritablement ils soient au-dessus de mon peu d'intelligence. Le *Démon familier* de Socrate, *la création de l'ame*, *le rond de la Lune* (1), peuvent être admirables à qui les entend. Je vous dirai nettement que je n'en connois pas la beauté ; & s'ils sont merveilleux, c'est une merveille qui me passe. On peut juger par les bons mots des anciens qu'il nous a laissés, par ses dits qu'il ramasse avec tant de soin, par ses longs propos de table, combien il étoit sensible à la conversation. Cependant, ou il y avoit peu de délicatesse en ces temps-là, ou son goût n'étoit pas tout-à-fait exquis. Il soutient les matieres graves & sérieuses avec beaucoup de bon sens & de raison : aux choses qui sont purement de l'esprit, il n'y a rien d'ingénieux ni de délicat.

A dire vrai, les Vies des Hommes Illustres, sont le chef-d'œuvre de Plutarque, &, à mon jugement, un des plus beaux ouvrages du monde. Vous-y voyez ces grands hommes exposés en vûe, & retirés chez eux-mêmes : vous les voyez dans la pureté du naturel, & dans toute l'étendue de l'action. On y voit la fermeté de Brutus, & cette réponse fiére au mau-

---

(1) Plutarque a fait trois petits Traités, intitulés, selon la Traduction d'Amiot : Du Démon ou Esprit familier de Socrate ; de la création de l'ame, que Platon décrit dans son Timée ; de la face qui apparoît dedans le rond de la Lune.

vais génie qui lui parla : on voit qu'il lui restoit malgré lui quelque impression de ce fantôme, que le raisonnement de Cassius eut de la peine à bien effacer. Peu de jours après, on lui voit disposer ses Troupes, & donner le combat si heureux de son côté, & si funeste par l'erreur de Cassius : on lui voit retenter la fortune, perdre la bataille, faire des reproches à la vertu, & trouver plus de secours dans son désespoir, que chez une maîtresse ingrate, qu'il avoit si bien servie (1).

Il y a une force naturelle dans le discours de Plutarque, qui égale les plus grandes actions ; & c'est de lui proprement qu'on peut dire, *facta dictis exæquata sunt*: mais il n'oublie ni les médiocres, ni les communes ; il examine avec soin le train ordinaire de la vie. Pour ses COMPARAISONS, que Montaigne a trouvées si admirables (2), elles me paroissent véritablement fort belles : mais je pense qu'il pouvoit aller plus avant, & pénétrer davantage dans le fond du naturel. Il y a des replis & des détours en notre ame qui lui sont échappés. Il a jugé de l'homme trop en gros : il ne l'a pas crû si différent qu'il est de lui-même, méchant, vertueux, équi-

---

(1) Voyez dans le DICTIONNAIRE de M. Bayle l'Article BRUTUS. (*Mart.*

Junius) Rem. (B.) & (C.)
(2) ESSAIS, Livre II. chap. 32.

table, injuste, humain & cruel : ce qui lui semble se démentir, il l'attribue à des causes étrangeres. Enfin, s'il eût défini Catilina, il nous l'eût donné avare ou prodigue : cet *alieni appetens, sui profusus*, étoient au-dessus de sa connoissance ; & il n'eût jamais démêlé ces contrariétés, que Salluste a si bien séparées, & que Montaigne lui-même a beaucoup mieux entendues.

SUR PETRONE.

I. Pour juger du mérite de Pétrone, je ne veux que voir ce qu'en dit Tacite (1) ;

---

(1) *Illi dies per somnum, dit Tacite, nox officiis & oblectamentis vitæ transigebatur. Utque alios industria, ita hunc ignavia ad famam protulerat ; habebaturque non ganeo & profligator, ut plerique sua haurientium, sed erudito luxu. Ac dicta factaque ejus quanto solutiora, & quandam sui negligentiam præferentia, tanto gratius in speciem simplicitatis accipiebantur. Proconsul tamen Bithyniæ, & max Consul, vigentem se ac parem negotiis ostendit : dein revolutus ad vitia, seu vitiorum imitationem, inter paucos familiarium Neroni adsumptus est, elegantiæ arbiter, dum nihil amœnum, & molle affluentia putat, nisi quod ei Petronius approbavisset. Unde invidia Tigellini, quasi adversus æmulum & scientia voluptatum potiorem. Ergo crudelitatem Principis, cui cæteræ libidines cedebant, aggreditur, amicitiam Scevini Petronio objectans, corrupto ad indicium servo, ademptaque defensione, & majore parte familiæ in vincla rapta. Forte illis diebus Campaniam petiverat Cæsar, & Cumas usque progressus, Petronius illic attinebatur. Nec tulit ultra timoris aut spei moras. Neque tamen præceps vitam expulit, sed incisas venas, ut libitum obligatas, aperire rursum, & alloqui amicos, non per seria, aut quibus constantia gloriam peteret. Audiebatque referentes, nihil de immortalitate animæ, & sapientium placitis, sed levia carmina & faciles versus. Servorum alios largitione, quosdam verberibus affecit. Iniit & vias, somno indulsit, ut quanquam coacta mors, fortuitæ similis esset. Ne codicillis quidem (quod plerique pereuntium) Neronem aut Tigellinum, aut quem alium potentium adulatus est ; sed flagitia principis sub nominibus exi-*

& sans mentir, il faut bien que ç'ait été un des plus honnêtes hommes du monde, puisqu'il a obligé un Historien si sévere de renoncer à son naturel, & de s'étendre avec plaisir sur les louanges d'un voluptueux. Ce n'est pas qu'une volupté si exquise n'allât autant à la délicatesse de l'esprit qu'à celle du goût. Cet *erudito luxu*, cet *arbiter elegantiarum*, est le caractere d'une politesse ingénieuse, fort éloignée des sentimens grossiers d'un vicieux : aussi n'étoit-il pas si possedé de ses plaisirs, qu'il fût devenu incapable des affaires. La douceur de sa vie ne l'avoit pas rendu ennemi des occupations. Il eut le mérite d'un Gouverneur dans son Gouvernement de Bithynie ; la vertu d'un Consul dans son Consulat : mais, au lieu d'assujettir sa vie à sa dignité, comme font la plûpart des hommes, & de rapporter-là tous ses chagrins & toutes ses joies, Pétrone, d'un esprit supérieur à ses charges, les ramenoit à lui-même ; & pour m'expliquer à la façon de Montaigne, il ne renonçoit pas à l'homme en faveur du Magistrat. Pour

---

letorum, fœminarumque, & novitate cujusque stupri perscripsit, atque obsignata misit Neroni. Fregitque annulum, ne mox usui esset ad facienda pericula. C. TACITUS, *Annal.* Lib. XVI. cap. 18. 19. Au reste, M. de Saint Evremond a crû que le *Pétrone* dont Tacite parle ici, est l'Auteur de la *Satire*, qui porte le nom de *Pétrone* : mais cela n'est pas vraisemblable, comme je l'ai remarqué dans une Note sur la VIE de M. de Saint Evremond, sur l'année 1663.

sa mort, après l'avoir bien examinée, ou je me trompe, ou c'est la plus belle de l'antiquité. Dans celle de Caton, je trouve du chagrin & même de la colére. Le désespoir des affaires de la République, la perte de la liberté, la haine de César, aiderent beaucoup sa résolution ; & je ne sai si son naturel farouche n'alla point jusqu'à la fureur, quand il déchira ses entrailles.

Socrate est mort véritablement en homme sage & avec assez d'indifférence : cependant il cherchoit à s'assurer de sa condition en l'autre vie, & ne s'en assuroit pas : il en raisonnoit sans cesse dans la prison avec ses amis assez foiblement ; & pour tout dire, la mort lui fut un objet considérable. Pétrone seul a fait venir la molesse & la nonchalance dans la sienne. *Audiebatque referentes, nihil de immortalitate animæ, & sapientium placitis, sed levia carmina & faciles versus.* Il n'a pas seulement continué ses fonctions ordinaires à donner la liberté à des esclaves, à en faire châtier d'autres ; il s'est laissé aller aux choses qui le flattoient, & son ame, au point d'une séparation si fâcheuse, étoit plus touchée de la douceur & de la facilité des vers, que de tous les sentimens des Philosophes.

Pétrone, à sa mort, ne nous laisse qu'une image de la vie : nulle action, nulle parole, nulle circonstance qui marque l'embarras d'un mourant. C'est pour lui proprement, que mourir est cesser de vivre. Le VIXIT des Romains lui appartient justement.

II. Je ne suis pas de l'opinion de ceux qui croyent que Pétrone a voulu reprendre les vices de son temps, & qu'il a composé une Satire avec le même esprit qu'Horace écrivoit les siennes. Je me trompe, ou les bonnes mœurs ne lui ont pas tant d'obligation. C'est plûtôt un Courtisan délicat qui trouve le ridicule, qu'un Censeur public qui s'attache à blâmer la corruption. Et pour dire vrai, si Pétrone avoit voulu nous laisser une morale ingénieuse dans la description des voluptés, il auroit tâché de nous en donner quelque dégoût : mais c'est-là que paroît le vice avec toutes les graces de l'Auteur; c'est-là qu'il fait voir avec plus de soin l'agrément & la politesse de son esprit.

Davantage, s'il avoit eu dessein de nous instruire par voie plus fine & plus cachée que celle des préceptes, pour le moins verrions-nous quelque exemple de la justice divine ou humaine sur ses débauchés. Tant s'en faut, le seul homme de bien qu'il introduit, le pauvre Lycas, marchand de bonne foi, craignant bien les Dieux, périt misérablement dans la tempête au milieu de ces corrompus qui sont conservés. Encolpe & Giton s'attachent l'un avec l'autre, pour mourir plus étroitement unis ensemble, & la mort n'ose toucher à leurs plaisirs. La voluptueuse Tryphéne se sauve dans un esquif avec toutes ses hardes. Eumolpe fut si peu ému du danger, qu'il avoit le loisir de faire quelque Epigramme. Lycas, le pieux Lycas (1), appelle inutilement les Dieux à son secours ; & à la honte de leur providence, il paye ici pour tous les coupables. Si l'on voit quelquefois Encolpe dans les douleurs, elles ne lui viennent pas de son repentir. Il a tué son hôte, il est fugitif, il n'y a sorte de crime qu'il n'ait commis : grace à la bonté de sa conscience, il vit sans remors ; ses larmes, ses regrets ont une cause bien diffé-

---

(1) M. Nodot a critiqué cet endroit dans ses Notes sur Pétrone ; mais mal-à-propos. Il a crû que M. de Saint Evremond appelloit Lycas *pieux*, à cause que Pétrone lui donne la qualité de *verecundissimus*. Ce n'est point cela. M. de Saint Evremond accuse Pétrone de protéger l'impieté & le vice, pendant qu'il fait opprimer la vertu & la pieté ; & il le prouve par l'exemple de Lycas, qui étant le seul dans la tempête qui craignit la colere des Dieux, & mit tout en usage pour l'appaiser, fut aussi le seul de la Troupe qui périt misérablement. Ce n'est donc que par rapport à ces mouvemens de dévotion qu'il l'appelle le *pieux Lycas*. C'est à cause de l'empressement qu'il a de faire rendre le voile & le sistre d'ISIS, & des instances réiterées qu'il fait à Encolpe sur ce sujet. *Tu, inquit, Encolpi, succurre periclitantibus ; id est, vestem illam divinam, sistrumque redde navigio. Per fidem, miserere, quemadmodum quidem soles. Et illum quidem vociferantem in mare ventus excussit, repetitumque infesto gurgite procella circumegit, atque hausit.*

rente

rente ; il se plaint de l'infidélité de Giton qui l'abandonne : son désespoir est de se l'imaginer dans les bras d'un autre, qui se moque de la solitude où il est réduit. *Jacent nunc amatores obligati noctibus totis, & forsitan mutuis lubidinibus attriti, derident solitudinem meam.*

Tous les crimes lui ont succedé heureusement, à la réserve d'un seul, qui lui a véritablement attiré une punition fâcheuse ; mais c'est un péché, pour qui les loix divines & humaines n'ont point ordonné de châtiment. Il avoit mal répondu aux caresses de Circé, & à la vérité son impuissance est la seule faute qui lui a fait de la peine. Il avoue qu'il a failli plusieurs fois ; mais qu'il n'a jamais mérité la mort qu'en cette occasion. Enfin, sans m'attacher au détail de toute l'histoire, il retombe dans le même crime, & reçoit le supplice mérité avec une parfaite résignation. Alors il rentre en lui-même, & connoît la colere des Dieux :

Hellespontiaci sequitur gravis ira Priapi.

Il se lamente du pitoyable état où il se trouve, *funerata est pars illa corporis, quâ quondam Achilles eram ;* & pour recouvrer sa vigueur, il se met entre les mains d'une Prêtresse de ce Dieu avec de très-bons sentimens de religion, mais en effet les seuls qu'il paroisse avoir dans toutes ses avantures. Je pourrois dire encore que le bon Eumolpe est couru des petits enfans quand il récite ses vers : mais quand il corrompt son Disciple, la mere le regarde comme un Philosophe; & couchés dans une même chambre, le pere ne s'éveille pas, tant le ridicule est sévérement puni chez Pétrone, & le vice heureusement protegé. Jugez, par-là, si la vertu n'a pas besoin d'un autre orateur pour être persuadée. Je pense qu'il est du sentiment de Bautru : « Qu'honnête homme & bonnes mœurs ne s'accordent pas ensemble. » *Si ergo Petronium adimus, adimus virum ingenio verè aulico elegantiæ arbitrum, non sapientiæ.*

III. On ne sauroit douter que Pétrone n'ait voulu décrire les débauches de Néron, & que ce Prince ne soit le principal objet de son ridicule : mais de savoir si les personnes qu'il introduit, sont véritables ou feintes, s'il nous donne des caractéres à sa fantaisie, ou le propre naturel de certaines gens, la chose est fort difficile, & on ne peut raisonnablement s'en assurer. Je pense, pour moi, qu'il n'y a aucun personnage dans Pétrone, qui ne puisse convenir à Neron. Sous Trimalcion, il se moque apparemment de sa magnificence ridicule, & de l'extravagance de ses plaisirs.

Eumolpe nous représente la folle passion qu'il avoit pour le théatre : *Sub nominibus exoletorum fœminarumque, & novitate cujusque stupri, flagitia Principis perscripsit ;* & par une agréable disposition de différentes personnes imaginées, il touche diverses impertinences de l'Empereur, & le désordre ordinaire de sa vie.

On pourra dire que Pétrone est bien contraire à soi-même, d'en blâmer les vices, la molesse & les plaisirs, lui qui fût si ingénieux dans la recherche des voluptés : *Dum nihil amœnum, & molle affluentia putat, nisi quod ei Petronius approbavisset.* Car, à dire vrai, quoique le Prince fût assez corrompu de son naturel, au jugement de Plutarque, la complaisance de ce Courtisan a contribué beaucoup à le jetter dans toute sorte de luxe & de profusion. En cela, comme en la plûpart des choses de l'histoire, il faut regarder la différence des temps. Avant que Neron se fût laissé aller à cet étrange abandonnement, personne ne lui étoit si agréable que Pétrone ; jusques-là, qu'une chose passoit pour grossiere, quand elle n'avoit pas son approbation. Cette Cour étoit comme une École de voluptés recherchées, où tout se rapportoit à la délicatesse d'un goût si exquis. Je croi même que la politesse de notre Auteur devint pernicieuse au public,

D ij

& qu'il fut un des principaux à ruiner des gens confidérables, qui faifoient une profeſſion particuliere de fageſſe & de vertu. Il ne prêchoit que la liberalité à un Empereur déja prodigue, la moleſſe à un voluptueux. Tout ce qui avoit une apparence d'auſtérité, avoit pour lui un air ridicule.

Selon mes conjectures, Traféas eut fon tour, Helvidius le fien; & quiconque avoit du mérite fans l'art de plaire, n'étoit pas fâcheux impunément. Dans cette forte de vie, Néron fe corrompoit de plus en plus; & comme la délicateſſe des plaifirs vint à ceder au défordre de la débauche, il tomba dans l'extravagance de tous les goûts. Alors Tigellin, jaloux des agrémens de Pétrone & des avantages qu'il avoit fur lui dans la fcience des voluptés, entreprit de le ruiner, *quaſi adverſus æmulum & ſcientiam voluptatum potiorem.* Ce ne lui fut pas une chofe mal-aifée; car l'Empereur, abandonné comme il étoit, ne pouvoit plus fouffrir un témoin fi délicat de fes infamies. Il étoit moins gêné par le remord de fes crimes, que par une honte fecrette qu'il fentoit de fes voluptés groſſieres, quand il fe fouvenoit de la délicateſſe des paſſées. Pétrone, de fon côté, n'avoit pas de moindres dégouts; & je penfe que dans le temps de fes mécontentemens cachés, il compofa cette Satire ingénieufe, que nous n'avons malheureusement que défigurée.

Nous voyons dans Tacite l'éclat de sa disgrace ; & qu'ensuite de la conspiration de Pison, l'amitié de Scevinus fut le prétexte de sa perte.

IV. Pétrone est admirable par tout, dans la pureté de son style, dans la délicatesse de ses sentimens ; mais ce qui me surprend davantage, est cette grande facilité à nous donner ingénieusement toute sorte de caracteres. Terence est peut-être l'Auteur de l'antiquité qui entre le mieux dans le naturel des personnes. J'y trouve cela à redire, qu'il a peu d'étendue : & tout son talent est borné à faire bien parler des valets & des vieillards, un pere avare, un fils débauché, une esclave, une espece de Briguelle (1). Voilà où s'étend la capacité de Terence. N'attendez de lui ni galanterie, ni passion, ni les sentimens, ni les discours d'un honnête homme. Pétrone, d'un esprit universel, trouve le génie de toutes les professions, & se forme comme il lui plaît à mille naturels différens. S'il introduit un déclamateur, il en prend si bien l'air & le style, qu'on di-

(1) Le premier qui fit les intrigues de la Comédie Italienne, étoit Provençal, & s'appelloit Briguelle. Il y réussit si bien, qu'on a donné depuis le nom de *Briguelle* au Valet fourbe, qui conduit ses intrigues.

roit qu'il a déclamé toute sa vie. Rien n'exprime plus naturellement le désordre d'une vie débauchée, que les querelles d'Encolpe & d'Ascylte, sur le sujet de Giton.

Quartilla ne représente-t'elle pas admirablement ces femmes prostituées, *quarum sic accensa libido, ut sæpius peterent viros, quam peterentur ?* Les nôces du petit Giton & de l'innocente Pannychis, ne nous donnent-elles pas l'image d'une impudicité accomplie ?

Tout ce que peut faire un sot ridiculement magnifique dans un repas, un faux délicat, un impertinent, vous l'avez, sans doute, au festin de Trimalcion.

Eumolpe nous fait voir la folie qu'avoit Néron pour le théatre, & sa vanité à réciter ses ouvrages ; & vous remarquerez, en passant, par tant de beaux Vers dont il fait un méchant usage, qu'un excellent Poëte peut être un malhonnête homme. Cependant comme Encolpe, pour représenter Eumolpe, un faiseur de Vers fantasques, ne laisse pas de trouver en sa physionomie quelque chose de grand, il observe judicieusement de ne pas ruiner les idées qu'il nous en donne. Cette maladie qu'il a de composer hors de propos, même *in vicinia mortis* ; sa volubilité à dire ses compositions en tous lieux & en tous temps, répond à son début ridicule : *& ego inquit,* *poëta sum, & ut spero, non humillimi spiritus, si modo aliquid coronis credendum est, quas etiam ad imperitos gratia deferre solet.* Sa connoissance assez générale, ses actions extraordinaires, ses expédiens en de malheureuses rencontres, sa fermeté à soutenir ses compagnons dans le vaisseau de Lycas, cette Cour plaisante de chercheurs de successions, qu'il s'attire dans Crotone, ont toujours du rapport avec les choses qu'Encolpe s'en étoit promises : *Senex canus, exercitati vultus, & qui videretur nescio quid magnum promittere.*

Il n'y a rien de si naturel que le personnage de Chrysis : toutes nos confidentes n'en approchent pas ; & sans parler de sa premiere conversation avec Polyenos, ce qu'elle lui dit de sa maîtresse sur l'affront qu'elle a reçû, est d'une naïveté inimitable : *Verum enim fatendum est ex qua hora accepit injuriam, apud se non est.* Quiconque a lû Juvenal, connoît assez *impotentiam matronarum*, & leur méchante humeur, *si quando vir aut familiaris infelicius cum ipsis rem habuerat.* Mais il n'y a que Pétrone qui eût pû nous décrire Circé si belle, si voluptueuse & si galante.

Enothea, la Prêtresse de Priape, me ravit avec les miracles qu'elle promet, avec ses enchantemens, ses sacrifices, sa désolation sur la mort de l'Oye sacrée, & la maniere dont elle s'appaise, quand Polyenos lui fait un présent, dont elle peut acheter une Oye & des Dieux, si bon lui semble.

Philuméne, cette honnête Dame, n'est pas moins bonne, qui après avoir escroqué plusieurs héritages dans la fleur de sa jeunesse & de sa beauté, devenue vieille, & par conséquent inutile à tout plaisir, tâchoit de continuer ce bel art par le moyen de ses enfans, qu'avec mille beaux discours elle introduisoit auprès des veillards qui n'en avoient point. Enfin, il n'y a naturel, il n'y a profession dont Pétrone ne suive admirablement le génie. Il est Poëte, il est Orateur, il est Philosophe quand il lui plaît.

Pour ses vers, j'y trouve une force agréable, une beauté naturelle, *naturali pulchritudine carmen exurgit*; ensorte que Douza (1) ne sauroit plus souffrir la fougue & l'impétuosité du Lucain, quand il a lû la *Prise de Troyes*, ou ce petit essai de la *Guerre Civile*, qu'il assure aimer beaucoup mieux:

*Quam vel trecenta Cordubensis illius
Pharsalicorum versuum Volumina.*

Je ne sai si je me trompe; mais il me semble que Lucréce n'a pas traité si agréa-

(1) Jan. Douza Pat. PRÆCIDANEORUM Petron.
L. ib. II. Cap. 12.

blement

blement la matière des songes que Pétrone.

Somnia, quæ mentes ludunt, volitantibus umbris,
Non delubra Deum, nec ab æthere numina mittunt;
Sed sibi quisque facit. Nam cum prostrata sopore
Urget membra quies, & mens sine pondere ludit;
Quidque luce fuit, tenebris agit. Oppida bello
Qui quatit, & flammis miserandas sævit in urbes
Tela videt, &c.

Et que peut-on comparer à cette nuit voluptueuse, dont l'image remplit l'ame de telle sorte, qu'on a besoin d'un peu de vertu pour s'en tenir aux simples impressions qu'elle fait sur l'esprit?

Qualis nox fuit illa : Dii, Deæque !
Quàm mollis torus ! Hæsimus calentes,
Et transfudimus hinc, & hinc labellis
Errantes animas. Valete Curæ.
Mortalis ego sic perire cœpi.

» Quelle nuit, ô bons Dieux ! Quelle
» chaleur ! Quels baisers ! Quelle haleine !
» Quel mélange d'ames en ces chaudes &
» amoureuses respirations !

Quoique le style de déclamateur semble ridicule à Pétrone, il ne laisse pas de montrer beaucoup d'éloquence en ses déclamations; & pour faire voir que les plus débauchés ne sont pas incapables de méditation & de retour, la morale n'a rien de plus férieux, ni de mieux touché, que les réflexions d'Encolpe, fur l'inconſtance des choſes humaines & fur l'incertitude de la mort.

Quelque ſujet qui ſe préſente, on ne peut ni penſer plus délicatement, ni s'exprimer avec plus de netteté. Souvent en ſes narrations, il ſe laiſſe aller au ſimple naturel, & ſe contente des graces de la naïveté : quelquefois il met la derniere main à ſon ouvrage ; & il n'y a rien de ſi poli. Catulle & Martial traitent les mêmes choſes groſſiérement ; & ſi quelqu'un pouvoit trouver le ſecret d'envelopper les ordures avec un langage pareil au ſien, je répons pour les Dames, qu'elles donneroient des louanges à ſa diſcrétion.

Mais ce que Pétrone a de plus particulier, c'eſt qu'à la réſerve d'Horace en quelques Odes, il eſt peut-être le ſeul de l'Antiquité qui ait ſû parler de galanterie. Virgile eſt touchant dans les paſſions : les amours de Didon, les amours d'Orphée & d'Euridice ont du charme & de la tendreſſe : toutefois il n'a rien de galant ; & la pauvre Didon, tant elle avoit l'ame pitoyable, devint amoureuſe du pieux Enée au récit de ſes malheurs. Ovide eſt ſpirituel & facile ; Tibulle délicat : cependant il falloit que leurs maîtreſſes fuſſent plus savantes que Mademoiselle de Scuderi. Comme ils alléguent les Dieux, les fables & des exemples tirés de l'antiquité la plus éloignée, ils promettent toujours des sacrifices ; & je pense que M. Chapelain a pris d'eux la maniere de *brûler les cœurs en holocauste* (1). Lucien, tout ingénieux qu'il est, devient grossier si-tôt qu'il parle d'amour. Ses courtisanes ont plûtôt le langage des lieux publics, que les discours des ruelles. Pour moi, qui suis grand admirateur des anciens, je ne laisse pas de rendre justice à notre Nation, & de croire que nous avons sur eux en ce point un grand avantage. Et sans mentir, après avoir bien examiné cette matiere, je ne sache aucun de ces grands génies qui eût pû faire parler d'amour Massinisse & Sophonisbe, César & Cléopatre, aussi galamment que nous

---

(1) Chapelain fait parler le Comte de Dunois) amoureux de la Pucelle d'Orléans) en ces termes.

Pour ces célestes yeux, & ce front magnanime,
Je sens un feu subtil, qui surpasse l'estime :
Je n'en souhaite rien ; & si j'en suis amant,
D'un amour sans desir je le suis seulement.
De ce feu toutefois, que me sert l'innocence,
Si tout sage qu'il est, il me fait violence ?
Hélas ! il me dévore, & mon cœur embrasé,
Déja par sa chaleur est de force épuisé.
Et soit, consumons-nous d'une flamme si belle,
Brûlons en holocauste au feu de la Pucelle ;
Laissons-nous pour sa gloire en cendres convertir,
Et tenons à bonheur d'en être le martir.

LA PUCELLE, Liv. II. à la fin.

les avons ouï parler en notre langue (1). Autant que les autres nous le cédent, autant Pétrone l'emporte sur nous. Nous n'avons point de Roman qui nous fournisse une histoire si agréable que la Matrone d'Ephese. Rien de si galant que les Poulets de Circé & de Polyenos : toute leur avanture, soit dans l'entretien, soit dans les descriptions, a un caractere fort au-dessus de la politesse de notre siécle. Jugez cependant s'il eût traité délicatement une belle passion, puisque c'étoit ici une affaire de deux personnes, qui à leur premiere vûe, devoient goûter le dernier plaisir.

LA MATRONE D'EPHESE.

IL y avoit une Dame à Ephese (2) en si grande réputation de chasteté, que les femmes mêmes des pays voisins venoient la voir par curiosité comme une merveille. Cette prude ayant perdu son mari, ne se

---

(1) Voyez la SOPHONISBE & la mort de POMPE'E, de Pierre Corneille.

(2) Jean de Salisbury, Evêque de Chartres, qui a inséré ce morceau de Pétrone dans son Livre des Vanités de la Cour, nous assûre, après un ancien Auteur, qu'il y

contenta pas, selon la coutume, d'assister au convoi toute échevelée, & de se battre la poitrine devant le peuple, elle voulut suivre le défunt jusqu'au monument ; & après l'avoir mis dans un sépulchre à la maniere des Grecs, garder le corps, & pleurer nuit & jour auprès de lui. Se désolant de la sorte, & résolue à se laisser mourir de faim, les parens, les amis ne l'en sûrent détourner. Les Magistrats rébutés les derniers, l'abandonnerent ; & une femme si illustre, pleurée de tous, comme une personne morte, passoit déja le cinquième jour sans manger. Une suivante fidelle & affectionnée étoit toujours auprès de la misérable, mêloit ses larmes aux siennes, & renouvelloit la lumiere toutes les fois qu'elle venoit à s'éteindre. On ne parloit d'autre chose dans la Ville, & tout le monde demeuroit d'accord que c'étoit le premier exemple d'amour & de chasteté qu'on eût jamais vû.

Il arriva qu'en ce même temps, le Gouverneur de la Province fit attacher en croix quelques voleurs tout proche de cette mê-

a effectivement eu à Ephese une Dame telle que Pétrone la représente ici ; & qu'elle fut punie comme elle le méritoit. *Tu historiam, dit-il, aut fabulam ; quod his verbis refert Petronius, pro libito appellabis. Ita tamen ex facto accidisse Ephesi, & Flavianus auctor est. Mulierem qui tradit compietatis suæ, & fidelis parricidialis & adulterii pœnas luisse.* Joannes Saresberiensis POLICRATICUS, sive de nugis Curialium, & vestigiis Philosophorum, Lib. VIII. cap. 11.

me cave où la vertueuse Dame se désoloit sur le corps de son cher époux. La nuit suivante, comme un Soldat qui gardoit les croix, de peur que les corps ne fussent enlevés, eut apperçu de la lumiere dans le monument, & entendu les plaintes d'une personne affligée, par un esprit de curiosité, commun à tous les hommes, il voulut savoir ce que ce pouvoit être, & ce qu'on y faisoit. Il descend donc au sépulchre; & surpris à la vûe d'une fort belle femme, il demeure d'abord épouvanté, comme si c'eût été quelque fantôme; puis ayant vû un corps mort étendu devant ses yeux, consideré les larmes, un visage déchiré avec les ongles, & toutes les autres marques de désolation, il s'imagina à la fin ce que c'étoit; qu'une pauvre affligée s'abandonnoit aux regrets, & ne pouvoit souffrir, sans désespoir, la mort de celui qu'elle avoit perdu. Il apporte ensuite son petit souper au monument, & commence à l'exhorter de ne perséverer pas davantage dans une douleur inutile & des gémissemens superflus; que la sortie de ce monde étoit la même pour tous les hommes; qu'il falloit aller tous en même lieu; n'oubliant rien de toutes ces raisons dont on a coutume de guérir les esprits les plus malades. Mais elle, irritée encore par une consolation si peu attendue, redouble son deüil, se déchire l'estomac avec plus de violence, & s'arrache des cheveux, qu'elle jette sur ce misérable corps.

Le Soldat ne se rebute point pour cela ; & avec les mêmes exhortations, il essaye de lui faire prendre quelque nourriture, jusqu'à ce que la suivante, gagnée sans doute par l'odeur du vin, autant que par son discours, tendit la main à celui qui les invitoit si obligeamment ; & comme elle eut repris quelque vigueur par le boire & le manger, elle vint à combattre elle-même l'opiniâtreté de sa maîtresse. ″ Et que ″ vous servira cela, *dit-elle*, de vous lais- ″ ser mourir de faim, de vous ensévelir ″ toute vive, & rendre à la destinée une ″ ame qu'elle ne demande pas encore ?

″ Pensez-vous que des morts les insensibles cendres,
″ Vous demandent des pleurs & des regrets si tendres ?

″ Quoi ! Vous voulez ressusciter un mort
″ contre l'ordre de la nature ? Croyez-moi,
″ défaites-vous d'une foiblesse dont les seu-
″ les femmes sont capables : jouissez des
″ avantages de la lumiere tant qu'il vous
″ sera permis ? Ce corps que vous voyez
″ devant vous, montre assez le prix de la
″ vie, & vous avertit que vous devez mieux
″ la ménager.

Personne n'écoute à regret, quand on la presse de manger en de pareilles occasions: on se laisse persuader aisément de vivre. Ainsi cette femme, extenuée par une si longue abstinence, laissa vaincre son obstination, & se remplit de viande avec la même avidité que la suivante, qui s'étoit rendue auparavant. Au reste, vous savez que les tentations viennent d'ordinaire après le repas. Avec les mêmes armes qu'employa le Soldat pour combattre son désespoir, avec les mêmes il attaque sa pudicité. Le jeune homme ne paroissoit à la Prude ni désagréable, ni sans esprit ; & la suivante n'oublioit rien pour lui rendre de bons offices; disant à sa maîtresse :

» Songez, songez à vous, voyez votre intérêt,
» Et ne combattez pas un amour qui vous plaît.

Enfin, pour ne vous plus tenir en suspens, la bonne Dame eut la même abstinence en ce qui regarde cette partie de son corps; & le Soldat pleinement victorieux, vint à bout de l'une & de l'autre. Ils demeurerent ensemble, non-seulement la premiere nuit de leur jouissance, mais encore le lendemain & le jour d'après ; les portes si bien fermées, que quiconque fût venu au monument, soit connu, soit inconnu, auroit cru sans doute que la plus honnête femme du monde avoit expiré sur le corps de son mari.

Le Soldat charmé de la beauté de sa Dame, & du secret de sa bonne fortune, achetoit tout ce que son peu de bien lui pouvoit permettre ; & à peine la nuit étoit-elle venue, qu'il l'apportoit dans le monument. Cependant comme les parens d'un de ces deux pendus s'apperçurent qu'il n'y avoit plus de garde, ils enleverent le corps une nuit, & lui rendirent les derniers devoirs. Mais le pauvre Soldat, qui s'étoit laissé abuser, pour demeurer trop long-temps attaché à son plaisir, voyant le lendemain une de ces croix sans cadavre, alla trouver sa maîtresse dans la crainte du supplice, & lui conta tout ce qui étoit arrivé : qu'au reste, il étoit résolu de ne point attendre sa condamnation ; & que se faisant justice lui-même, il alloit punir sa négligence de sa propre main. Pour toute grace, qu'il la supplioit d'avoir soin de sa sépulture, & de lui préparer ce même tombeau fatal à son époux & à son galant. Cette femme, aussi charitable que prude : *Eh ! aux Dieux ne plaisent*, dit-elle, *que je voye en même temps les funerailles de deux personnes si cheres : j'aime mieux pendre le mort que de faire périr le vivant.* Selon ce beau discours, elle tira le corps du cercueil, pour l'attacher à cette croix où il n'y avoit plus rien. Le Soldat profita du conseil ingénieux d'une femme si avisée ; & le lendemain tout le peuple s'étonna de quelle maniere un homme mort avoit pû aller au gibet.

CONVERSATION DU MARÉCHAL D'HOQUINCOURT, *AVEC LE P. CANAYE.*

Comme je dînois un jour chez Monsieur le Maréchal d'Hoquincourt (1), le Pere Canaye qui y dînoit aussi, fit tomber le discours insensiblement sur la soumission d'esprit que la Religion exige de nous ; & après nous avoir conté plusieurs miracles nouveaux & quelques révélations modernes, il conclut qu'il falloit éviter plus que la peste ces Esprits forts, qui veulent examiner toutes choses par la raison.

» A qui parlez-vous des Esprits forts, » dit-le Maréchal, & qui les a connus » mieux que moi ? Bardouville & Saint Ibal

---

(1) Le Maréchal d'Hoquincourt étoit alors (1654) à Peronne, dont le Roi lui avoit donné le Gouvernement.

» ont été les meilleurs de mes amis. Ce
» furent eux qui m'engagerent dans le par-
» ti de Monsieur le Comte (1), contre le
» Cardinal de Richelieu. Si j'ai connu les
» Esprits forts ? Je ferois un livre de tout
» ce qu'ils ont dit. Bardouville mort, &
» Saint Ibal retiré en Hollande, je fis ami-
» tié avec la Frette & Sauvebœuf. Ce n'é-
» toient pas des esprits, mais de braves
» gens. La Frette étoit un brave homme,
» & fort mon ami. Je pense avoir assez
» témoigné que j'étois le sien dans la ma-
» ladie dont il mourut. Je le voyois mou-
» rir d'une petite fiévre, comme auroit pû
» faire une femme, & j'enrageois de voir
» la Frette, ce la Frette, qui s'étoit battu
» contre Bouteville, s'éteindre ni plus ni
» moins qu'une chandelle. Nous étions en
» peine, Sauvebœuf & moi, de sauver
» l'honneur à notre ami ; ce qui me fit
» prendre la résolution de le tuer d'un coup
» de-pistolet, pour le faire périr en hom-
» me de cœur. Je lui appuyois le pistolet
» à la tête, quand un B.... de Jésuite,
» qui étoit dans la chambre, me poussa le
» bras, & détourna le coup. Cela me mit
» en si grande colere contre lui, que je
» me fis Janséniste.

Remarquez-vous, Monseigneur, dit le Pere Canaye, *remarquez-vous comme Satan*

(1) Le Comte de Soissons.

est toujours aux aguêts : circuit quærens quem devoret. *Vous concevez un petit dépit contre nos Peres : il se sert de l'occasion pour vous surprendre, pour vous dévorer ; pis que dévorer, pour vous faire Janseniste.* Vigilate, vigilate ; *on ne sauroit être trop sur ses gardes contre l'ennemi du genre humain.*

» Le Pere a raison, *dit le Maréchal.*
» J'ai ouï dire que le diable ne dort jamais.
» Il faut faire de même ; bonne garde,
» bon pied, bon œil. Mais quittons le dia-
» ble, & parlons de mes amitiés. J'ai aimé
» la guerre devant toutes choses ; Madame
» de Montbazon après la guerre ; & tel que
» vous me voyez, la Philosophie après Mada-
» me de Montbazon. *Vous avez raison, reprit le Pere, d'aimer la guerre, Monseigneur : la guerre vous aime bien aussi ; elle vous a comblé d'honneur. Savez-vous que je suis homme de guerre aussi moi ? Le Roi m'a donné la direction de l'hôpital de son Armée de Flandre : n'est-ce pas être homme de guerre ? Qui eût jamais crû que le Pere Canaye eût dû devenir Soldat ? Je le suis, Monseigneur, & ne rens pas moins de service à Dieu dans le Camp, que je lui en rendrois au Collége de Clermont. Vous pouvez donc aimer la guerre innocemment. Aller à la guerre, est servir son Prince ; & servir son Prince, est servir Dieu. Mais pour ce qui regarde Madame de Montbazon, si vous l'avez convoitée, vous me*

permettrez de vous dire que vos desirs étoient criminels. Vous ne la convoitiez pas, Monseigneur, vous l'aimiez d'une amitié innocente.

» Quoi, mon Pere, vous voudriez que
» j'aimasse comme un sot ? Le Maréchal
» d'Hoquincourt n'a pas appris dans les
» ruelles à ne faire que soupirer. Je vou-
» lois, mon Pere, je voulois : vous m'en-
» tendez bien ». JE VOULOIS. *Quels* JE
VOULOIS ! *En vérité, Monseigneur, vous raillez de bonne grace. Nos Peres de Saint Louis seroient bien étonnés de ces* JE VOU-
LOIS. *Quand on a été long-temps dans les Armées, on a appris à tout écouter. Passons, passons : vous dites cela, Monseigneur, pour vous divertir.*

» Il n'y a point là de divertissement,
» mon Pere : savez-vous à quel point je
» l'aimois « ? *Usque ad aras*, MONSEI-
GNEUR. » Point d'aras, mon Pere. Voyez-
» vous, *dit le Maréchal en prenant un cou-
» teau dont il serroit le manche* ; voyez-
» vous, si elle m'avoit commandé de vous
» tuer, je vous aurois enfoncé le couteau
» dans le cœur. « Le Pere surpris du discours, & plus effrayé du transport, eut recours à l'oraison mentale, & pria Dieu secrettement qu'il le délivrât du danger où il se trouvoit : mais ne se fiant pas tout-à-fait à la priere, il s'éloignoit insensiblement du Maréchal par un mouvement de

fesse imperceptible. Le Maréchal le suivoit par un autre tout semblable ; & à lui voir le couteau toujours levé, on eût dit qu'il alloit mettre son ordre en exécution.

La malignité de la nature me fit prendre plaisir quelque temps aux frayeurs de la Réverence : mais craignant à la fin que le Maréchal dans son transport, ne rendît funeste ce qui n'avoit été que plaisant, je le fis souvenir que Madame de Montbazon étoit morte (1), & lui dis qu'heureusement le Pere Canaye n'avoit rien à craindre d'une personne qui n'étoit plus.

» Dieu fait tout pour le mieux, *reprit* » *le Maréchal*. La plus belle du monde (2) » commençoit à me lanterner, lorsqu'elle » mourut. Il y avoit toujours auprès d'elle » un certain Abbé de Rancé (3), un petit » Janséniste, qui lui parloit de la GRACE

---

(1) Madame la Duchesse de Montbazon, fille du Comte de Vertus, étoit encore en vie : elle ne mourut qu'en 1657. M. de Saint Evremond ne l'ignoroit pas; mais il a crû qu'on lui pardonneroit aisément cet anachronisme, si on pensoit qu'il étoit difficile de tirer autrement le P. Canaye de la frayeur qui l'avoit saisi. Il y a long-temps que M. Baile a fait cette remarque. Voyez les NOUVELLES DE LA REPUBLIQUE DES LETTRES, Decembre 1686. Article IV.

(2) C'est ainsi que le Maréchal d'Hoquincourt appelloit Madame de Montbazon.

(3) Armand-Jean le Bouthillier de Rancé, si connu depuis sous le nom d'*Abbé de la Trappe*, étoit un des amans de la Duchesse de Montbazon ; & quoiqu'en disent ses panégyristes, il est sûr que la mort prompte & inopinée de cette Dame, fut le principal motif de sa conversion & de sa retraite. Voici comment cela arriva. Madame de Montbazon mourut de la petite vérole dans une maison de campa-

» devant le monde, & l'entretenoit de toute
» autre chose en particulier. Cela me fit
» quitter le parti des Jansénistes. Aupara-
» vant je ne perdois pas un sermon du Pere
» Desmâres, & je ne jurois que par Mes-
» sieurs de Port Royal. J'ai toujours été à
» confesse aux Jésuites depuis ce temps-là;
» & si mon fils a jamais des enfans, je veux
» qu'ils étudient au Collége de Clermont,
» sur peine d'être deshérités.

Oh ! que les voyes de Dieu sont admirables ! s'écria le Pere Canaye. *Que le secret de sa justice est profond ! Un petit coquet de Janséniste poursuit une Dame, à qui Monseigneur vouloit du bien. Le Seigneur miséricordieux se sert de la jalousie, pour mettre la conscience de Monseigneur entre nos mains.* Mirabilia judicia tua, Domine !

Après que le bon Pere eût fini ses pieuses réflexions, je crus qu'il m'étoit permis d'entrer en discours, & je demandai à Monsieur le Maréchal, si l'amour de la Philosophie n'avoit pas succédé à la pas-

---

gne L'Abbé, qui étoit parti de Paris, sur la premiere nouvelle de sa maladie, arrive dans cette maison. Ne trouvant personne à l'entrée, il monte dans l'Appartement de la Duchesse par un degré dérobé qu'il connoissoit ; & le premier objet qui se présente à sa vûe, c'est la tête toute sanglante de Madame de Montbazon qu'on avoit coupée, parce que le cercueil s'étoit trouvé trop court, & à côté de la tête les yeux sur une assiette. Cela fit une impression si vive sur lui, qu'il renonça au monde, & établit dans son Abbaye de la Trappe une réforme très-austere. Il mourut le 26 d'Octobre 1700.

sion qu'il avoit eûe pour Madame de Montbazon.

» Je ne l'ai que trop aimée la Philoso-
» phie, *dit le Maréchal*, je ne l'ai que trop
» aimée ; mais j'en suis revenu, & je n'y
» retourne pas. Un diable de Philosophe
» m'avoit tellement embrouillé la cervelle
» de *premiers parens*, de *pomme*, de *ser-*
» *pent*, de *paradis terrestre* & de *cherubins*,
» que j'étois sur le point de ne rien croire.
» Le diable m'emporte si je croyois rien.
» Depuis ce temps-là je me ferois crucifier
» pour la Religion. Ce n'est pas que j'y
» voye plus de raison ; au contraire, moins
» que jamais : mais je ne saurois que vous
» dire, je me ferois crucifier sans savoir
» pourquoi.

Tant mieux, Monseigneur, reprit le Pere d'un ton de nez fort dévot, *tant mieux : ce ne sont point mouvemens humains ; cela vient de Dieu.* POINT DE RAISON ! *C'est la vraye Religion cela.* POINT DE RAISON ! *Que Dieu vous a fait, Monsieur, une belle grace !* Estote sicut infantes ; *soyez comme des enfans. Les enfans ont encore leur innocence ; & pourquoi ? Parce qu'il n'ont point de raison.* Beati pauperes spiritu ; *bienheureux les pauvres d'esprit ; ils ne pêchent point. La raison ? C'est qu'ils n'ont point de raison.* POINT DE RAISON ; JE NE SAUROIS QUE VOUS DIRE ; JE NE SAI POURQUOI.

QUOI. *Les beaux mots! Ils devroient être écrits en lettres d'or.* CE N'EST PAS QUE J'Y VOYE PLUS DE RAISON; AU CONTRAIRE, MOINS QUE JAMAIS. *En vérité, cela est divin pour ceux qui ont le goût des choses du Ciel.* POINT DE RAISON! *Que Dieu vous a fait, Monseigneur, une belle grace* (1)!

Le Pere eut poussé plus loin la sainte haine qu'il avoit contre la raison : mais on apporta des Lettres de la Cour à Monsieur le Maréchal ; ce qui rompit un si pieux entretien. Le Maréchal les lut tout bas ; & après les avoir lues, il voulut bien dire à la compagnie ce qu'elles contenoient. ›› Si je voulois faire le politique, comme ›› les autres, je me retirerois dans mon ca- ›› binet, pour lire les dépêches de la Cour; ›› mais j'agis, & je parle toujours à cœur ›› ouvert. Monsieur le Cardinal me mande ›› que Stenay est pris (2), que la Cour ›› sera ici dans huit jours, & qu'on me don- ›› ne le commandement de l'Armée qui a ›› fait le siége, pour aller secourir Arras ›› avec Turenne & la Ferté. Je me souviens ›› bien que Turenne me laissa battre par ›› Monsieur le Prince (3), lorsque la Cour ›› étoit à Gien : peut-être que je trouverai

(1) Voyez le Jugement que M. Bayle a fait de ce passage dans le troisième ÉCLAIRCISSEMENT mis à la fin de son DIC- TIONNAIRE.
(2) Stenay fut pris le 6 d'Août 1654.
(3) A Bleneau le 7 d'Avril 1652.

» l'occasion de lui rendre la pareille. Si
» Arras étoit sauvé, & Turenne battu, je
» serois content : j'y ferai ce que je pour-
» rai : je n'en dis pas davantage (1).

Il nous eût conté toutes les particularités de son combat, & le sujet de plainte qu'il pensoit avoir contre M. de Turenne; mais on nous avertit que le convoi étoit déja assez loin de la Ville ; ce qui nous fit prendre congé plûtôt que nous n'aurions fait.

Le Pere Canaye, qui se trouvoit sans monture, en demanda une qui le pût porter au Camp. » Et quel cheval voulez-
» vous, mon Pere ! dit le Maréchal. *Je vous répondrai, Monseigneur, ce que répondit le bon Pere Suarez au Duc de Medina Sidonia dans une pareille rencontre :* qualem me decet esse, mansuetum; *tel qu'il faut que je sois, doux, paisible.* Qualem me decet esse, mansuetum. » J'entens un peu de latin,
» dit le Maréchal : *mansuetum*, seroit meil-
» leur pour des Brebis que pour des Che-
» vaux. Qu'on donne mon cheval au Pere,
» j'aime son ordre, je suis son ami, qu'on
» lui donne mon bon cheval.

J'allai dépêcher mes petites affaires, & ne demeurai pas long-temps sans rejoindre

---

(1) Ces trois Maréchaux ayant forcé les lignes en trois endroits, battirent les Espagnols, entrerent dans Arras, & obligerent M. le Prince à se retirer.

le convoi. Nous passâmes heureusement, mais ce ne fut pas sans fatigue pour le pauvre Pere Canaye. Je le rencontrai dans la marche sur le bon cheval de M. d'Hoquincourt : c'étoit un cheval entier, ardent, inquiet, toujours en action ; il mâchoit éternellement son mords, alloit toujours de côté, hennissoit de moment en moment ; &, ce qui choquoit fort la modestie du Pere, il prenoit indécemment tous les chevaux qui approchoient de lui pour des cavales. » Et que vois-je, mon Pere, *lui » dis-je en l'abordant*; quel cheval vous a- » t-on donné là ? Où est la monture du » bon Pere Suarez, que vous avez tant de- » mandée « ? *Ah ! Monsieur, je n'en puis plus, je suis roué*…. Il alloit continuer ses plaintes, lorsqu'il part un liévre : cent Cavaliers se débandent pour courir après, & on entend plus de coups de pistolets qu'à une escarmouche. Le cheval du Pere accoutumé au feu sous le Maréchal, emporte son homme, & lui fait passer en moins de rien tous ces débandés. C'étoit une chose plaisante de voir le Jésuite à la tête de tous, malgré lui. Heureusement le liévre fut tué, & je trouvai le Pere au milieu de trente Cavaliers qui lui donnoient l'honneur d'une chasse qu'on eût pû nommer une occasion. Le Pere recevoit la louange avec une modestie apparente, mais en son ame il méprisoit fort le *mansuetum* du bon Pere Suarez, & se savoit le meilleur gré du monde des merveilles qu'il pensoit avoir faites sur le Barbe de Monsieur le Maréchal. Il ne fut pas long-temps sans se souvenir du beau Dit de SALOMON: *Vanitas vanitatum, & omnia vanitas.* A mesure qu'il se refroidissoit, il sentoit un mal que la chaleur lui avoit rendu insensible ; & la fausse gloire cédant à de véritables douleurs, il regrettoit le repos de la société, & la douceur de la vie paisible qu'il avoit quittée : mais toutes ses réflexions ne servoient de rien. Il falloit aller au camp ; & il étoit si fatigué du cheval, que je le vis tout prêt d'abandonner Bucéphale, pour marcher à pied à la tête des fantassins.

Je le consolai de sa premiere peine, & l'exemptai de la seconde, en lui donnant la monture la plus douce qu'il auroit pû souhaiter. Il me remercia mille fois, & fut si sensible à ma courtoisie, qu'oubliant tous les égards de sa profession, il me parla moins en Jésuite réservé, qu'en homme libre & sincere. (1) Je lui demandai quel sentiment il avoit de Monsieur d'Hoquincourt. *C'est un bon Seigneur*, me dit-il,

---

(1) M. de Saint Evremond avoit fait sa Rhetorique sous le Pere Canaye au College de Clermont, comme je l'ai remarqué dans sa Vie.

c'est une bonne ame ; il a quitté les Jansénistes : nos Peres lui sont fort obligés ; mais, pour mon particulier, je ne me trouverai jamais à table auprès de lui, & ne lui emprunterai jamais de cheval.

Content de cette premiere franchise, je voulois m'en attirer encore une autre. » D'où vient, *continuai-je*, la grande ani- » mosité qu'on voit entre les Jansénistes » & vos Peres ? Vient-elle de la diver- » sité des sentimens sur la doctrine de la » GRACE «? *Quelle folie! Quelle folie*, me dit-il, *de croire que nous nous haïssons, pour ne penser pas la même chose sur la* GRACE! *Ce n'est ni la* GRACE, *ni les* CINQ PROPOSITIONS *qui nous ont mis mal ensemble : la jalousie de gouverner les consciences a tout fait. Les Jansénistes nous ont trouvé en possession du gouvernement, & ils ont voulu nous en tirer. Pour parvenir à leurs fins, ils se sont servis de moyens tout contraires aux nôtres. Nous employons la douceur & l'indulgence, ils affectent l'austérité & la rigueur ; nous consolons les ames par des exemples de la miséricorde de Dieu, ils effrayent par ceux de sa justice. Ils portent la crainte où nous portons l'espérance, & veulent s'assujettir ceux que nous voulons nous attirer. Ce n'est pas que les uns & les autres n'ayent dessein de sauver les hommes, mais chacun veut se donner du cré-*

dit en les sauvant ; & à vous parler franchement, l'intérêt du Directeur va presque toujours devant le salut de celui qui est sous la direction. Je vous parle tout autrement que je ne parlois à Monsieur le Maréchal. J'étois purement Jésuite avec lui, & j'ai la franchise d'un homme de guerre avec vous. Je le louai fort du nouvel esprit que sa derniere profession lui avoit fait prendre ; & il me sembloit que la louange lui plaisoit assez : je l'eusse continuée plus long-temps ; mais, comme la nuit approchoit, il fallut nous séparer l'un de l'autre ; le Pere aussi content de mon procédé, que j'étois satisfait de sa confidence.

CONVERSATION
DE M. D'AUBIGNY
AVEC
M. DE S. EVREMOND.

Ayant raconté un jour à Monsieur d'Aubigny (1) la conversation que j'avois eue avec le Pere Canaye : » Il n'est

---

(1) Louis Stuart d'Aubigny, oncle du Duc de Richemond & de Lenox. | Voyez la VIE de M. de S. Evremond, sur les années 1662 & 1665.

» pas raisonnable, *me dit-il*, que vous
» rencontriez plus de franchise parmi les
» Jésuites que parmi nous : prenez la pei-
» ne de m'écouter, & je m'assure que vous
» ne me trouverez pas moins d'honneur
» qu'au révérend Pere dont vous me par-
» lez.

» Je vous dirai que nous avons de fort
» beaux esprits, qui font valoir le Jansé-
» nisme par leurs ouvrages ; de vains dis-
» coureurs qui, pour se faire honneur
» d'être Jansénistes, entretiennent une dis-
» pute continuelle dans les maisons ; des
» gens sages & habiles, qui gouvernent
» prudemment les uns & les autres. Vous
» trouverez dans les premiers de grandes
» lumieres, assez de bonne foi, souvent
» trop de chaleur, quelquefois un peu
» d'animosité. Il y a dans les seconds beau-
» coup d'entêtement & de fantaisie : les
» moins utiles fortifient le parti par le
» nombre ; les plus considérables lui don-
» nent de l'éclat par leur qualité. Pour les
» politiques, ils s'employent chacun selon
» son talent, & gouvernent la machine
» par des moyens inconnus aux personnes
» qu'ils font agir.

» Ceux qui prêchent ou qui écrivent sur
» la GRACE, qui traitent cette question
» si célébre & si souvent agitée ; ceux qui
» mettent le Concile au-dessus du Pape,

» qui s'opposent à son infaillibilité, qui
» choquent les grandes prétentions de la
» Cour de Rome, sont persuadés de ce
» qu'ils disent : capables toutefois de chan-
» ger de sentiment, s'il arrive un jour que
» les Jésuites trouvent à propos de chan-
» ger d'opinion. Nos Directeurs se met-
» tent peu en peine de la doctrine ; leur
» but est d'opposer société à société, de
» se faire un parti dans l'Eglise, & du
» parti dans l'Eglise une cabale dans la
» Cour. Ils font mettre la réforme dans
» un Couvent sans se réformer : ils exal-
» tent la pénitence sans la faire : ils font
» manger des herbes à des gens qui cher-
» chent à se distinguer par des singularités,
» tandis qu'on leur voit manger tout ce
» que mangent les personnes de bon goût.
» Cependant nos Directeurs, tels que je
» les dépeins, servent mieux le Jansénisme
» par leur direction, que ne font nos meil-
» leurs Ecrivains par leurs beaux livres.

» C'est une conduite sage & prudente
» qui nous maintient : &, si jamais M. de
» Bellievre, M. de Legue & M. du Gué-
» Bagnols viennent à nous manquer, je
» me trompe, ou l'on verra un grand
» changement dans le Jansénisme. La rai-
» son est, que nos opinions auront de la
» peine à subsister d'elles-mêmes : elles
» font une violence éternelle à la nature ;
» elles

» elles ôtent de la Religion ce qui nous
» console, elles y mettent la crainte, la
» douleur, le désespoir. Les Jansénistes
» voulant faire des Saints de tous les hom-
» mes, n'en trouvent pas dix dans un
» Royaume, pour faire des Chrétiens tels
» qu'ils les veulent. Le christianisme est
» divin, mais ce sont des hommes qui le
» reçoivent ; & quoi qu'on fasse, il faut
» s'accommoder à l'humanité. Une Philo-
» sophie trop austere fait peu de sages;
» une politique trop rigoureuse peu de
» bons sujets; une Religion trop dure peu
» d'ames religieuses qui le soient long-
» temps. Rien n'est durable, qui ne s'ac-
» commode à la nature : la GRACE dont
» nous parlons tant, s'y accommode elle-
» même. Dieu se sert de la docilité de no-
» tre esprit & de la tendresse de notre cœur,
» pour se faire aimer. Il est certain que les
» Docteurs trop rigides donnent plus d'a-
» version pour eux que pour les péchés : la
» pénitence qu'ils prêchent, fait préférer
» la facilité qu'il y a de demeurer dans le
» vice, aux difficultés qu'il y a d'en sortir.

» L'autre extrémité me paroît égale-
» ment vicieuse. Si je hais les esprits cha-
» grins qui mettent du péché en toutes
» choses, je ne hais pas moins les Docteurs
» faciles & complaisans qui n'en mettent à
» rien, qui favorisent le déréglement de la

Tome III. G

» nature, & se rendent partisans secrets
» des méchantes mœurs : l'Evangile entre
» leurs mains a plus d'indulgence que la
» morale : la Religion ménagée par eux,
» s'oppose plus foiblement au crime que
» la raison. J'aime les gens de bien éclai-
» rés, qui jugent sainement de nos actions,
» qui nous exhortent sérieusement aux
» bonnes, & nous détournent, autant qu'il
» leur est possible, des mauvaises. Je veux
» qu'un discernement juste & délicat leur
» fasse connoître la véritable différence
» des choses ; qu'ils distinguent l'effet d'une
» passion & l'exécution d'un dessein ; qu'ils
» distinguent le vice du crime, les plaisirs
» du vice ; qu'ils excusent nos foiblesses,
» condamnent nos désordres ; qu'ils ne
» confondent pas des appétits légers, sim-
» ples & naturels, avec de méchantes &
» perverses inclinations. Je veux, en un
» mot, une morale chrétienne, ni austere,
» ni relâchée.

LE PROPHÉTE
IRLANDOIS, (1)
NOUVELLE.

DAns le temps que Monsieur de Comminges étoit Ambassadeur pour le Roi très-chrétien, auprès du Roi de la Grande Bretagne, il vint à Londres un Prophéte Irlandois qui passoit pour un grand faiseur de miracles, selon l'opinion des crédules, & peut-être selon sa propre persuasion. Quelques personnes de qualité ayant prié Monsieur de Comminges de le faire venir chez lui pour voir quelqu'un de ses miracles, il voulut bien leur accorder cette satisfaction, tant par sa curiosité naturelle, que par complaisance pour eux; & il fit avertir le prétendu Prophéte de venir à sa maison.

Au bruit qui se répandit par tout de cette nouvelle, l'Hôtel de Monsieur de Comminges fut bien-tôt rempli de malades qui venoient chercher, dans une pleine con-

---

(1) Il s'appelloit Valentin Gréaterick. Après avoir assez long-temps abusé l'Irlande, il passa en Angleterre, & y joua le même rôle. Voyez la VIE de M. de S. Evremond, sur l'année 1664.

fiance, leur guérison. L'Irlandois se fit attendre quelque temps ; & après avoir été impatiemment attendu, les malades & les curieux le virent arriver avec une contenance grave, mais simple, & qui n'avoit rien de composé à la fourberie. Monsieur de Comminges se préparoit à l'examiner profondément, espérant bien qu'il pourroit s'étendre avec plaisir sur tout ce qu'il avoit lû dans Helmont & dans Bodin ; mais il ne le put faire, à son grand regret; car la foule devint si grosse, & les infirmes se presserent si fort pour être guéris les premiers, qu'avec les menaces & la force même, on eut de la peine à venir à bout de régler leurs rangs.

Le Prophéte rapportoit toutes les maladies aux esprits : toutes les infirmités étoient pour lui des Possessions. Le premier qu'on lui présenta, étoit un homme accablé de goutes, & de certains rumatismes dont il lui avoit été impossible de guérir. Ce que voyant notre faiseur de miracles : *J'ai vû*, dit-il, *de cette sorte d'esprits en Irlande, il y a long-temps ; ce sont esprits aquatiques qui apportent des froidures, & excitent des débordemens d'humeurs en ces pauvres corps.* ESPRIT MALIN, QUI AS QUITTÉ LE SEJOUR DES EAUX POUR VENIR AFFLIGER CE CORPS MISERABLE, JE TE COMMANDE D'ABANDONNER TA

DEMEURE NOUVELLE, ET DE T'EN RETOURNER A TON ANCIENNE HABITATION. Cela dit, le malade se retira ; & il en vint un autre à sa place, qui se disoit tourmenté de vapeurs mélancoliques : à la vérité, il étoit de ceux qu'on appelle ordinairement hypocondriaques & malades d'imagination, quoiqu'ils ne le soient que trop en effet. ESPRIT AERIEN, dit l'Irlandois, RETOURNE DANS L'AIR EXERCER TON METIER POUR LES TEMPESTES, ET N'EXCITE PLUS DE VENTS DANS CE TRISTE ET MALHEUREUX CORPS.

Ce malade fit place à un autre qui, selon l'opinion du Prophéte, n'avoit qu'un simple Lutin, incapable de résister un moment à sa parole. Il s'imaginoit l'avoir bien reconnu à des marques qui ne nous paroissoient pas ; &, faisant un soûris à l'Assemblée : *Cette sorte d'Esprits*, dit-il, *afflige peu souvent, & divertit presque toujours.* A l'entendre, il n'ignoroit rien en matiere d'Esprits : il savoit leur nombre, leurs rangs, leurs noms, leurs emplois, toutes les fonctions auxquelles ils étoient destinés ; & il se vantoit familiérement d'entendre beaucoup mieux les intrigues des démons, que les affaires des hommes.

Vous ne sauriez croire à quelle réputation il parvint en peu de temps. Catholiques & Protestans venoient le trouver de toutes parts : & vous eussiez dit que la puissance du Ciel étoit entre les mains de cet homme-là, lorsqu'une aventure où l'on ne s'attendoit point, fit perdre au Public la merveilleuse opinion qu'il en avoit.

Un homme & une femme de la Contrée (1), mariés ensemble, vinrent chercher du secours dans sa vertu, contre certains esprits de discorde, disoient-ils, qui troubloient leur mariage, & ruinoient la paix de la maison. C'étoit un Gentilhomme âgé de quarante-cinq ans, qui sentoit assez & sa naissance & son bien. Il me semble que j'ai la Demoiselle devant les yeux : elle avoit environ trente-cinq ans, & paroissoit bien faite de sa personne; mais on pouvoit déja voir qu'il y avoit eu autrefois plus de délicatesse dans ses traits. J'ai nommé l'époux le premier pour la dignité du rang : la femme voulut néanmoins parler la premiere, soit parce qu'elle se crût plus tourmentée de son Esprit, ou qu'elle fût seulement pressée de l'envie naturelle à son sexe de parler.

» J'ai un mari, *dit-elle*, le plus hon-
» nête homme du monde, à qui je donne
» mille chagrins, & qui ne m'en donne
» pas moins à son tour. Mon intention

(1) Expression Angloise ; c'est à dire, *de la Campagne, ou de Province.*

» seroit de bien vivre avec lui ; & je le fe-
» rois toujours, si un Esprit étranger, dont
» je me sens saisir à certains momens, ne
» me rendoit si fiere & si insupportable,
» qu'il n'est pas possible de me souffrir.
» Mes agitations cessées, je reviens à ma
» douceur naturelle, & je n'oublie alors
» aucun soin ni aucun agrément, pour tâ-
» cher de plaire à mon époux ; mais son
» Démon le vient posséder quand le mien
» me laisse : & ce mari qui a tant de pa-
» tience pour mes transports, n'a que de
» la fureur pour ma raison «. Là se tut
une femme, en apparence assez sincere ;
& le mari qui ne l'étoit pas moins, commença son discours de cette sorte :

» Quelque sujet que j'aye de me plain-
» dre du Diable de ma femme, je lui ai
» du moins l'obligation de ne lui avoir pas
» appris à mentir ; & il me faut avouer
» qu'elle n'a rien dit qui ne soit très-véri-
» table. Tout le temps qu'elle me paroît
» agitée, je suis patient ; mais aussi-tôt
» que son esprit la laisse en repos, le
» mien m'agite à son tour ; &, avec un
» nouveau courage & de nouvelles forces
» dont je me trouve animé, je lui fais sen-
» tir le plus fortement qu'il m'est possible,
» la dépendance d'une femme & la supé-
» riorité d'un mari. Ainsi, notre vie se
» passe à faire le mal ou à l'endurer, ce

» qui nous rend de pire condition que les » plus misérables. Voilà nos tourmens, » Monsieur ; &, s'il est possible d'y appor- » ter quelque reméde, je vous conjure de » nous le donner : la cure d'un mal aussi » étrange que le nôtre, ne sera pas celle » qui vous fera le moins d'honneur.

Ce ne sont ici ni Lutins, ni Farfadets, dit l'Irlandois ; *ce sont Esprits du premier ordre, de la légion de Lucifer ; Démons orgueilleux, grands ennemis de l'obéissance, & fort difficiles à chasser. Vous ne trouverez pas mauvais, Messieurs,* poursuivit-il en se tournant vers l'assemblée, *que je regarde un peu dans mes livres, car j'ai besoin de paroles extraordinaires.* Là-dessus, il se retira dans un cabinet, pour y feuilleter ses papiers ; &, après avoir rejetté cent formules, comme trop foibles contre de si grands ennemis, il tomba sur une, à la fin, capable, à son avis, de confondre tous les diables de l'enfer.

Le premier effet de la conjuration se fit sur lui-même ; car les yeux commencerent à lui rouler en la tête avec tant de grimaces & de contorsions, qu'il pouvoit paroître le Possédé à ceux qui venoient chercher du reméde contre la possession. Après avoir tourné ses yeux égarés de toutes parts, il les fixa sur ces bonnes gens, & les frappant tous deux d'une baguette qui ne devoit pas être sans vertu : ALLEZ, DEMONS, dit-il, ALLEZ, ESPRITS DE DISSENTION, EXERCER LA DISCORDE DANS L'ENFER, ET LAISSEZ RÉTABLIR, PAR VOTRE DÉPART, L'HEUREUSE UNION QUE MÉCHAMMENT VOUS AVEZ ROMPUE. Alors il s'approcha doucement de l'oreille des prétendus Possédés, & haussant un peu le ton de la voix : JE VOUS ENTENS MURMURER, DEMONS, DE L'OBE'ISSANCE QUE VOUS E'TES FORCE'S DE ME RENDRE ; MAIS, DEUSSIEZ-VOUS EN CREVER, IL FAUT PARTIR. PARTEZ. *Et vous, mes amis, allez goûter avec joie le repos dont vous êtes privés depuis long-temps.* » C'en est assez, Messieurs ; je » vous jure que je suis tout en sueur du » travail que m'a fait la résistance de ces » Diables obstinés. Je pense bien avoir » eu affaire à deux mille Esprits en ma » vie, qui tous ensemble ne m'ont pas » donné tant de peine que ceux-ci.

Les Démons expédiés, le bon Irlandois se retira : tout le monde sortit, & nos bonnes gens retournerent à leur logis avec une satisfaction plus merveilleuse que le prodige qui s'étoit fait en leur faveur. Etant de retour en leur maison, tout leur parut agréable, par un changement d'esprit qui mit une nouvelle disposition dans leurs sens. Ils trouverent un air riant en toutes choses : ils se regardoient eux-mêmes avec agrément ; & les paroles douces & tendres ne leur manquerent pas pour exprimer leur amour. Mais, vains plaisirs, qu'il faut peu se fier à votre durée ! & que les personnes nées pour l'infortune se réjouissent mal-à-propos quand il leur arrive un petit bonheur !

Telle étoit la douceur de nos mariés, lorsqu'une Dame de leurs amies vint leur témoigner sa joie de celle qu'ils recevoient de leur guérison : ils répondirent à cette civilité avec toute la discrétion du monde; & les complimens ordinaires en ces occasions faits & rendus, le mari commença une conversation fort raisonnable sur l'heureux état où ils se trouvoient, après le misérable où ils avoient été. Notre épouse, ou pour faire admirer des choses merveilleuses, ou pour se plaire aux malignes, s'étendit avec agrément sur les tours que son Démon lui avoit inspirés pour tourmenter son mari : sur quoi le mari jaloux de l'honneur du sien, ou de sa propre autorité, lui fit entendre « que c'étoit trop » parler des choses passées dont le souve- » nir lui étoit fâcheux : il ajouta, qu'au » bon état où ils se trouvoient rétablis, » elle ne devoit plus songer qu'à l'obéis- » sance qu'une femme doit à son époux ; » comme il ne songeroit de son côté qu'à

» user légitimement de ses droits, pour
» rendre leur condition aussi heureuse à
» l'avenir, qu'elle avoit été jusques-là in-
» fortunée.

La femme offensée du mot d'*obéir*, &
plus encore de l'ordre de se taire, n'ou-
blia rien pour établir l'égalité dans le Mariage, disant que *les Diables n'étoient pas
si loin, qu'ils ne pûssent être rappellés en cas
que cette égalité fût violée.*

Cette amie dont j'ai parlé, discrette &
judicieuse autant que personne de son sexe,
lui représentoit sagement le devoir des
femmes, sans oublier la conduite & les
ménagemens où les maris étoient obligés.
Mais sa raison, au lieu de l'adoucir, ne
faisoit que l'irriter; ensorte qu'elle devint
plus insupportable qu'auparavant. *Vous
aviez raison, ma femme*, reprit le mari,
*les Diables n'étoient pas si loin, qu'ils n'ayent
pû être rappellés : ou plûtôt, vous avez été
si chere au vôtre, qu'il a voulu demeurer
avec vous, malgré le commandement qu'on
lui a fait de vous quitter. Je suis trop foible
pour avoir affaire moi seul contre vous deux;
ce qui m'oblige à me retirer, exposé que je
suis à des forces si dangereuses.* » Et moi,
» je me retire, *dit-elle*, avec cet Esprit
» qui ne me veut pas quitter : il sera de
» bien méchante humeur, s'il n'est plus
» traitable qu'un mari si fâcheux & si vio-

» lent ». Puis se tournant vers son amie :
» Avant que de me retirer, *lui dit-elle*,
» je suis bien aise de vous dire, Madame,
» que j'attendois toute autre chose de vo-
» tre amitié, & de l'intérêt que vous de-
» viez prendre en celui d'une femme,
» contre la violence d'un mari. C'est une
» chose bien étrange de me voir insulter
» par celle qui me devroit soutenir. Adieu,
» Madame, adieu : vos visites font beau-
» coup d'honneur ; mais on s'en passera
» bien, si elles sont aussi peu favorables
» que celle-ci.

Qui fut bien étonné ? Ce fut la bonne
& trop sage Dame, instruite par sa propre
expérience, que la sagesse même a son
excès, & qu'on fait d'ordinaire un usage
indiscret de la raison, avec les personnes
qui n'en ont point. Vous pouvez juger
qu'elle ne demeura pas long-temps seule
dans un logis où l'on ne parloit que de
Démons, & où l'on ne faisoit rien qui ne
fût de la derniere extravagance.

Le mari passa le reste du jour & toute
la nuit dans sa chambre, honteux de la
joie qu'il avoit eue, chagrin du présent,
& livré à de fâcheuses imaginations pour
l'avenir. Comme l'agitation de la femme
avoit été beaucoup plus grande, elle dura
moins aussi ; & revenue assez tôt à son bon
sens, elle fit de tristes réfléxions sur la

perte des douceurs dont elle se voyoit privée.

Certaine nature d'Esprit laissoit écouler peu de momens, sans demander raison à celui de discorde, de la ruine de ses intérêts & de ses plaisirs. Cet Esprit qui régne plus encore chez les femmes, & particuliérement les nuits qu'elles passent sans dormir, prévalut sur toutes choses ; ensorte que la bonne épouse, rendue purement à la nature, alla trouver son époux dès qu'il fut jour, pour rejetter tous les désordres passés sur une puissance étrangere qui n'avoit rien de naturel ni d'humain. *Je connois*, disoit-elle, *dans le bon intervalle où je suis présentement, que nos Esprits ne se sont point rendus au commandement de l'Irlandois ; & si vous m'en croyez, mon cher, mais trop malheureux mari, nous retournerons lui demander une plus forte & plus efficace conjuration.*

Le pauvre mari abattu de chagrin, comme il étoit, n'eut pas résisté à une injure : jugez s'il ne fut pas bien aise de se rendre à une douceur. Devenu tendre & sensible à cet amoureux retour : « Pleurons, mon » cœur, *lui dit-il*, pleurons nos communs » malheurs, & allons chercher une seconde » fois le remede, que la premiere n'a sû » nous donner.

La femme fut surprise agréablement de

ce discours ; car au lieu d'un fâcheux démon, dont elle attendoit les insultes, elle trouva heureusement un homme attendri, qui la consola du mal qu'elle avoit sû faire, & qu'il avoit eu à souffrir. Ils passerent une heure ou deux à s'inspirer de mutuelles confiances ; & après avoir mis ensemble tout leur espoir en la vertu du Prophète, ils retournerent à l'Hôtel de Monsieur de Comminges chercher un plus puissant secours que celui qu'ils avoient essayé auparavant.

A peine étoient-ils entrés dans la Chapelle, que l'Irlandois les apperçut, & les appellant assez haut, pour être entendu de tout le monde. *Venez*, leur dit-il, *venez publier les merveilles qui se sont opérées en vous, & rendre témoignage à la vertu toute-puissante qui vous a délivrés de l'esclavage malheureux dans lequel vous gémissiez.* La femme répondit aussi-tôt, sans consulter, » que pour le témoignage qu'il demandoit, » ils étoient obligés de le rendre à l'opi-» niâtreté des démons, & non pas à sa » vertu ; car, en vérité, vénérable Pere, » ajoûta-t'elle, depuis votre belle opéra-» tion, ils nous ont tourmenté, comme » par dépit, plus violemment que jamais. *Vous êtes des incrédules*, s'écria le bon Irlandois, animé d'un grand couroux, *ou des ingrats pour le moins, qui taisez mali-*

cieusement le bien qu'on vous a fait. Venez, approchez, que je vous convainque d'incrédulité ou de malice.

Quand ils se furent approchés, il examina exactement tous les traits de leur visage : il observa particulierement leurs regards ; & comme s'il eût découvert dans la prunelle de leurs yeux quelques impressions de ces Esprits : *Vous avez raison,* dit-il tout confus, *vous avez raison ; ils ne sont pas délogés encore. Ils étoient trop enracinés dans vos corps ; mais ils y tiendront bien, si je ne les en arrache, par la vertu des paroles que je vais proférer :* QUITTEZ, RACE MAUDITE, UN SEJOUR DE REPOS TROP DOUX POUR VOUS, ET ALLEZ FREMIR POUR JAMAIS EN DES LIEUX OU HABITENT L'HORREUR, LA RAGE ET LE DESESPOIR. *C'en est fait, mes amis, vous êtes assurément délivrés : mais ne revenez pas, je vous prie. Je dois mon temps à tout le monde, & vous en avez eu ce que vous devez en avoir.*

Ce fut-là que nos patiens crurent être à la fin de tous leurs maux. Ce jour leur parut comme le premier de leur mariage, & la nuit fut attendue avec la même impatience que celle de leurs nôces l'avoit été autrefois. Elle vint cette nuit tant desirée : mais, hélas ! qu'elle répondit mal à leurs desirs ! Le trop d'amour fait la honte des amans ; & je laisse à l'imagination du Lecteur la confusion d'une avanture,

    Où l'excès des desirs
    Fait manquer des plaisirs.

Heureusement pour le mari, la femme accusa les démons innocens ; & le Prophête fameux ne fut plus à son égard qu'un pauvre Hibernois, qui n'avoit pas la vertu de venir à bout d'un feu-folet.

Quelquefois elle se chargeoit elle-même de la honte de son époux, à l'exemple des Espagnoles, qui s'imputent en ces rencontres la faute de leurs amans, pour être persuadées que la force de leurs charmes ne doit reconnoître ni foiblesse de nature, ni puissance de maléfice. Ainsi la femme, qui accusoit le mari en toute autre chose, lorsqu'il étoit le plus innocent, le justifie, quand il a le plus failli à son égard, aimant mieux attribuer un manque de vigueur en lui, à un manque d'appas en elle, que d'envisager nettement un vrai défaut, ruineux pour jamais à ses plaisirs. Mais comme une Dame n'entretient pas volontiers une pensée qui blesse l'intérêt de sa beauté, elle rappella bientôt en son esprit la malice des démons, & tourna la confusion en dépit contre l'Irlandois, qui n'avoit sû les en délivrer. *Il y a long-temps*, dit-elle brusquement, & comme si elle avoit été inspirée ;

rée ; il y a long-temps que la simplicité de l'Irlandois amuse la nôtre, & je crois bien que nous attendrions vainement de lui notre guérison ; mais ce n'est pas assez d'être détrompés, la charité nous oblige à détromper les autres aussi bien que nous, & à faire connoître sa vanité, ou sa sottise.

» Ma mie, *reprit le mari*, il n'y a rien
» de si vrai que le malheur de cette nuit
» est un pur ouvrage de nos démons. L'Ir-
» landois s'étoit voulu moquer d'eux, ils
» ont voulu se moquer de lui & de nous, à
» leur tour. Vous me connoissez, & je me
» connois. Naturellement ce que vous sa-
» vez n'a pû être ; & voilà ce que les con-
» jurations nous ont valu. Au reste, ma
» mie, quand vous ferez vos reproches à
» ce beau Prophéte, prenez garde de ne
» pas descendre à aucune particularité de
» cette nature ; qu'il ne vous échappe rien,
» je vous prie, qui nous soit honteux.
» Tous secrets de famille doivent être ca-
» chés ; mais celui-ci doit se réveler moins
» que pas un autre.

La femme étoit prête à s'offenser de se voir soupçonnée d'une telle indiscretion : mais pour ne pas rebrouiller les choses qui alloient à un bon accommodement, elle promit de parler & de se taire si à propos, que l'Irlandois auroit à se plaindre de son procedé.

Tome III.   H

On cherche ordinairement la nuit pour cacher sa honte ; le jour parut ici pour la dissiper ; & ces pauvres gens, qui n'étoient pas encore bien remis de leur malheur, se tournerent avec le Soleil qui réjouit tout, à l'espérance d'un meilleur succès pour l'avenir. Ils sortirent du lit avec plus de tranquillité qu'ils n'y avoient demeuré ; & après un petit déjeuné & un peu de conversation, pour fortifier les corps & concilier les esprits, ils marcherent en paix vers la maison où ils avoient été deux fois avec confiance, & d'où ils étoient revenus deux fois sans aucun fruit. Ils apprirent que l'Irlandois étoit allé à S. James pour y faire quelques prodiges, à la priere de Monsieur d'Aubigny. C'étoit ce Monsieur d'Aubigny, si connu de tout le monde pour le plus agréable homme qui fût jamais. Voici donc quelques-uns des miracles que je remarquai à S. James, avec moins de crédulité que la multitude, & moins de prévention que Monsieur d'Aubigny.

Déja les aveugles pensoient voir la lumiere qu'ils ne voyoient pas : déja les sourds s'imaginoient entendre, & n'entendoient point : déja les boiteux croyoient aller droit, & les perclus pensoient retrouver le premier usage de leurs membres. Une forte idée de la santé avoit fait oublier aux malades leurs maladies ; & l'imagination, qui n'agissoit pas moins dans les curieux, que dans les malades, faisoit aux uns une fausse vûe de l'envie de voir, comme aux autres une fausse guérison de l'envie de guérir. Tel étoit le pouvoir de l'Irlandois sur les esprits ; telle étoit la force des esprits sur les sens. Ainsi l'on ne parloit que des prodiges ; & ces prodiges étoient appuyés d'une si grande autorité, que la multitude étonnée les recevoit avec soumission, pendant que quelques gens éclairés n'osoient les rejetter par connoissance. La connoissance timide & assujettie respectoit l'erreur impérieuse & autorisée : l'ame étoit foible où l'entendement étoit sain ; & ceux qui voyoient le mieux en ces cures imaginaires, n'osoient déclarer leurs sentimens parmi un peuple prévenu ou enchanté.

Tel étoit le triomphe de l'Irlandois, quand notre couple fendit la presse courageusement, pour lui venir faire insulte dans toute sa majesté. *N'as-tu point de honte*, lui dit la femme, *d'abuser le peuple simple & crédule, comme tu fais, par l'ostentation d'un pouvoir que tu n'eus jamais ? Tu avois ordonné à nos démons de nous laisser en repos, & ils n'ont fait que nous tourmenter encore davantage. Tu leur avois commandé de sortir, & ils s'opiniâ-*

trent à demeurer en dépit de tes ordres ; se moquant également de notre crédulité & de ton imbécile puissance. Le mari continua les mêmes reproches avec les mêmes mépris, jusqu'à lui refuser le nom *d'imposteur*, parce qu'il falloit de l'esprit, disoit-il, pour l'imposture, & que ce misérable n'en avoit point.

Le Prophête perdit la parole, en perdant l'autorité qui le rendoit vénérable; & ce redoutable pouvoir établi dans un assujettissement superstitieux des esprits, devint à rien aussi-tôt qu'il y eut des gens assez hardis pour ne le pas reconnoître. Alors l'Irlandois surpris, étonné, sortit promptement par la porte de derriere; moins confus toutefois, moins mortifié que le peuple, n'y ayant rien que l'esprit humain reçoive avec tant de plaisir que l'opinion des choses merveilleuses, ni qu'il laisse avec plus de peine & de regret. Pour M. d'Aubigny, il mit bien-tôt le Prophête au rang de cent autres qu'il avoit essayés inutilement.

Tout le monde se retira honteux de s'être laissé abuser de la sorte, & chagrin néanmoins d'avoir perdu son erreur. Nos mariés, glorieux & triomphans, jouissoient des douceurs de la victoire; & Monsieur d'Aubigny, qui passoit d'un esprit à un autre avec une facilité incroyable, quitta le merveilleux à l'inſtant, pour ſe donner le plaiſir du ridicule avec moi, ſur ce qui étoit arrivé. Il n'en demeura pas-là; ſa curioſité le porta à faire plus particulierement connoiſſance avec la Dame, qui lui apprit toutes les avantures de leur imaginaire poſſeſſion.

AVERTISSEMENT.

LA Lettre a M. le Marechal de Grammont, *qu'on trouvoit ici, eſt inſerée dans la* Vie de M. de Saint-Evremond, *ſur l'année* 1665.

A MADAME DE COMMINGES,

Sur ce qu'elle dit un jour à M. d'Aubigny, qu'elle aimeroit mieux avoir été Hélene, que d'être une beauté médiocre.

STANCES IRRÉGULIERES.

Consolez-vous d'être moins belle
Qu'on ne vous a vûe autrefois ;
C'est le destin d'une mortelle !
Héléne même en a subi les loix.

Vous avez fait mille conquêtes
Dans le temps de votre beauté ;
Songez moins à ce que vous êtes,
Qu'à ce que vous avez été.

Remettez à notre mémoire
Tout l'intérêt de votre gloire ;
Il seroit peu judicieux
De le confier à nos yeux.

DE SAINT-EVREMOND.

Notre esprit conserve l'image
De votre jeune & beau visage;
Et ce bien détaché de vous,
Se trouve heureusement en sûreté chez nous.

C'est comme un dépôt de vos charmes,
Que nous exemtons des allarmes,
De vent, de froid & de chaleur.
Ici, l'on ne craint point le hâle,
La fraîcheur est toujours égale;
C'est toujours la même couleur.

Si la personne étoit gardée
Comme nous gardons notre idée;
Sans décher & sans changement,
Vous seriez un objet charmant.

J'ai vû que la moindre louange
Etoit de vous nommer un *Ange*;
J'ai vû qu'on faisoit de vos yeux
La honte de l'astre des Cieux.

Tantôt, sous le nom de *Clarice*;
Vous faisiez des cœurs le supplice;
Tantôt vous étiez en *Iris*,
Le charme de tous les esprits.

Vous fûtes *Calliste* adorable,
Cloris fiere, *Philis* aimable;
Vous avez usé tous ces noms,
Epuisé les comparaisons
Qu'on fait à l'objet de sa flamme:
Après tant de titres si doux,
Vous êtes réduite à *Madame*,
Qui porte simplement le nom de son Epoux.
Mais pour ce changement, ne soyez pas moins vaine;
Vous régnez dans le souvenir:
Un jour on parlera de vous comme d'Héléne;
Vous régnerez dans l'avenir.

Une chétive heure présente
Peut-elle faire l'importante
Contre les temps passés, contre les temps futurs?
La beauté la plus adorée,
D'un moment n'est pas assûrée;
Et tous les siécles vous sont sûrs.

Lasse de vos rigueurs & de notre souffrance,
Vous vous êtes démise enfin de la beauté,
Comme fit autrefois Sylla de la puissance:
Comme lui, vous avez rendu la liberté;
Comme lui, ne craignez aucune violence:
Vous pouvez marcher seule en toute sûreté.

A MONSIEUR
LE CHEVALIER
DE GRAMMONT.

IL n'eſt qu'un Chevalier au monde :
Et que ceux de la Table ronde,
Que les plus fameux aux Tournois,
Aux aventures, aux exploits,
Me pardonnent, ſi je les quitte
Pour chanter un nouveau mérite.

 C'eſt celui qu'on vit à la Cour,
Jadis ſi galant ſans amour ;
Le même qui fut à Bruxelles,
Comme ici, plaire aux Demoiſelles,
Gagner tout l'argent des maris,
Et puis revenir à Paris,
Ayant couru toute la terre,
Dans le jeu, l'amour & la guerre :
Inſolent en proſpérité,
Fort courtois en néceſſité :
L'ame en fortune libérale,
Aux créanciers pas trop loyale :
Qui n'a changé, ni changera,
Et ſeul au monde qu'on verra

Soutenir la blanche vieillesse
Comme il a passé la jeunesse.
 Rare merveille de nos jours!
N'étoient vos trop longues amours;
N'étoit la sincere tendresse
Dont vous aimez votre Princesse (1);
N'étoit qu'ici les beaux desirs
Vous font pousser de vrais soupirs,
Et qu'enfin vous quittez pour elle
Votre mérite d'infidelle;
Cher & parfait original,
Vous n'auriez jamais eu d'égal.
 Il est des Héros pour la guerre,
Mille grands hommes sur la terre;
Mais, au sens de Saint-Evremond,
Rien qu'un Chevalier de Grammont:
Et jamais ne sera de vie
Plus admirée & moins suivie.

(1) Mademoiselle Hamilton, de la Maison d'Hamilton en Ecosse, qui se dit de la Famille Royale. M. de Grammont l'épousa.

SUR LA MORT
DE LA BELLE
MARION DE LORME,
STANCES.

PHILIS n'est plus ; tous ses appas,
Aussi-bien que toutes mes larmes,
Contre la rigueur du trépas
Ont été d'inutiles armes.

Ici, les Amours sont en deuil ;
Et la Volupté désolée
Cherche à l'entour de son cercueil
Où son Ombre s'en est allée.

On l'entend gémir quelquefois
Comme une misérable amante,
Qui du triste accent de sa voix
Se plaint du mal qui la tourmente,

En des lieux inconnus au jour,
Loin du Soleil qui nous éclaire,
Les seules peines de l'amour
Font sa douleur & sa misere.

Bien loin de ces grands criminels
Dont le sort est si déplorable ;
Bien loin de ces feux éternels
Dont le Ciel punit un coupable,

Philis n'a pour toute rigueur
Que le supplice de sa flamme ;
Et rien qu'une triste langueur
Ne consume cette belle ame.

Tantôt elle veut retenir
L'image des choses passées ;
Et le plus tendre souvenir
Entretient ses molles pensées.

Tantôt, excitant ses desirs,
Son ame encor voluptueuse,
Qui soupire après les plaisirs,
S'attache à quelqu'ombre amoureuse.

Dans ses inutiles desseins,
Elle va chercher une bouche;
Elle pense trouver des mains,
Et ne trouve rien qui la touche.

L'esprit veut imiter le corps;
Et parmi ces faux exercices,
Les desirs qui sont ses efforts,
Aspirent enfin aux délices.

Cependant il aime toujours;
Son soin est de se satisfaire;
Et la rigueur de ses amours,
De vouloir, & de ne rien faire.

LETTRE
A M. LE MARQUIS DE CRÉQUI (1).

APrès avoir vécu dans la contrainte des Cours, je me console d'achever ma vie dans la liberté d'une République, où, s'il n'y a rien à espérer, il n'y a pour le

(1) M. de Saint-Evremond écrivit cette Lettre après avoir repassé en Hollande.

moins rien à craindre. Quand on est jeune, il seroit honteux de ne pas entrer dans le monde avec le dessein de faire sa fortune : quand nous sommes sur le retour, la nature nous rappelle à nous ; & revenus des sentimens de l'ambition au desir de notre repos, nous trouvons qu'il est doux de vivre dans un pays où les loix nous mettent à couvert des volontés des hommes, & où, pour être sûrs de tout, nous n'ayions qu'à etre sûrs de nous-memes.

Ajoûtons à cette douceur, que les Magistrats sont fort autorisés dans leurs Charges pour l'intérêt du Public, & peu distingués en leurs personnes par des avantages particuliers. Vous ne voyez donc point de différences odieuses, dont les honnêtes gens soient blessés ; point de dignités inutiles, de rangs incommodes ; point de ces fâcheuses grandeurs, qui gênent la liberté sans contribuer à la fortune. Ici, les Magistrats procurent notre repos, sans attendre de reconnoissance, ni de respect même pour les services qu'ils nous rendent. Ils sont séveres dans les ordres de l'Etat, fiers dans l'intérêt de leur pays avec les Nations étrangeres, doux & commodes avec leurs Citoyens, faciles avec toutes sortes de personnes privées. Le fond de l'égalité demeure toujours malgré la puissance ; & par-là le crédit ne devient point insolent, la conduite jamais dure.

Pour les contributions, véritablement elles sont grandes ; mais elles regardent sûrement le bien public, & laissent à chacun la consolation de ne contribuer que pour soi-même. Ainsi l'on ne doit pas s'étonner de l'amour qu'on a pour la Patrie, puisqu'à le bien prendre, c'est un véritable amour propre. C'est trop parler du Gouvernement, sans rien dire de celui qui paroît y avoir le plus de part (1). A lui faire justice, rien n'est égal à sa suffisance, que son désintéressement & sa fermeté.

Les choses spirituelles sont conduites avec une pareille modération. La différence de religion, qui excite ailleurs tant de troubles, ne cause pas ici la moindre altération dans les esprits. Chacun cherche le Ciel par ses voyes, & ceux qu'on croit égarés, plus plaints que haïs, s'attirent une charité pure & dégagée de l'indiscrétion du faux zéle.

Comme il n'y a rien en ce monde qui ne laisse quelque chose à desirer, nous voyons moins d'honnêtes gens que d'habiles, plus de bons sens dans les affaires, que de délicatesse dans les entretiens. Les Dames y sont fort civiles, & les hommes ne trouvent pas mauvais qu'on préfere à leur compagnie celle de leurs femmes : elles sont assez sociables, pour nous faire

(1) M. le Pensionnaire de Wit.

un amusement ; trop peu animées, pour troubler notre repos. Ce n'est pas qu'il n'y en ait quelques-unes de très-aimables : mais il n'y a rien à esperer d'elles, ou par leur sagesse, ou par une froideur qui leur tient lieu de vertu. De quelque façon que ce soit, on voit en Hollande un certain usage de pruderie établi par tout, & je ne sai quelle vieille tradition de continence qui passe de mere en fille comme une espece de religion.

A la vérité, on ne trouve pas à redire à la galanterie des filles, qu'on leur laisse employer bonnement, comme une aide innocente à se procurer des époux. Quelques-unes terminent ce cours de galanterie par un mariage heureux : quelques malheureuses s'entretiennent de la vaine espérance d'une condition qui se differe toujours, & n'arrive point. Ces longs amusemens ne doivent pas s'attribuer au dessein d'une infidélité méditée. On se dégoûte avec le temps, & le dégoût pour la maîtresse prévient la résolution bien formée d'en faire une femme. Ainsi, dans la crainte de passer pour trompeur, on n'ose se retirer, quand on ne veut pas conclure ; & moitié par habitude, moitié par un sot honneur qu'on se fait d'être constant, on entretient languissamment les misérables restes d'une passion usée. Quelques exemples de cette nature font faire de sérieuses réflexions aux plus heureuses filles, qui regardent le mariage comme une avanture, & leur naturelle condition, comme le véritable état où elles doivent demeurer.

Pour les femmes, s'étant données une fois, elles croyent avoir perdu toute disposition d'elles-mêmes ; & ne connoissant plus que la simplicité du devoir, elles feroient conscience de se garder la liberté des affections, que les plus prudes se réservent ailleurs, sans aucun égard à leur dépendance. Ici, tout paroît infidélité ; & l'infidélité, qui fait le mérite galant des Cours agréables, est le plus gros des vices chez cette bonne Nation, fort sage dans la conduite & dans le gouvernement, peu savante dans les plaisirs délicats & les mœurs polies. Les maris payent cette fidélité de leurs femmes d'un grand assujettissement ; & si quelqu'un, contre la coutume, affectoit l'empire dans la maison, la femme seroit plainte de tout le monde comme une malheureuse, & le mari décrié comme un homme de très-méchant naturel.

Une misérable expérience me donne assez de discernement pour bien démêler toutes ces choses, & me fait regretter le temps où il est bien plus doux de sentir que de connoître. Quelquefois je rappelle ce que j'ai été, pour ranimer ce que je suis ; & du souvenir des vieux sentimens, il se forme quelque disposition à la tendresse, ou du moins un éloignement de l'indolence. Tyrannie heureuse que celle des passions qui font les plaisirs de notre vie ! Fâcheux empire que celui de la raison, s'il nous ôte les sentimens agréables, & nous tient dans une inutilité ennuyeuse, au lieu d'établir un véritable repos !

Je ne parlerai guère de la Haye : il suffit que les Voyageurs en sont charmés, après avoir vû les magnificences de Paris & les raretés d'Italie. D'un côté, vous allez à la Mer, par un chemin digne de la grandeur des Romains : de l'autre, vous entrez dans un Bois, le plus agréable que j'aye vû de ma vie. Dans le même lieu, vous trouvez assez de maisons, pour former une grande & superbe Ville ; assez de bois & d'allées pour faire une solitude délicieuse. Aux heures particulieres, on y trouve les plaisirs des champs : aux heures publiques, on y voit tout ce que la foule des Villes les plus peuplées sauroient fournir. Les maisons y sont plus libres qu'en France, au temps destiné à la Societé ; plus resserrées qu'en Italie, lorsqu'une régularité trop exacte fait retirer les Etrangers, & remet la famille dans un domestique étroit. De temps en temps nous allons faire notre cour au jeune Prince (1), à qui je laisserai sujet de se plaindre, si je dis seulement que jamais personne de sa qualité n'a eu l'esprit si bien fait que lui à son âge. A dire tout, je dirois des vérités qu'on ne croiroit point; & par un secret mouvement d'amour propre, j'aime mieux taire ce que je connois, que manquer à être crû de ce que vous ne connoissez pas.

AVERTISSEMENT.

LA Lettre de M. de Saint Evremond à M. LE MARQUIS DE LIONNE, *qui lui avoit fait dire de lui envoyer une Lettre qu'il pût montrer au Roi, est placée dans la Vie de M. de S. Evremond, sur l'année* 1667.

IDÉE DE LA FEMME,

Qui ne se trouve point, & qui ne se trouvera jamais.

DAns toutes les belles personnes que j'ai vûes, s'il y avoit des endroits à faire valoir, il y en avoit qu'on ne devoit

---

(1) Le Prince d'Orange, qui n'avoit alors que quatorze ans.

pas toucher, ou qu'il falloit déguiser avec beaucoup d'artifice; car, pour dire la vérité, il est difficile de louer tout & d'être sincere. J'ai obligation à EMILIE, de me laisser purement dans mon naturel, aussi porté à dire le bien, qu'à demeurer exactement véritable. Comme elle n'a besoin ni de faveur, ni de grace, je n'ai affaire ni de déguisemens, ni de flatteries. Par elle, je puis louer aujourd'hui sans complaisance; par elle, les observateurs trop exacts perdent une délicatesse chagrine, qui ne s'attache qu'à connoître les défauts; & dans un nouvel esprit qu'elle leur inspire, ils passent avec joie de leur censure ordinaire à de véritables approbations.

Il est certain que la plûpart des femmes doivent plus à nos adulations qu'à leur mérite, en toutes les louanges qui leur sont données. EMILIE n'est obligée qu'à elle-même de la justice qu'on lui rend; & sûre du bien qu'on en doit dire, elle n'a proprement d'intérêt que pour celui qu'on en pourroit taire.

En effet, si ses ennemis parlent d'elle, il n'est pas en leur pouvoir de trahir leur conscience; ils avouent avec autant de vérité que de chagrin les avantages qu'ils sont obligés d'y reconnoître. Si ses amis s'étendent sur ses louanges, il ne leur est pas possible de rien ajoûter au mérite qui les touche. Ainsi les premiers sont forcés de se rendre à la raison, quand ils voudroient suivre la malignité de leurs mouvemens; & les autres sont purement justes avec toute leur amitié, sans pouvoir être ni officieux, ni favorables. Elle n'attend donc rien de l'inclination, comme elle n'appréhende rien de la mauvaise volonté dans les jugemens qu'on fait d'elle. Mais puisque l'on est toujours libre de cacher ses sentimens, EMILIE auroit à craindre la malice du silence, seule injure que des envieux & des ennemis lui puissent faire. Il faut quitter des choses un peu générales pour venir à une description plus particuliere de sa personne.

Tous ses traits sont réguliers, ce qu'on voit fort peu : tous ses traits sont réguliers & agréables, ce qu'on ne voit presque jamais; car il semble qu'un caprice de la nature fasse naître les agrémens de l'irrégularité, & que les beautés achevées qui ont toujours de quoi se faire admirer, ayent rarement le secret de savoir plaire. EMILIE a les yeux touchans, le teint séparé, délicat, uni; la blancheur des dents, le vermeil des lévres sont des expressions trop générales pour un charme secret & particulier que je ne puis dépeindre. Sans elle, ce tour, ce bas de visage où l'on mettoit la grande beauté chez les anciens, ne se trouveroit plus que dans l'idée de quelque peintre, ou dans les descriptions que l'antiquité nous a laissées ; & pour animer de si belles choses, vous voyez sur son visage une fraîcheur vive, un air de santé, un plein embonpoint qui n'en laisse pas appréhender davantage.

Sa taille est d'une juste grandeur, bien prise, aisée, d'un dégagement aussi éloigné de la contrainte, que de cette excessive liberté, où paroît comme une espece de déhanchement, qui ruine la bonne grace & la bonne mine. Ajoûtez-y un port noble, un maintien sérieux, mais naturel, qui ne se compose ni ne se déconcerte : le rire, le parler, l'action accompagnés d'agrément & de bienséance.

Son esprit a de l'étendue sans être vaste, n'allant jamais si loin dans les pensées générales, qu'il ne puisse revenir aisément aux considérations particulieres. Rien n'échappe à sa pénétration : son discernement ne laisse rien à connoître, & je ne puis dire si elle est plus propre à découvrir les choses cachées, qu'à juger sainement de celles qui nous paroissent. Secrette, point mystérieuse, sachant à propos également se taire & parler. Dans sa conversation ordinaire, elle ne dit rien avec étude & rien par hazard. Les moindres choses marquent de l'attention : il ne paroît aux plus sérieuses aucun effort : ce qu'elle a de vif ne laisse pas d'être juste, & ses pensées les plus naturelles s'expriment avec un tour délicat. Mais elle hait ces imaginations heureuses qui échappent à l'esprit sans choix & sans connoissance, qui le font admirer quasi toujours, & qui font ordinairement peu estimer ceux qui les ont.

Dans toute sa personne, vous voyez je ne sai quoi de grand & de noble, qui se trouve par un secret rapport dans l'air du visage, dans les qualités de l'esprit, dans celles de l'ame.

Naturellement elle seroit trop magnifique ; mais une juste considération de ses affaires retient ce beau sentiment ; & elle aime mieux contraindre la générosité de son humeur, que de tomber dans un état où elle eût besoin de celle d'un autre : aussi fiére à ne vouloir aucune grace des siens même, qu'officieuse aux étrangers, & pleine de chaleur dans les intérêts de ses amis. Ce n'est pas que ces considérations lui fassent perdre une inclination si noble ; elle la regle dans l'usage de son bien : son naturel & sa raison formant un désintéressement sans négligence.

Elle a du bon sens & de la dextérité dans les affaires, où elle entre volontiers, si elle y trouve un avantage solide pour elle ou pour ses amis ; mais elle hait d'agir pour agir par esprit d'inquiétude ; également ennemie d'un mouvement inutile & de la mollesse d'un repos, qui se fait honneur du nom de tranquillité, pour couvrir une véritable nonchalance.

Après avoir dépeint tant de qualités si belles, il faut voir quelles impressions elles font sur notre ame, & ce qui se passe dans la sienne. Elle a je ne sai quoi de majestueux, qui imprime du respect ; je ne sai quoi de doux & d'honnête, qui gagne les inclinations. Elle vous attire, elle vous retient, & vous approchez toujours d'elle avec des desirs que vous n'oseriez faire paroître.

A pénétrer dans l'intérieur, je ne la crois pas incapable des sentimens qu'elle donne : mais impérieuse sur elle comme sur vous, elle maîtrise en son cœur, par la raison, ce que le respect fait contraindre dans le vôtre. La nature imbécille en quelques ames, n'y laisse pas la force de rien desirer : impétueuse en quelques autres, elle pousse des passions emportées : juste en EMILIE, elle a fait le cœur sensible qui doit sentir, & a donné à la raison qui doit commander, un empire absolu sur ses mouvemens. Heureuse qui se laisse aller à la tendresse de ses sentimens, sans intéresser la délicatesse de son choix, ni celle de sa conduite : heureuse qui dans un commerce établi pour la
douceur

douceur de sa vie, se contente de l'approbation des honnêtes gens, & de sa satisfaction propre, qui ne craint point le murmure des envieuses, jalouses de tous les plaisirs & chagrines contre toutes les vertus.

On connoît par une infinité d'expériences, que l'esprit s'aveugle en aimant; & l'amour n'a presque jamais bien établi son pouvoir qu'après avoir ruiné celui de notre raison. Sur le sujet d'EMILIE, nos sentimens deviennent plus passionnés, à mesure que nos lumieres sont plus épurées; & la passion qui a toujours paru une marque de folie, est ici le plus véritable effet de notre bon sens.

Les grands ennemis d'EMILIE sont les méchans connoisseurs : ses amis, tous ceux qui savent juger sainement des choses. On a plus d'amitié pour elle, ou on en a moins, selon qu'on a plus ou moins de délicatesse, & chacun pense être le plus délicat, connoissant chaque jour de nouveaux endroits par où l'aimer encore davantage. Quelques-uns n'ont pas besoin de ce long discernement ni d'une étude si lente. A la premiere vûe, ils sont touchés de son mérite sans le connoître; ils sentent pour elle de secrets mouvemens d'estime, aussi bien que d'inclination. A peine a-t-elle dit six paroles, qu'ils la trouvent la plus raisonnable du monde : personne ne leur a paru ni si honnête, ni si sage; & ils ne connoissent encore ni son procedé, ni sa conduite. On se forme comme par instinct les sentimens les plus avantageux de sa vertu; & la raison consultée depuis, au lieu de démentir la surprise, n'a fait qu'approuver de si heureuses & de si justes préventions.

Parmi les avantages d'Emilie, un des plus grands, à mon avis, c'est d'être toujours la même & de toujours plaire : car on voit que la plus belle humeur à la fin devient ennuyeuse; les esprits les plus fertiles viennent à s'épuiser & vous font tomber avec eux dans la langueur : les vivacités les plus animées, ou vous rebutent, ou vous lassent, d'où vient que les femmes ont besoin de caprices quelquefois pour nous piquer, ou sont obligées de mêler à leur entretien des divertissemens qui nous réveillent. Celle que je dépeins, plaît par elle seule & en tout temps : une égalité éternelle ne donne jamais un quart-d'heure de dégoût. On se réjouit de pouvoir trouver avec les autres une heure agréable : on se plaindroit de rencontrer avec elle un fâcheux moment. Allez la voir en quelque état que ce puisse être, en quelque occasion que ce soit, vous allez à un agrément certain & à une satisfaction assurée. Ce n'est point une imagination qui vous surprenne, & bien-tôt après qui vous importune : ce n'est point un sérieux qui fasse acheter une conversation solide par la perte de la gaieté : c'est une raison qui plait, & un bon sens agréable.

Je veux finir par la qualité qui doit être considerée devant toutes les autres. Elle est dévote sans superstition, sans mélancolie : éloignée de cette imbécillité qui se forge sur tout des miracles, & se persuade à tous momens des sottises surnaturelles ; ennemie de ces humeurs retirées, qui mêlent insensiblement dans l'esprit la haine du monde & l'aversion des plaisirs.

Elle ne croit pas qu'il faille se retirer de la societé humaine, pour chercher Dieu dans l'horreur de la solitude : elle ne croit pas que se détacher de la vie civile, que rompre les commerces les plus raisonnables & les plus chers, soit s'unir à Dieu ; mais s'attacher à soi-méme, & suivre follement sa propre imagination ; elle pense trouver Dieu parmi les hommes où sa bonté agit plus, & où sa providence paroît plus dignement occupée ; & là, elle cherche avec lui à éclairer sa raison, à perfectionner ses mœurs, à bien regler sa conduite, & dans le soin du salut & dans les devoirs de la vie.

Voilà le portrait de *la femme qui ne se trouve point*, si on peut faire le portrait d'une chose qui n'est pas. C'est plûtôt l'idée d'une *personne accomplie*. Je ne l'ai point voulu chercher parmi les *hommes*, parce qu'il manque toujours à leur commerce je ne sai quelle douceur qu'on rencontre en celui des *femmes* ; & j'ai crû moins impossible de trouver dans une femme la plus forte & la plus saine raison des hommes, que dans un homme les charmes & les agrémens, naturels aux femmes.

LETTRE
A M. LE COMTE
DE LIONNE (1).

Monsieur,

SI je pouvois m'acquitter de toutes les obligations que je vous ai, par des remercimens, je vous rendrois mille graces très-humbles ; mais, comme la moindre des peines que vous avez prises pour moi, vaut mieux que tous les complimens du

---

(1) Premier Ecuyer de la grande Ecurie du Roi, neveu de Monsieur le Marquis de Lionne, Sécretaire d'Estat, pour les affaires étrangeres.

monde, je vous laisserai vous payer vous-même du plaisir que sent un honnête homme d'en faire aux autres. Peut-être direz-vous que je suis un ingrat : si cela est, au moins, ce n'est pas d'une façon ordinaire; &, connoissant la délicatesse de votre goût, je croi vous plaire mieux par une ingratitude recherchée, que par une reconnoissance trop commune. Si, par malheur, ce procédé ne vous plaisoit pas, justifiez-moi vous-même ; & par ce que vous avez fait pour moi, croyez que je sens tout ce que je dois sentir pour vous. Quelque succès que puissent avoir vos soins, je vous serai toujours infiniment obligé ; & les bonnes intentions de ceux qui veulent me rendre service, ont toujours quelque chose de fort doux & fort agréable pour moi, quand même elles ne réussiroient pas.

Pour les papiers dont vous me parlez, vous en êtes le maître : rien n'est mieux à nous que ce que nous donne notre industrie. L'adresse que vous avez eue à faire votre larcin, méritoit d'être mieux récompensée, en vous faisant rencontrer quelque chose de plus rare. Vous ne pouviez pas me dire plus ingénieusement, qu'ÉMILIE n'est pas fort au goût des Dames de Paris. A vous dire vrai, elle est un peu Hollandoise ; son *embonpoint* me fait assez juger à moi-même qu'elle boit de la bierre ; & sa *dévotion*, qu'elle porte sa Bible sous son bras tous les Dimanches. Je vous prie de ne point donner de copie à personne des petits Ouvrages que je vous envoye, hormis celle de la LETTRE que M. de Turenne vous a demandée, pour trouver moyen de me servir, & que vous auriez bien fait de lui avoir déja donné. J'ai ajouté quelque chose à la DISSERTATION SUR L'ALEXANDRE de M. Racine, qui me l'a fait paroître plus raisonnable que vous ne l'avez vûe. Si M. le Comte de Saint-Albans a envie de voir ce qui est entre vos mains, vous pouvez le lui montrer, car je n'ai pensée au monde dont je ne le fisse confident.

J'aurois bien de la joie que le mariage du fils du Marquis de Cœuvres se fit avec la fille de M. de Lionne le Ministre, ayant toujours été serviteur de Messieurs d'Estrées & de Monsieur de Lionne, autant qu'on sauroit l'être. Mais, quand je songe que j'ai vû marier M. le Marquis de Cœuvres ; que j'ai vû son fils à la bavette, venir donner le bon-jour à Monsieur de Laon (1), qu'il appelloit son tonton, je fais une fâcheuse réfléxion sur mon âge ; & levant les yeux au Ciel avec un petit mouvement

(1) Ensuite Cardinal d'Estrées.

des épaules, je chante moins agréablement que Noblet.

Mais, hélas! Quand l'âge nous glace,
Nos beaux jours ne reviennent jamais.

Le bruit court ici comme à Paris, que la paix de Portugal est faite (1) ; mais la nouvelle en vient de Madrid. L'Ambassadeur de Portugal (2), avec qui je joue à l'hombre tous les jours, n'en a aucune nouvelle de Lisbonne : il se plaint, dans la créance qu'on donne à cette nouvelle-là, que le *Portugal* soit compté pour rien ; & voici son raisonnement : *On croit*, dit-il, *la paix faite, parce qu'on sait que l'Espagne nous offre tout : mais qui sait si nous voulons recevoir tout ? Ce qui vient des Castillans m'est suspect. Je ne croirai rien que je ne sois informé par les avis de Lisbonne.* Il y a dépêché un Exprès pour cela & pour les affaires qu'il a en ce pays-ci. L'Electeur de Cologne est à Amsterdam *incognitò*, & le Prince de Toscane y arrive dans quelques jours. Le Prince de Strasbourg est à la Haye, prêchant que la paix se fera, & peu de gens le veulent croire. On est persuadé qu'avant que les Espagnols se soient bien résolus de traiter, on aura mis en campagne : ne leur enviez pas l'honneur de

---

(1) Elle se fit le 25 de Février 1668.

(2) Dom Francisco de Mélos.

perdre avec patience; ils laissent gagner tout ce qu'on veut, car, par la longue habitude qu'ils ont avec les malheurs, ils se donnent peu d'action pour les éviter.

Voilà tout ce que vous aurez de moi. Ce que vous me demandez par honnêteté, pour me témoigner que vous vous souvenez de mes bagatelles de la Haye, est en si méchant ordre & si mal écrit, que vous ne pourriez pas seulement le lire; outre que je sais assez bien vivre pour vous exempter de l'ennui que vous en auriez. Dans la vérité, il y a bien quelques endroits qui me plaisent assez; mais il y en a beaucoup à retrancher. Si vous voulez des observations que j'ai faites sur quelques histoires latines, je vous les envoyerai.

Je vous prie de faire bien mes remercîmens à M***. Quelque estime que vous ayiez pour lui, si vous le connoissiez autant que moi, vous l'estimeriez encore davantage. Adieu, Monsieur; je suis né si reconnoissant, que, par dessein ou par étude, je ne saurois devenir ingrat; &, quelque résolution que j'aye eue au commencement de ma Lettre, je ne puis la finir sans vous assûrer qu'il me souviendra toute ma vie des obligations que je vous ai : je souhaite que ce soit long-temps;

Mais, hélas. Quand l'âge nous glace,
Nos beaux jours ne reviennent jamais.

Si vous ne vous piquiez plus d'avoir des bras à casser, des jambes à rompre pour la campagne, que d'écrire, je vous dirois que votre Lettre est aussi délicatement écrite qu'elle sauroit l'être.

AU MESME.

MONSIEUR,

SI vous me faites l'honneur de m'écrire, je vous prie que nous retranchions ce MONSIEUR, & toute la cérémonie qui gêne la liberté d'un commerce de Lettres. Je vous prierai ensuite de vous moquer moins de moi par des louanges excessives que vous donnez à des bagatelles : l'inutilité les a produites, & je n'en fais cas que par l'amusement qu'elles me donnent en des heures fort ennuyeuses : je souhaiterois qu'elles pûssent faire le vôtre. Telles qu'elles sont, je ne laisserai pas de vous envoyer, par le premier ordinaire, les OBSERVATIONS SUR SALLUSTE ET SUR TACITE, desquels je vous ai parlé. Le premier, donne tout au naturel : chez lui, les affaires sont de purs effets du tempérament, d'où vient que son plus grand soin est de donner la véritable connoissance des hommes par les éloges admirables qu'il nous en a laissés. L'autre, tourne tout en politique, & fait des mystéres de tout, ne laissant rien desirer de la finesse & de l'habileté, mais ne donnant presque rien au naturel. Je passe de-là à la difficulté qu'il y a de trouver ensemble une connoissance des hommes, & une profonde intelligence des affaires ; & en huit ou dix lignes, je fais voir que M. de Lionne le Ministre a réuni deux talens ordinairement séparés, qui se trouvent en lui dans la plus grande perfection où ils sauroient être. Il fait si froid, que pour un empire je n'écrirois pas une feuille de papier. Je vous envoyerai aussi la Dissertation sur l'Alexandre, à mon avis, beaucoup plus raisonnable que vous ne l'avez. Voilà tout ce que je puis faire pour toutes les graces que vous me faites.

 Je vous suis fort obligé de m'avoir envoyé la traduction qu'a fait M. *Corneille* du petit Poëme latin des conquêtes du Roi. Je louerois extrêmement le Latin, si je n'étois obligé en conscience à louer davantage le François. Notre Langue est plus majestueuse que la Latine, & les Vers plus harmonieux, si je me puis servir de ce terme. Mais ce n'est pas merveille que celui qui a donné plus de force & plus de majesté aux pensées de Lucain, ait eu le même avantage sur un Auteur Latin de notre temps. Avec cela, j'admire encore plus ce que Corneille a fait de lui-même sur le retour du Roi, que sa traduction, toute admirable qu'elle est (1). Je n'ai jamais vû rien de plus beau. Si nous avions un Poëme de cette force-là, je ne ferois pas grand cas des Homeres, des Virgiles & des Tasses. Je mets entre les bonnes fortunes du Roi, d'avoir un homme qui puisse parler si dignement de ses grandes actions.

Je vous prie d'assûrer M. de Lionne de mes très-humbles respects. Je ne doute point qu'il n'ait la bonté de me rendre ses bons offices quand il en trouvera l'occasion ; & j'attens de vous une sollicitation discrette qui ne l'importune pas, mais qui le fasse souvenir de temps en temps de l'affaire de votre très-humble & très-obéissant serviteur.

Monsieur Van Beuninghen s'en va Ambassadeur extraordinaire en France (2) : ce seroit bien mon fait de m'en retourner avec lui.

(1) Le Pere de la Rue est l'Auteur du Poeme Latin, sur les Victoires du Roi en l'année 1667. La traduction de M. Corneille est imprimée à la fin du V. Tome de son Theatre, suivie de son Poeme au Roi, sur son retour de Flandre.

(2) Il y alla sur la fin de Février 1668.

AU MESME.

J'Aurois à vous faire de grandes excuses de ne vous pas envoyer ce que je vous ai promis, s'il en valoit la peine. Je suis ingénieux à différer l'ennui que mes bagatelles vous peuvent donner; & c'est une marque d'amitié que je vous donne assez délicate; cependant je passerai par-dessus votre intérêt & le mien, pour vous envoyer les Piéces que je fais copier présentement: j'en adresse une à M. Vossius, mon ami de Lettres, & avec qui il y a plus à apprendre qu'avec homme que j'aye vû en ma vie. Je vous dirai cependant que j'écris aux gens de Guerre & de Cour, comme un bel esprit & un savant, & que je vis avec les Savans, comme un homme qui a vû la guerre & le monde.

Pour la confession galante de ma faute dont vous me parlez, je n'aurois pas manqué de la faire, si j'avois eu dessein de faire voir ce que vous m'avez volé. Personne ne sait mieux que vous combien cela étoit éloigné de ma pensée. Vous me ferez plaisir de me faire savoir si je dois espérer quelque retour en France, ou si je me dois résoudre à habiter le reste de mes jours les pays étrangers. L'espérance est la source, ou du moins une des premieres causes de l'inquiétude ; & l'inquiétude n'est supportable qu'en amour, où elle a même des plaisirs, puisque, comme vous savez ;

Amour,
Tous les autres plaisirs ne valent pas tes peines ;

par tout ailleurs c'est un grand tourment. Nous n'avons point ici l'ATTILA de Corneille : vous m'obligerez de me l'envoyer avec quelques Piéces de Moliere, s'il y en a de nouvelles : je n'ai de curiosité que pour leurs ouvrages. Les anciens ont appris à Corneille à bien penser, & il pense mieux qu'eux. L'autre s'est formé sur eux à bien dépeindre les mœurs de son siécle dans la Comédie ; ce qu'on n'avoit pas vû encore sur nos théatres. Insensiblement me voilà savant avec vous : je vais recevoir une visite de M. Vossius, à qui je parlerai de la guerre de Flandre. Adieu, Monsieur ; j'ai banni le premier une cérémonie ennuyeuse, je vous prie de le trouver bon.

J'oubliois de vous prier d'assurer M. le Comte de Grammont, que je suis ravi de le voir Protecteur de la Maison de Grammont (1).

---

(1) M. le Comte de Guiche, après avoir été long-temps exilé, avoit enfin obtenu son retour en France, par le crédit de M. le Comte de Grammont. M. de

AU MESME.

VOus n'étes pas de ces gens qui cherchent plus à se satisfaire de l'honnêteté de leur conduite avec leurs amis, qu'à pousser à bout leurs affaires. Le premier soin que vous avez pris de moi, me laissoit assez d'obligations : votre persévérance & toutes ces peines industrieuses que vous vous donnez, me font une espece de honte, & je les souffrirois mal-aisément, si je ne croyois qu'elles pourront me mettre en état de vous aller témoigner ma reconnoissance. Vous savez que rien n'égale la tendresse d'un malheureux : je suis naturellement assez sensible aux graces que je reçois : jugez ce que la mauvaise fortune ajoûte encore à ce bon naturel. Du témpérament dont je suis, & en l'état où je me voi, je m'abandonne à l'impression que fait sur moi votre générosité, & fais mon plaisir le plus doux & le plus tendre de me laisser toucher : mais quelquefois des réflexions ingrates veulent intéresser mon jugement, & je me mets dans l'esprit d'exa-

---

Saint Evremond plaisante ici, sur ce que le Comte de Grammont avoit sû faire ce que le Maréchal de Grammont, son frere, avoit tenté plusieurs fois inutilement.

miner de sens froid les obligations que je vous ai. Je vous jure de bonne foi qu'après avoir bien consideré tout ce que vous faites pour moi, je m'étonne qu'une connoissance arrivée par hasard, ait pû produire les empressemens que vous avez dans les intérêts d'un nouvel ami.

Il semble que par une justice secrette, les proches de M. de Lionne veuillent reconnoître la grande estime & la vénération que j'ai toujours eûe pour lui. M. le Marquis de Lesseins Lionne (1), au retour de Hollande, faisoit ses affaires de toutes les miennes. Votre chaleur passe encore celle qu'il avoit. J'espere que vous en inspirerez quelque mouvement à M. le Marquis de * * *, & qu'enfin les bons offices de Monsieur son pere feront le bon effet que vous avez préparé. Vous ne sauriez vous imaginer combien je me sens touché de la nouvelle grace que M. le Marquis de * * * vient de recevoir. Les grands services du pere, les grandes espérances que donne le fils, l'ont attirée : j'entens les espérances des services qu'on attend de lui ; car pour le mérite, il est déja pleinement formé, & il n'est pas besoin de rien attendre de ce côté-là.

A peine ai-je eu le loisir de jetter les

(1) Neveu de M. de Lionne le Ministre, du côté de la mere.

yeux sur ANDROMAQUE (1), & sur ATTILA (2) : cependant il me paroît qu'ANDROMAQUE a bien de l'air des belles choses ; il ne s'en faut presque rien qu'il n'y ait du grand. Ceux qui n'entreront pas assez dans les choses, l'admireront : ceux qui veulent des beautés pleines, y chercheront je ne sai quoi qui les empêchera d'être tout-à-fait contens. Vous avez raison de dire que cette Piéce est déchûe par la mort de Montfleury ; car elle a besoin de grands Comédiens qui remplissent par l'action ce qui lui manque. Mais à tout prendre, c'est une belle Piéce, & qui est fort au-dessus du médiocre, quoiqu'un peu au-dessous du grand. ATTILA au contraire a dû gagner quelque chose par la mort de Montfleury. Un grand Comédien eût trop poussé un rôle assez plein de lui-même, & eût fait faire trop d'impression à sa férocité sur les ames tendres. Ce n'est pas que cette Tragédie n'eût été admirable du tems de Sophocle & d'Euripide, où l'on avoit plus de goût pour la scéne farouche & sanglante, que pour la douce & la tendre. Tout y est bien pensé, & j'y ai trouvé de fort beaux vers. Pour le sujet & l'œconomie des Piéces, je n'ai pas eu le loisir d'y faire la moindre réflexion.

Je souhaite de tout mon cœur que Cor-

(1) Tragédie de Racine. (2) Tragédie de Corneille.

neille traite le sujet d'Annibal; & s'il y peut faire entrer la conférence qu'il eut avec Scipion avant la bataille, je m'imagine qu'on leur fera tenir des discours dignes des plus grands hommes du monde, comme ils l'étoient. Je vous envoye les OBSERVATIONS SUR SALLUSTE, dont je vous ai parlé, & je vous envoyerai bien-tôt la DISSERTATION SUR L'ALEXANDRE; tout cela mal copié. Pour les portraits, ils sont tellement attachés à cette CONVERSATION AVEC M. DE CANDALE, qu'on ne peut pas les en séparer, & je ne puis pas envoyer encore l'ouvrage. Adieu. Aimez-moi toujours, & me croyez à vous plus qu'homme du monde.

Je ne sai pas si M. de Lionne veut qu'on le croye aussi poli, aussi délicat, autant homme de plaisir qu'il est. Quand ces qualités-là ne produisent qu'une molle paresse, elles conviennent mal à un Ministre : mais quand un Ministre profond & consommé dans les affaires, se peut mettre au-dessus d'elles, pour les posséder pleinement, & se faire encore quelque loisir agréable & voluptueux même, le mérite ne peut pas aller plus loin, à mon avis.

OBSERVATIONS SUR SALLUSTE ET SUR TACITE,

A MONSIEUR VOSSIUS (1).

J'AI voulu faire autrefois un jugement fort exact de Salluste & de Tacite; mais ayant connu depuis que d'autres l'avoient déja fait, pour ne suivre ni perdre entierement ma pensée, je me suis réduit à une seule observation que je vous envoye.

Il me semble que le dernier tourne toute chose en politique. Chez lui la nature & la fortune ont peu de part aux affaires; & je me trompe, ou il nous donne souvent des causes bien recherchées, de certaines actions toutes simples, ordinaires & naturelles.

Quand Auguste veut donner des bornes à l'Empire, c'est, à son avis, par une jalouse appréhension qu'un autre n'ait la gloire de les étendre. Le même Empereur, s'il en est crû, prend des mesures pour s'assurer les regrets du Peuple Ro-

(1) Isaac Vossius, fils du fameux Gerard Jean Vossius.

main, ménageant artificieusement les avantages de sa mémoire, par le choix de son successeur (1).

L'esprit dangereux de Tibére, ses dissimulations, sont connues de tout le monde: mais ce n'est pas assez connoître le naturel de l'homme, que de donner à ce Prince un artifice universel: la nature n'est jamais si fort réduite, qu'elle ne se garde autant de droits sur nos actions, que nous en pouvons prendre sur ses mouvemens. Il entre toujours quelque chose du tempérament dans les desseins les plus concertés; & il n'est pas croyable que Tibere assujetti tant d'années aux volontés de Séjan, ou à ses infames plaisirs, ait pu avoir toujours dans cette foiblesse & cet abandonnement, un art si recherché & une politique si étudiée.

L'empoisonnement de Britannicus ne fait pas autant d'horreur qu'il devroit faire, par l'attachement que donne Tacite à observer la contenance des spectateurs. Tandis qu'un lecteur s'occupe à considérer leurs divers mouvemens, l'imprudence effrayée des uns, les profondes réfléxions des autres, la froideur dissimulée de Néron, les craintes secrettes d'Agrippine, l'esprit détourné de la noirceur de l'action & de la funeste image de cette mort, laisse

---

(1) Voyez les REFLE-XIONS, sur les divers Génies du Peuple Romain, Chap. XVI. pag. 82.

échaper le parricide à sa haine, & le pauvre mourant à sa pitié.

La cruauté du même Néron dans la mort de sa mere, a une conduite trop délicate. Quand Agrippine auroit péri véritablement par une petite intrigue de Cour si bien menée, il eût fallu supprimer la moitié de l'art; car le crime trouve moins d'aversion dans les esprits, & si je l'ose le dire, il se concilie le jugement des lecteurs, lorsqu'on met tant d'adresse & de dextérité à le conduire.

Presque en toutes choses, Tacite fait des tableaux trop finis, où il ne laisse rien à desirer de l'art, mais où il donne trop peu au naturel. Rien n'est plus beau que ce qu'il représente. Souvent, ce n'est pas la chose qui doit être représentée: quelquefois il passe au-delà des affaires, par trop de pénétration & de profondeur: quelquefois des spéculations trop fines nous dérobent les vrais objets, pour mettre en leur place de belles idées. Ce que l'on peut dire en sa faveur, c'est que peut-être il nous oblige davantage qu'il n'eût fait en nous donnant des choses grossieres, dont la vérité n'importe plus.

Salluste, d'un esprit assez opposé, donne autant au naturel, que Tacite à la politique. Le plus grand soin du premier, est de bien connoître le génie des hommes;

les affaires viennent après naturellement, par des actions peu recherchées de ces mêmes personnes qu'il a dépeintes.

Si vous considérez avec attention l'éloge de Catilina, vous ne vous étonnerez ni de cet horrible dessein d'opprimer le Sénat, ni de ce vaste projet de se rendre maître de la République, sans être appuyé des Légions. Quand vous ferez réfléxion sur sa souplesse, ses insinuations, son talent à inspirer ses mouvemens & à s'unir les factieux ; quand vous songerez que tant de dissimulations étoient soutenues par tant de fierté où il étoit besoin d'agir, vous ne serez pas surpris qu'à la tête de tous les ambitieux, & de tous les corrompus, il ait été si près de renverser Rome, & de ruiner sa Patrie. Mais Salluste ne se contente pas de nous dépeindre les hommes dans les éloges, il fait qu'ils se dépeignent eux-mêmes dans les harangues, où vous voyez toujours une expression de leur naturel. La harangue de César nous découvre assez qu'une conspiration ne lui déplaît pas : sous le zéle qu'il témoigne à la conservation des loix & à la dignité du Sénat, il laisse appercevoir son inclination pour les Conjurés : il ne prend pas tant de soin à cacher l'opinion qu'il a des enfers : les Dieux lui sont moins considérables que les Consuls ; &, à son avis, la mort n'est autre chose que la fin de nos tourmens & le repos des misérables. Caton fait lui-même son portrait, après que César a fait le sien. Il va droit au bien, mais d'un air farouche: l'austérité de ses mœurs est inséparable de l'intégrité de sa vie : il mêle le chagrin de son esprit & la dureté de ses manieres, avec l'utilité de ses conseils. Ce seul mot d'*optimo Consuli*, qui fâcha tant Cicéron, pour ne pas donner à son mérite assez d'étendue, me fait pleinement comprendre, & les bonnes intentions, & la vaine humeur de ce Consul. Enfin, par diverses peintures de différens acteurs, non-seulement je me représente les personnes, mais il me semble voir tout ce qui se passa dans la conjuration de Catilina.

Vous pouvez observer la même chose dans l'Histoire de Jugurtha. La description de ses qualités & de son humeur, vous prépare à voir l'invasion du Royaume ; & trois lignes nous dépeignent toute sa maniere de faire la guerre. Vous voyez dans le caractere de Metellus, avec le rétablissement de la discipline, un heureux changement des affaires des Romains.

Marius conduit l'Armée en Affrique du même esprit qu'il harangue à Rome. Sylla parle à Bocchus avec le même génie qui paroît dans son éloge ; peu attaché au devoir & à la régularité, donnant toutes choses à la passion de se faire des amis : *dein parentes abundè habemus, amicorum, neque nobis neque cuiquam omnium satis fuit.* Ainsi Salluste fait agir les hommes par tempéramment, & croit assez obliger son Lecteur de les bien faire connoître. Toute personne extraordinaire qui se présente est exactement dépeinte, quand même elle n'auroit pas une part considérable à son sujet. Tel est l'éloge de Sempronia, selon mon jugement, inimitable. Il va même chercher des considérations éloignées, pour nous donner les portraits de Caton & de César, si beaux, à la vérité, que je les prefererois à des histoires toutes entieres.

Pour conclure mon observation sur ces deux Auteurs, l'ambition, l'avarice, le luxe, la corruption, toutes les causes générales des désordres de la République, sont très-souvent alléguées par celui-ci. Je ne sai s'il descend assez aux intérêts & aux considérations particulieres. Vous diriez que les conseils subtils & rafinés lui semblent indignes de la grandeur de la République ; & c'est peut-être par cette raison qu'il va chercher dans la spéculation peu de choses, presque tout dans les passions & dans le génie des hommes.

On voit dans l'histoire de Tacite plus de vices encore, plus de méchancetés, plus de crimes ; mais l'habileté les conduit, &

la dextérité les manie : on y parle toujours avec dessein, on n'agit point sans mesure ; la cruauté est prudente, & la violence avisée. En un mot, le crime y est trop délicat, d'où il arrive que les plus gens de bien goûtent un art de méchanceté qui ne se laisse pas assez connoître, & qu'ils apprennent, sans y penser, à devenir criminels, croyant seulement devenir habiles : mais laissant-là Salluste & Tacite dans leurs caracteres différens, je dirai qu'on rencontre peu souvent ensemble une connoissance délicate des hommes, & une profonde intelligence des affaires.

Ceux qui sont élevés dans les compagnies, qui parlent dans les assemblées, apprennent l'ordre, les formes & toutes les matieres qui s'y traitent. Passant de-là par les Ambassades, ils s'instruisent des affaires du dehors ; & il y en a peu, de quelque nature qu'elles soient, dont ils ne deviennent capables par l'aplication & l'expérience : mais quand ils viennent à s'établir dans les Cours, on les voit grossiers au choix des gens, sans aucun goût de mérite ; ridicules dans leurs dépenses & dans leurs plaisirs.

Nos Ministres en France sont tout-à-fait exempts de ces défauts-là ; je le puis dire de tous sans flatterie, & m'étendre un peu sur Monsieur de Lionne, que je connois davantage.

davantage. C'est en lui proprement que les talens séparés se rassemblent ; c'est en lui que se rencontre une connoissance délicate du mérite des hommes, & une profonde intelligence des affaires.

Dans la vérité, je me suis étonné mille fois qu'un Ministre qui a confondu toute la politique des Italiens, qui a mis en désordre la prudence concertée des Espagnols, qui a tourné dans nos intérêts tant de Princes d'Allemagne, & fait agir, selon nos desseins, ceux qui se remuent si difficilement pour eux-mêmes ; je me suis étonné, dis-je, qu'un homme si consommé dans les négociations, si profond dans les affaires, puisse avoir toute la délicatesse des plus polis Courtisans pour la conversation & pour les plaisirs. On peut dire de lui ce qu'a dit Salluste d'un grand homme de l'antiquité, que son loisir est voluptueux : mais que par une juste dispensation de son temps, avec la facilité du travail dont il s'est rendu le maître, jamais affaire n'a été retardée par ses plaisirs (1).

Parmi les divertissemens de ce loisir, parmi ces occupations les plus importan-

---

(1) *Igitur Sulla genus patricium nobilis fuit, familia prope jam extincta majorum ignavia, litteris Græcis atque Latinis juxta atque doctissime eruditus, animo ingenti, cupidus voluptatum, sed gloriæ cupidior : otio luxurioso esse ; tamen ab negotiis numquam voluptas remorata, &c.* SALLUSTII Bellum Jugurt.

tes, il ne laisse pas de donner quelques heures aux belles Lettres, dont Atticus, cet honnête homme des anciens, n'avoit pas acquis une connoissance plus délicate dans la douceur de son repos & la tranquillité de ses études. Il sait de toutes choses infiniment, & la science qui gâte bien souvent le naturel, ne fait qu'embellir le sien : elle quitte ce qu'elle a d'obscur, de difficile, de rude, & lui apporte pleinement tous ses avantages, sans intéresser la netteté & la politesse de son esprit. Personne ne connoît mieux que lui les beaux ouvrages ; personne ne les fait mieux : il sait également juger & produire ; & je suis en peine si on doit estimer plus en lui la finesse du discernement, ou la beauté du génie. Il est tems de quitter le sien, pour venir à celui des courtisans.

Comme ils sont nourris auprès des Rois, comme ils font leur séjour ordinaire auprès des Princes, ils se forment un talent particulier à les bien connoître : il n'y a point d'inclination qui leur soit cachée, point d'aversion inconnue, point de foible qui ne leur soit découvert. Delà viennent les insinuations, les complaisances, & toutes ces mesures délicates qui font un art de gagner les cœurs, ou de se concilier au moins les volontés : mais soit manque d'application, soit pour tenir au-dessous d'eux les emplois où l'on s'instruit des affaires, ils les ignorent toutes également, & leurs agrémens venant à manquer avec l'âge, rien ne leur apporte de la considération & du crédit. Ils vieillissent donc dans les cabinets, exposés à la raillerie des jeunes gens, qui ne peuvent souffrir leur censure ; avec cette différence que ceux-ci d'ordinaire font les choses qui leur conviennent, & que les autres ne peuvent s'abstenir de celles qui ne leur conviennent plus ; & certes le plus honnête homme dont personne n'a besoin, a de la peine à s'exempter du ridicule en vieillissant : mais il en est comme de ces femmes galantes, à qui le monde plaît encore, quand elles ne lui plaisent plus. Si nous étions sages, notre dégoût répondroit à celui qu'on a pour nous : car dans l'inutilité des conditions où l'on ne se soutient que par le mérite de plaire, la fin des agrémens doit être le commencement de la retraite. Les gens de robe au contraire paroissent moins honnêtes gens quand ils sont jeunes, par un faux air de Cour qui les fait réussir dans la Ville, & les rend ridicules aux courtisans : mais enfin, la connoissance de leur intérêt les raméne à leur profession ; & devenus habiles avec le temps, ils se trouvent en des postes considérables, où tout le monde généralement a besoin d'eux. Il est bien vrai que les courtisans qui s'élevent aux honneurs par de grands emplois, ne laissent rien à desirer en leur suffisance; & leur mérite se trouve pleinement achevé, quand ils joignent à une délicatesse de Cour la connoissance des affaires, & l'expérience dans la guerre.

DISSERTATION SUR LA TRAGÉDIE DE RACINE, INTITULÉE ALEXANDRE LE GRAND, A MADAME BOURNEAU.

DEPUIS que j'ai lû LE GRAND ALEXANDRE, la vieillesse de Corneille me donne bien moins d'allarmes, & je n'appréhende plus tant de voir finir avec lui la Tragédie : mais je voudrois qu'avant sa mort il adoptât l'Auteur de cette Piéce, pour former avec la tendresse d'un pere son vrai successeur. Je voudrois qu'il lui donnât le bon goût de cette antiquité, qu'il possede si avantageusement; qu'il le fit entrer dans le génie de ces nations mortes, & connoître sainement le caractére des héros qui ne sont plus. C'est, à mon avis, la seule chose qui manque à un si bel esprit. Il a des pensées fortes & hardies, des expressions qui égalent la force de ses pensées : mais vous me permettrez de vous dire après cela, qu'il n'a pas connu Alexandre ni Porus. Il paroît qu'il a voulu donner une plus grande idée de Porus que d'Alexandre, en quoi il n'étoit pas possible de réussir ; car l'histoire d'Alexandre, toute vraie qu'elle est, a bien de l'air du Roman : & faire un plus grand héros, c'est donner dans le fabuleux ; c'est ôter à son ouvrage, non-seulement le crédit de la vérité, mais l'agrément de la vraisemblance. N'imaginons donc rien de plus grand que ce maître de l'Univers, ou nos imaginations seront trop vastes & trop élevées. Si nous voulons donner avantage sur lui à d'autres Héros, ôtons-leur les vivacités qu'il avoit, & donnons-leur les vertus qu'il n'avoit pas : ne faisons pas Scipion plus grand, quoiqu'on n'ait jamais vû chez les Romains une ame si élevée que la sienne ; il le faut faire plus juste, allant plus au bien, plus modéré, plus tempérant & plus vertueux.

Que les plus favorables à César contre Alexandre, n'alléguent en sa faveur ni la passion de la gloire, ni la grandeur de l'ame, ni la fermeté du courage. Ces qualités sont si pleines dans le Grec, que ce seroit en avoir trop que d'en avoir plus. Mais qu'ils fassent le Romain plus sage en ses entreprises, plus habile dans les affaires, plus étendu dans ses intérêts, plus maître de lui dans ses passions.

Un Juge fort délicat du mérite des hommes, s'est contenté de faire ressembler à Alexandre celui dont il vouloit donner la plus haute idée : il n'osoit pas lui attribuer de plus grandes qualités, il lui ôtoit les mauvaises : *Magno illi Alexandro, sed sobrio neque iracundo simillimus* (1).

Peut-être que notre Auteur est entré dans ces considérations en quelque sorte : peut-être que pour faire Porus plus grand, sans donner dans le fabuleux, il a pris le parti d'abaisser son Alexandre. Si ç'a été son dessein, il ne pouvoit pas mieux réussir; car il en fait un Prince si médiocre, que cent autres le pourroient emporter sur lui comme Porus. Ce n'est pas qu'Ephestion n'en donne une belle idée; que Taxile, que Porus même ne parlent avantageusement de sa grandeur : mais, quand il paroît lui-même, il n'a pas la force de la soutenir, si ce n'est que par modestie il

_____
(1) Velleius Paterculus (HIST. *Lib. II.* c. 41.) parlant de César.

veuille paroître un simple homme chez les Indiens, dans le juste repentir d'avoir voulu passer pour un Dieu parmi les Perses. A parler sérieusement, je ne connois ici d'Alexandre que le seul nom : son génie, son humeur, ses qualités, ne me paroissent en aucun endroit. Je cherche dans un Héros impétueux des mouvemens extraordinaires qui me passionnent, & je trouve un Prince si peu animé, qu'il me laisse tout le sang froid où je puis être. Je m'imaginois en Porus une grandeur d'ame qui nous fût plus étrangere; le Héros des Indes devoit avoir un caractére différent de celui des nôtres. Un autre Ciel, pour ainsi parler, un autre Soleil, une autre Terre y produisent d'autres animaux & d'autres fruits : les hommes y paroissent tout autres par la différence des visages, & plus encore, si je l'ose dire, par une diversité de raison : une morale, une sagesse singuliere à la région y semble régler & conduire d'autres esprits dans un autre monde. Porus, cependant, que Quint-Curce dépeint tout Etranger aux Grecs & aux Perses, est ici purement François : au lieu de nous transporter aux Indes, on l'améne en France, où il s'accoutume si bien à notre humeur, qu'il semble être né parmi nous, ou du moins y avoir vécu toute sa vie.

Ceux qui veulent représenter quelque

Héros des vieux siécles, doivent entrer dans le génie de la nation dont il a été, dans celui du temps où il a vécu, & particuliérement dans le sien propre. Il faut dépeindre un Roi de l'Asie autrement qu'un Consul Romain : l'un parlera comme un Monarque absolu, qui dispose de ses sujets comme de ses esclaves ; l'autre comme un Magistrat qui anime seulement les loix, & fait respecter leur autorité à un peuple libre. Il faut dépeindre autrement un vieux Romain furieux pour le bien public, & agité d'une liberté farouche, qu'un flatteur du temps de Tibere, qui ne connoissoit plus que l'intérêt, qui s'abandonnoit à la servitude. Il faut dépeindre différemment des personnes de la même condition & du même temps, quand l'histoire nous en donne de différens caracteres. Il seroit ridicule de faire le même portrait de Caton & de César, de Catilina & de Ciceron, de Brutus & de Marc-Antoine, sous ombre qu'ils ont vécu dans la République en même temps. Le Spectateur, qui voit représenter ces Anciens sur nos Théatres, suit les mêmes regles pour en bien juger, que le Poëte pour les bien dépeindre ; & pour y réussir mieux, il éloigne son esprit de tout ce qu'il voit en usage, tâche à se défaire du goût de son temps, renonce à son propre naturel, s'il est opposé à celui

des

des personnes qu'on représente : car les morts ne sauroient entrer en ce que nous sommes ; mais la raison, qui est de tous les temps, nous peut faire entrer en ce qu'ils ont été.

Un des grands défauts de notre Nation, c'est de ramener tout à elle, jusqu'à nommer *Etrangers* dans leur propre Pays ceux qui n'ont pas bien ou son air, ou ses maniéres. De-là vient qu'on nous reproche justement de ne savoir estimer les choses que par le rapport qu'elles ont avec nous, dont Corneille a fait une injuste & fâcheuse expérience dans sa SOPHONISBE. Mairet qui avoit dépeint la sienne infidelle au vieux Syphax, & amoureuse du jeune & victorieux Massinisse, plut quasi généralement à tout le monde, pour avoir rencontré le goût des Dames, & le vrai esprit des gens de la Cour. Mais Corneille qui fait mieux parler les Grecs que les Grecs, les Romains que les Romains, les Carthaginois que les citoyens de Carthage ne parloient eux-mêmes : Corneille, qui presque seul a le bon goût de l'Antiquité, a eu le malheur de ne plaire pas à notre siécle, pour être entré dans le génie de ces Nations, & avoir conservé à la fille d'Asdrubal son véritable caractére. Ainsi, à la honte de nos jugemens, celui qui a surpassé tous nos Auteurs, & qui s'est peut-être ici surpassé lui-même à rendre à ces grands noms tout ce qui leur étoit dû, n'a pû nous obliger à lui rendre tout ce que nous lui devions, asservis par là coutume aux choses que nous voyons en usage, & peu disposés par la raison à estimer des qualités & des sentimens qui ne s'accommodent pas aux nôtres.

Concluons, après une considération assez étendue, qu'Alexandre & Porus devoient conserver leur caractére tout entier; que c'étoit à nous à les regarder sur les bords de l'Hydaspe, tels qu'ils étoient, non pas à eux de venir sur les bords de la Seine étudier notre naturel, & prendre nos sentimens. Le discours de Porus devoit avoir quelque chose de plus étranger & de plus rare. Si Quinte-Curce s'est fait admirer dans la harangue des Scythes, par des pensées & des expressions naturelles à leur Nation, l'Auteur se pouvoit rendre aussi merveilleux, en nous faisant voir, pour ainsi parler, la rareté du génie d'un autre monde.

La condition différente de ces deux Rois, où chacun remplit si bien ce qu'il se devoit dans la sienne; leur vertu diversement exercée dans la diversité de leur fortune, attire la considération des Historiens, & les oblige à nous en laisser une peinture. Le Poëte, qui pouvoit ajoûter à la vérité des choses, ou les parer du moins de tous les ornemens de la Poësie, au lieu d'en employer les couleurs & les figures à les embellir, a retranché beaucoup de leur beauté ; & soit que le scrupule d'en dire trop, ne lui en laisse pas dire assez, soit par sécheresse & stérilité, il demeure beaucoup au-dessous du véritable. Il pouvoit entrer dans l'intérieur, & tirer du fond de ces grandes ames, comme fait Corneille, leurs plus secrets mouvemens : mais il regarde à peine les simples dehors, peu curieux à bien remarquer ce qui paroît, moins profond à pénétrer ce qui se cache.

J'aurois souhaité que le fort de la Piéce eût été à nous représenter ces grands hommes, & que dans une Scène digne de la magnificence du sujet, on eût fait aller la grandeur de leurs ames jusqu'où elle pourroit aller. Si la conversation de Sertorius & de Pompée (1) a tellement rempli nos esprits, que ne devoit-on pas espérer de celle de Porus & d'Alexandre, sur un sujet si peu commun ? J'aurois voulu encore que l'Auteur nous eût donné une plus grande idée de cette Guerre. En effet, ce passage de l'Hydaspe, si étrange qu'il se laisse à peine concevoir : une grande Armée de l'autre côté avec des Chariots terribles, & des Eléphans alors effroyables, des éclairs, des foudres, des tempêtes qui

(1) Voyez le SERTORIUS de Corneille, Act. III. Sc. I.

mettoient la confusion par tout, quand il fallut passer un fleuve si large sur de simples peaux ; cent choses étonnantes qui épouvanterent les Macédoniens, & qui furent faire dire à Alexandre ; qu'enfin *il avoit trouvé un péril digne de lui.* Tout cela devoit fort élever l'imagination du Poëte, & dans la peinture de l'appareil, & dans le récit de la Bataille.

Cependant on parle à peine des Camps des deux Rois, à qui l'on ôte leur propre génie, pour les asservir à des Princesses purement imaginées. Tout ce que l'intérêt a de plus grand & de plus précieux parmi les hommes, la défense d'un Pays, la conservation d'un Royaume n'excite point Porus au combat : il y est animé seulement par les beaux yeux d'Axiane, & l'unique but de sa valeur est de se rendre recommandable auprès d'elle. On dépeint ainsi les Chevaliers errans, quand ils entreprennent une avanture ; & le plus bel esprit, à mon avis, de toute l'Espagne, ne fait jamais entrer Don Quichote dans le combat, qu'il ne se recommande à Dulcinée.

Un faiseur de Romans peut former ses Héros à sa fantaisie : il importe peu aussi de donner la véritable idée d'un Prince obscur, dont la réputation n'est pas venue jusqu'à nous : mais ces grands personnages de l'antiquité, si célébres dans leur siécle, & plus connus parmi nous que les vivans même, les Alexandres, les Scipions, les Césars ne doivent jamais perdre leur caractére entre nos mains ; car le Spectateur le moins délicat sent qu'on le blesse, quand on leur donne des défauts qu'ils n'avoient pas, ou qu'on leur ôte des vertus qui avoient fait sur son esprit une impression agréable. Leurs vertus établies une fois chez nous, intéressent l'amour propre comme notre vrai mérite : on ne sauroit y apporter la moindre altération, sans nous faire sentir ce changement avec violence. Sur tout, il ne faut pas les défigurer dans la Guerre, pour les rendre plus illustres dans l'amour. Nous pouvons leur donner des maîtresses de notre invention ; nous pouvons mêler de la passion avec leur gloire ; mais gardons-nous de faire un Antoine d'un Alexandre, & ne ruinons pas le Héros établi par tant de siécles, en faveur de l'amant que nous formons à notre fantaisie.

Rejetter l'amour de nos Tragédies comme indigne des Héros, c'est ôter ce qui nous fait tenir encore à eux par un secret rapport, par je ne sai quelle liaison qui demeure encore entre leurs ames & les nôtres : mais pour les vouloir ramener à nous par ce sentiment commun, ne les faisons pas descendre au-dessous d'eux, ne ruinons pas ce qu'ils ont au-dessus des hommes. Avec cette retenue, j'avouerai qu'il n'y a point de sujets où une passion générale que la nature a mêlée en tout, ne puisse entrer sans peine & sans violence. D'ailleurs, comme les femmes sont aussi nécessaires pour la représentation que les hommes, il est à propos de les faire parler autant qu'on peut, de ce qui leur est le plus naturel, & dont elles parlent mieux que d'aucune chose. Otez aux unes l'expression des sentimens amoureux, & aux autres l'entretien secret où les fait aller la confidence, vous les réduisez ordinairement à des conversations ennuyeuses. Presque tous leurs mouvemens, comme leurs discours, doivent être des effets de leur passion ; leurs joyes, leurs tristesses, leurs craintes, leurs desirs doivent sentir un peu d'amour pour nous plaire.

Introduisez une mere qui se réjouit du bonheur de son cher fils, ou s'afflige de l'infortune de sa pauvre fille, sa satisfaction ou sa peine fera peu d'impression sur l'ame des spectateurs. Pour être touchés des larmes & des plaintes de ce sexe, voyons une amante qui pleure la mort d'un amant, non pas une femme qui se désole à la perte d'un mari. La douleur des maîtresses tendre & précieuse nous touche bien plus que l'affliction d'une veuve artificieuse ou intéressée, & qui toute sincere qu'elle est quelquefois, nous donne toujours une idée noire des enterremens & de leurs cérémonies lugubres.

De toutes les veuves qui ont jamais paru sur le théatre, je n'aime à voir que la seule Cornelie (1); parce qu'au lieu de me faire imaginer des enfans sans pere, & une femme sans époux, ses sentimens tous Romains rappellent dans mon esprit l'idée de l'ancienne Rome & du grand Pompée.

Voilà tout ce qu'on peut raisonnablement accorder à l'amour sur nos théatres : mais qu'on se contente de cet avantage, où la régularité même pourroit être intéressée, & que ses plus grands partisans ne croyent pas que le premier but de la Tragédie soit d'exciter des tendresses dans nos cœurs. Aux sujets véritablement héroïques, la grandeur d'ame doit être ménagée devant toutes choses. Ce qui seroit doux & tendre dans la maîtresse d'un homme ordinaire, est souvent foible & honteux dans l'amante d'un Héros. Elle peut s'entretenir, quand elle est seule, des combats intérieurs qu'elle sent en elle-même ; elle peut soupirer en secret de son tourment, confier à une chere & sûre confidente ses craintes & ses douleurs : mais soutenue de sa gloire, & fortifiée par sa raison,

(1) Voyez le POMPÉE de Corneille.

elle doit toujours demeurer maîtresse de ses sentimens passionnés, & animer son amant aux grandes choses par sa résolution, au lieu de l'en détourner par sa foiblesse.

En effet, c'est un spectacle indigne de voir le courage d'un Héros amolli par des soûpirs & des larmes : & s'il méprise fiérement les pleurs d'une belle personne qui l'aime, il fait moins paroître la fermeté de son cœur que la dureté de son ame.

Pour éviter cet inconvénient-là, Corneille n'a pas moins d'égard au caractere des femmes illustres, qu'à celui de ses Héros. Emilie anime Cinna à l'exécution de leur dessein (1), & va dans son cœur ruiner tous les mouvemens qui s'opposent à la mort d'Auguste. Cléopatre a de la passion pour César, & met tout en usage pour sauver Pompée (2) : elle seroit indigne de César, si elle ne s'oppose à la lâcheté de son frere ; & César indigne d'elle, s'il est capable d'approuver cette infamie. Dircé dans l'ŒDIPE, conteste de grandeur de courage avec Thésée, tournant sur soi l'explication funeste de l'Oracle, qu'il vouloit s'appliquer pour l'amour d'elle.

Mais il faut considerer Sophonisbe, (3)

_____

(1) Voyez le CINNA, Act. I. Sc. III.
(2) Dans la Tragédie de POMPE'E.
(3) Voyez la SOPHONISBE.

dont le caractere eût pû être envié des Romains même. Il faut la voir sacrifier le jeune Massinisse au vieux Syphax, pour le bien de sa Patrie : il faut la voir écouter aussi peu les scrupules du devoir en quittant Syphax, qu'elle avoit fait les sentimens de son amour, en se détachant de Massinisse : il faut la voir qui soûmet toutes sortes d'attachemens, ce qui nous lie, ce qui nous unit, les plus fortes chaînes, les plus douces passions à son amour pour Carthage, à sa haine pour Rome : il faut la voir enfin, quand tout l'abandonne, ne se pas manquer à elle-même, & dans l'inutilité des cœurs qu'elle avoit gagnés pour sauver son pays, tirer du sien un dernier secours pour sauver sa gloire & sa liberté.

Corneille fait parler ses Héros avec tant de bienséance, que jamais il ne nous eût donné la conversation de César avec Cléopatre (1), si César eût crû avoir les affaires qu'il eut dans Alexandrie, quelque belle qu'elle puisse être, jusqu'à rendre l'entretien d'un amoureux agréable aux personnes indifférentes qui l'écoutent : il s'en fut passé assûrément, à moins que de voir la Bataille de Pharsale pleinement gagnée ; Pompée mort, & le reste de ses partisans en fuite. Comme César se croyoit alors le maître de tout, on a pû lui faire offrir une

(1) Voyez le POMPE'E, Act. IV. Sc. III.

gloire acquise & une puissance apparemment assûrée : mais quand il a découvert la conspiration de Ptolomée, quand il voit ses affaires en mauvais état & sa propre vie en danger, ce n'est plus un amant qui entretient sa maîtresse de sa passion, c'est le Général Romain qui parle à la Reine du péril qui les regarde, & la quitte avec empressement, pour aller pourvoir à leur sûreté commune.

Il est donc ridicule d'occuper Porus de son seul amour, sur le point d'un grand combat qui alloit décider pour lui de toutes choses : il ne l'est pas moins d'en faire sortir Alexandre, quand les Ennemis se rallient. On pouvoit l'y faire entrer avec empressement pour chercher Porus, non pas l'en tirer avec précipitation, pour aller revoir Cléophile, lui qui n'eut jamais ces impatiences amoureuses, & à qui la victoire ne paroissoit assez pleine, que lorsqu'il avoit ou détruit ou pardonné. Ce que je trouve pour lui de plus pitoyable, c'est qu'on lui fait perdre beaucoup d'un côté, sans lui faire rien gagner de l'autre. Il est aussi peu Héros d'amour que de guerre : l'histoire se trouve défigurée, sans que le Roman soit embelli : Guerrier, dont la gloire n'a rien d'animé qui excite notre ardeur ; amant, dont la passion ne produit rien qui touche notre tendresse.

Voilà ce que j'avois à dire sur Alexandre & sur Porus. Si je ne me suis pas attaché regulièrement à une critique exacte, c'est que j'ai moins voulu examiner la Piéce en détail, que m'étendre sur la bienséance qu'on doit garder à faire parler les Héros, sur le discernement qu'il faut avoir dans la différence de leurs caracteres, sur le bon & le mauvais usage des tendresses de l'amour dans la Tragédie, rejettées trop austérement par ceux qui donnent tout aux mouvemens de *la crainte* & de *la pitié*, & recherchées avec trop de délicatesse par ceux qui n'ont de goût que pour cette sorte de sentimens.

CONVERSATION
DE MONSIEUR
DE SAINT-EVREMOND
AVEC
LE DUC DE CANDALE.

JE ne prétens pas entretenir le Public de ce qui me regarde. Il importe peu aux hommes de savoir mes affaires & mes disgraces; mais on ne sauroit trouver mauvais, sans chagrin, que je fasse réflexion sur ma vie passée, & que je détourne mon esprit de quelques fâcheuses considérations sur des pensées un peu moins désagréables : cependant, comme il est ridicule de parler toujours de soi, fût-ce à soi-même, plusieurs personnes de grand mérite seront mêlées dans ce discours, qui me fera trouver plus de douceur qu'aucune conversation ne m'en peut donner depuis que j'ai perdu celle de M. d'Aubigny (1).

A la prison de Monsieur le Prince (2), j'avois un fort grand commerce avec M. de Candale : les plaisirs l'avoient fait naître, & il étoit entretenu par de simples agrémens, sans dessein & sans intérêt. Il avoit vécu auparavant dans une étroite amitié avec Moret (3) & le Chevalier de la Vieuville; & Vineuil avoit donné à cette union le nom de *Ligue*, par une espece de ridicule qu'elle méritoit assez. En effet, ils avoient mille secrets de bagatelles : ils faisoient des mysteres de rien, & se retiroient en particulier dix fois le jour, sans aucun plaisir d'être ensemble, que celui d'être séparés des autres. Je ne laissois pas d'être de leur société, mais jamais de leur confidence, laquelle se rompit à la fin sans au-

(1) M. d'Aubigny mourut en 1665.
(2) En 1650.

(3) Le Comte de Moret, frere aîné du Marquis de Vardes.

cun sujet de brouillerie entr'eux-mêmes.

Monsieur de Vardes, en s'en allant à l'armée, avoit laissé à Paris une maîtresse aussi aimable que femme du monde (1); mais elle avoit été aimée & avoit aimé : &, comme sa tendresse s'étoit épuisée dans ses premieres amours, elle n'avoit plus de passion véritable. Ses affaires n'étoient plus qu'un intérêt de galanterie qu'elle conduisoit avec un grand art, d'autant plus qu'elle paroissoit naturelle, & faisoit passer la facilité de son esprit pour une naïveté de sentimens. Son histoire étant connue, elle ne prenoit pas le parti de faire la prude impudemment; mais elle tournoit une vie de peu d'éclat où elle se voyoit réduite, en une vie retirée, & ménageoit avec beaucoup de dessein une fausse négligence. Elle n'alloit pas au Louvre disputer un galant contre ces jeunes beautés qui font tout le bruit dans le monde; elle savoit l'en tirer avec adresse, & n'avoit pas moins d'industrie pour le conserver, qu'elle en avoit eu pour se l'acquérir. Un simple commerce de bienséance ne lui eût pas été permis avec une femme tant soit peu aimable; & une amitié ordinaire avec les hommes, se reprochoit comme une tendresse dérobée à son amour. Les plaisirs particuliers lui faisoient craindre un attachement. Elle

(1) Madame de Saint-Loup.

appréhendoit d'être oubliée dans les divertissemens de foule : sur-tout elle crioit contre les repas du Commandeur (1), où l'on respiroit certain air de liberté, ennemi des passions délicates. Enfin, si elle n'avoit tous vos soins, elle se plaignoit d'être abandonnée; & parce qu'elle se disoit toute à vous, elle vouloit que vous fussiez tout à elle.

Monsieur de Vardes absent ne put maintenir long-temps une maîtresse de cette humeur. Elle se rendit à la vûe du jeune Monsieur de Candale; encore dit-on que ses desseins avoient prévenu l'impression que fait la présence, & qu'elle avoit songé à se le mettre entre les mains avant que de le connoître. Monsieur de Vardes fut sensible à ce changement, comme à la perte d'un plaisir qui lui étoit fort cher; mais en honnête homme il ne s'en fit pas une affaire, & il regarda Monsieur de Candale avec le dépit d'un rival, sans jamais y mêler la haine d'un ennemi.

Moret, dont la gravité représentoit l'honneur en toutes choses, se tint offensé en la personne de son frere, & prit pour un véritable affront ce que l'intéressé avoit reçû comme un simple déplaisir. Ses plaintes furent d'abord assez fieres : les voyant mal reçûes dans le monde, il changea de

(1) Le Commandeur de Souvré.

discours sans changer de procédé. Il se disoit malheureux de n'avoir pû s'attirer les égards d'une personne pour laquelle il avoit eu tant de considération toute sa vie : il disoit que Monsieur de Candale étoit peu à plaindre, qu'il trouveroit des amis plus dignes de son amitié, & qu'avec beaucoup de déplaisir il se voyoit obligé d'en chercher d'autres sur lesquels il pût faire plus de fondement : c'étoit le langage qu'il tenoit à tout le monde, avec une fausse modestie qui marque plus la bonne opinion qu'on a de soi, que ne feroit une présomption légérement déclarée. Pour le Chevalier de la Vieuville, il se tint désobligé aussi-tôt que Moret pensa l'être ; &, tant pour lui plaire, que par la vivacité de son naturel, il anima les reproches un peu davantage.

Je voyois Monsieur de Candale à l'ordinaire ; &, comme il lui falloit toujours quelque confident, je le devins aussi-tôt de ses plaintes sur le procédé de ces Messieurs, &, peu de temps après, de sa passion pour Madame de Saint-Loup. Dans la chaleur de cette nouvelle confidence, il ne pouvoit se passer de moi, pour me confier en secret de petites choses fort cheres aux amans, & très-indifférentes à ceux qui sont obligés de les écouter : je les recevois comme des mysteres, & les sentois comme des bagatelles importunes.

Mais son humeur étoit agréable, je trouvois son procédé obligeant, & il avoit un air si noble en toute sa personne, que je prenois plaisir à le regarder au même temps que j'en avois peu à l'entendre. Jusqueslà, je n'avois pas eu le moindre dessein dans son commerce. Quand je me vis maître de son esprit, si je l'ose dire, je pensai que je ne ferois pas mal de ménager une personne qui devoit être un jour fort considérable. Alors je me fis une étude particuliere de le bien connoître, & n'oubliai rien pour le prendre par tous les endroits où il pouvoit être sensible. Je louois sa maîtresse sans trahir mes sentimens, car elle me paroissoit fort aimable, & je blâmois le procédé de Moret & du Chevalier de la Vieuville, qui, selon mon sens, n'avoient aucune raison.

Il y a des insinuations honnêtes, dont le moins artificieux se peut servir ; il y a des complaisances aussi éloignées de l'adulation que de la rudesse. Comme Monsieur de Candale avoit l'ame passionnée, je mêlois dans nos entretiens ce que je connoissois de plus tendre. La douceur de son esprit faisoit une certaine délicatesse ; & de cette petite délicatesse il se formoit assez de discernement pour les choses qui n'avoient pas besoin d'être approfondies : outre le naturel, il y tournoit son esprit par étude ;
&

& par étude, je lui fournissois des sujets où il pouvoit employer cette espéce de lumiere. Ainsi, nous nous séparions sans aucun de ces dégoûts qui commencent à la fin des conversations ; & content de moi, pour l'être de lui, il augmentoit son amitié à mesure qu'il se plaisoit davantage.

Ceux qui cherchent de la docilité dans les esprits, établissent rarement la supériorité du leur, sans faire sentir avec chagrin une humeur impérieuse. Le mérite ne fait pas toujours des impressions sur les plu't honnêtes gens : chacun est jaloux du sien jusqu'à ne pouvoir souffrir aisément celui, d'un autre. Une complaisance mutuelle, concilie ordinairement les volontés ; néanmoins, comme on donne autant par-là qu'on reçoit, le plaisir d'être flatté se paye chérement quelquefois, par la peine qu'on se fait à flatter un autre : mais, qui veut bien se rendre approbateur, & ne se soucie pas d'être approuvé, celui-là oblige, à mon avis, doublement ; il oblige de la louange qu'il donne, & de l'approbation dont il dispense. C'est un grand secret dans la familiarité d'un commerce, de détourner les hommes, autant qu'on le peut honnêtement, à leur amour-propre : quand on sait les rechercher à propos, & leur faire trouver en eux des talens dont ils n'avoient pas l'usage, ils nous savent gré de la joie secrette qu'ils sentent de ce mérite découvert, & peuvent d'autant moins se passer de nous, qu'ils en ont besoin pour être agréablement avec eux-mêmes.

Peut-être ai-je tort de quitter des choses particulieres, pour m'étendre sur des observations générales : j'y serois plus scrupuleux, si j'avois à entretenir le Public d'affaires de grande considération. Comme je ne parle qu'à moi seul sur une matiere peu importante, je pratique à mon égard ce que j'ai fait à celui d'un autre ; &, ne cherchant qu'à me plaire, je suis ingénieux à tirer de mon esprit des pensées qui me contentent. Je veux donc me laisser aller à ma fantaisie, pourvû que ma fantaisie n'aille pas tout-à-fait à l'extravagance ; car il faut éviter le déréglement aussi-bien que la contrainte : & pour revenir à quelque sorte de régularité, je reprens la narration que j'ai commencée.

La premiere chose que fit la Cour à la détention de Monsieur le Prince, fut d'aller en Normandie pour en chasser Madame de Longueville, & ôter aux créatures de sa Maison les Gouvernemens qui étoient entre leurs mains. Je fis le voyage avec Monsieur de Candale ; & deux jours entiers d'un temps & d'un chemin assez fâcheux, nous eûmes une conversation presque continue & assez agréable, pour être fort variée.

Après nous être épuisés à parler de sa passion, de celle de quelques autres, & indifféremment de tous les plaisirs, nous vînmes à tomber insensiblement sur le misérable état où se trouvoit Monsieur le Prince, avec tant de gloire & après tant de grandeurs. Je lui dis : ɔɔ Qu'un Prince
ɔɔ si grand & si malheureux devoit être
ɔɔ plaint de tout le monde ; que sa con-
ɔɔ duite, à la vérité, avoit été peu respec-
ɔɔ tueuse pour la Reine, & un peu fâcheuse
ɔɔ pour Monsieur le Cardinal, mais que
ɔɔ c'étoient des fautes à l'égard de la Cour,
ɔɔ & non pas des crimes contre l'Etat, ca-
ɔɔ pables de faire oublier les services im-
ɔɔ portans qu'il avoit rendus ; que ses ser-
ɔɔ vices avoient soutenu Monsieur le Car-
ɔɔ dinal, & assuré le pouvoir dont son Emi-
ɔɔ nence venoit de se servir pour le perdre ;
ɔɔ que la France eût peut-être succombé au
ɔɔ commencement de la Regence, sans la
ɔɔ Bataille de Rocroi qu'il avoit gagnée ;
ɔɔ que la Cour avoit fait toutes les fautes
ɔɔ sans lui, après la Bataille de Lens, & ne
ɔɔ s'étoit sauvée que par lui dans la Guerre
ɔɔ de Paris ; qu'après avoir si bien servi, il
ɔɔ n'avoit fait que déplaire par l'impétuosité
ɔɔ d'une humeur dont il n'avoit pû être le
ɔɔ maître ; mais que tous ses desseins & ses
ɔɔ actions alloient pleinement au service du
ɔɔ Roi & à la grandeur du Royaume. Je ne

» sai pas, ajoûtai-je, ce que la Cour ga-
» gnera par sa prison, mais je sai bien que
» les Espagnols ne pouvoient rien souhai-
» ter de plus favorable.

Je suis obligé, dit Monsieur de Candale, *je suis obligé à Monsieur le Prince, de mille honnêtetés qu'il a eûes pour moi, malgré son chagrin contre Monsieur d'Espernon, mon pere. J'ai été, peut-être, un peu plus sensible que je ne devois à des obligations si légeres, & je n'ignore point qu'on m'a accusé de ne prendre pas assez de part aux intérêts de ma Maison. Tous ces discours ne m'ont pas empêché d'être son serviteur, & ses disgraces ne m'en empêchent pas encore: mais dans l'attachement que j'ai à la Cour, je ne puis donner qu'une douleur secrette à ses malheurs ; inutile pour lui en l'état qu'il est, & ruineuse pour moi, si je la fais paroître.*

» Voilà, repris-je, les sentimens d'un
» fort honnête homme, & que je trouve
» d'autant plus généreux, que la prison de
» Messieurs les Princes est la chose la plus
» avantageuse que vous puissiez desirer. Je
» vous regarde aujourd'hui comme le plus
» considérable homme de France, si vous
» voulez l'être. On vient de mettre nos
» Princes du Sang au Bois de Vincennes,
» dont apparemment ils ne sortiront pas
» si-tôt. Monsieur de Turenne & Monsieur
» de Bouillon se sont éloignés pour les ser-

» vir. Monsieur de Nemours n'est de rien, » tout honnête homme qu'il est, & ne sait » présentement quel parti prendre. M. de » Guise est prisonnier en Espagne. Tout le » reste de nos grands Seigneurs est suspect, » négligé de Monsieur le Cardinal. Dans » la situation où sont les choses, si vous » ne savez pas faire valoir la considération » de vos établissemens & les bonnes qua- » lités de votre personne, ne rejettez rien » sur la fortune qui vous sert si bien ; pre- » nez-vous-en à vous seul ; car c'est vous » qui manquerez à vous-même.

Il m'écouta avec la plus grande attention du monde ; & plus touché de mon discours que je ne me l'étois imaginé, il me remercia avec chaleur des ouvertures que je lui avois données. Il me dit bonnement que la jeunesse & les plaisirs l'avoient empêché de s'appliquer à rien de sérieux jusques-là ; mais qu'il étoit résolu de quitter son inutilité, & de mettre tout en usage pour se donner de la considération. *Je vais vous faire une confidence,* poursuivit-il, *que je n'ai jamais faite à personne : vous ne sauriez croire l'inclination que Monsieur le Cardinal a pour moi. Vous savez qu'il a quelque dessein de me faire épouser une de ses nieces, & l'on croira aisément que sa bonne volonté est fondée sur le projet de cette alliance : j'y en attribue moi-même une par-*

tie ; mais je ne m'y connois point, ou il a pour moi quelque foible. Je vous confierai encore un plus grand secret, c'est que je ne me sens aucune amitié pour lui ; & à vous parler nettement, j'ai le cœur aussi dur pour son Eminence, que son Eminence le sauroit avoir pour le reste des Courtisans.

» J'aimerois beaucoup mieux, lui dis-je,
» que vous eussiez quelque tendresse ; car
» il sera difficile que vos véritables senti-
» mens échappent à sa pénétration. Si vous
» m'en croyez, vous le verrez rarement
» en particulier ; & lorsque vous y serez
» obligé, entretenez-le de votre dévoue-
» ment en général, sans vous laisser con-
» duire dans un détail curieux, qui lui
» donne le loisir de vous examiner & la
» facilité de vous connoître. Quand le Roi
» & la Reine seront chez lui, quand il cher-
» chera à se divertir avec ses Courtisans or-
» dinaires, ne manquez jamais de vous y
» trouver ; & là, par toutes sortes de com-
» plaisances & d'agrémens, tâchez d'en-
» tretenir une amitié qu'il est assez disposé
» à entretenir de lui-même. S'il étoit d'hu-
» meur à se faire un vrai favori, sa fami-
» liarité vous seroit avantageuse : mais sa
» bonne volonté ne pouvant être si pure,
» qu'il n'y entre du dessein, un grand com-
» merce lui fera découvrir tous vos foibles
» avant que vous ayez trouvé le moindre

» des siens. Quelque dissimulation qu'un
» homme de votre âge puisse avoir, ce ne
» lui est pas un petit malheur d'avoir à souf-
» frir les observations d'un vieux Ministre,
» supérieur par l'avantage du poste & par
» celui de l'expérience. Croyez-moi, Mon-
» sieur, il est dangereux de voir trop sou-
» vent un habile homme, quand la diffé-
» rence & souvent la contrarieté des inté-
» rêts ne permet pas de s'y fier. Si cette
» maxime peut être reçûe chez les autres
» Nations, elle est comme infaillible dans
» la nôtre, où la pénétration pour décou-
» vrir va plus loin que la dissimulation pour
» se cacher. Ne présumez donc pas de pou-
» voir combattre Monsieur le Cardinal par
» son art, ni de faire contester vos finesses
» avec les siennes. Contentez-vous de mé-
» nager vos agrémens avec beaucoup de
» conduite, & laissez agir son inclination.
» L'inclination est un mouvement agréa-
» ble, qui nous est d'autant plus cher, qu'il
» nous semble purement nôtre. Il naît
» dans le fond de nos tendresses, & s'y en-
» tretient mollement avec plaisir; en quoi
» il diffère de l'estime, laquelle est reçûe
» comme une chose qui ne s'établit & ne
» se maintient point en nous par la faveur
» de nos sentimens, mais par la justice que
» nous sommes obligés de rendre aux per-
» sonnes vertueuses.

» Nous allons tomber dans un temps où
» apparemment Monsieur le Cardinal aura
» besoin de ses serviteurs. Il faut vous faire
» considérer comme un homme utile, après
» vous être fait aimer comme une person-
» ne agréable. Le moyen d'être tout-à-fait
» bien avec lui, c'est de remplir ses vûes
» d'intérêt, aussi bien que les sentimens de
» son affection ; c'est ce que vous ferez
» infailliblement, en lui promettant une
» grande considération que vous vous se-
» rez donnée. Elle ne vous manquera pas,
» si vous vous éloignez de la conduite de
» Monsieur d'Espernon, sans vous éloi-
» gner de ses intérêts, qui doivent toujours
» être les vôtres. Heureusement la nature
» vous a donné une humeur trop opposée
» à la sienne. Il n'y a rien de si contraire
» que la douceur de votre esprit & l'austé-
» rité du sien, que votre complaisance &
» ses chagrins, que vos insinuations & sa
» fierté. Laissez-vous donc aller à votre
» naturel presqu'en toutes choses ; mais
» donnez-vous garde de prendre, sans y
» penser, les sentimens d'une fausse gloire.
» On démêle mal-aisément la fausse d'avec
» la véritable : une hauteur mal-entendue
» passe pour une grandeur d'ame ; & trop
» sensible à ce qui vient de la qualité, on
» est moins animé qu'on ne doit pour les
» grandes choses. Voici le Portrait de M.
» D'ESPERNON,

» D'Espernon, si je ne me trompe. Dans
» le respect qu'il exige, dans les devoirs
» qu'on lui rend, il oubliera ce qu'on doit
» au Gouverneur & au Colonel (1), pour-
» vû qu'on rende à M. d'Espernon ce qu'on
» ne lui doit pas. Je ne dis point que la
» distinction ne doive être agréable aux
» personnes de grande qualité : mais il faut
» se l'attirer, & non pas se la faire pré-
» somptueusement soi-même.

» Il seroit honteux de laisser perdre les
» choses établies par le mérite & par le cré-
» dit de ses prédecesseurs : on ne sauroit
» avoir trop de fermeté à maintenir ces
» sortes de droits, quand la possession en
» est laissée : mais il n'en va pas ainsi en
» des prétentions nouvelles qui doivent
» être établies par délicatesse & par dou-
» ceur, avant que d'être apperçûes. C'est-
» là qu'il vous faut aller adroitement aux
» autres, pour les faire venir insensible-
» ment à vous ; & au lieu de prendre avec
» justice, un habile homme employe toute
» son industrie à se faire donner ce qu'il
» ne demande pas.

» Soyez honnête, officieux, libéral ;
» que chacun trouve chez vous sa commo-
» dité & son plaisir, on vous portera vo-
» lontairement ce que vous exigerez sans

(1) Le Duc d'Espernon étoit alors Gouverneur de Guyenne & Colonel Général de l'Infanterie.

» succès par une hauteur affectée. Personne
» n'est blessé du respect qu'il veut bien ren-
» dre, parce qu'il peut ne le rendre pas, &
» qu'il pense donner des marques de son
» amitié, plûtôt que de son devoir. La ja-
» lousie de la liberté est commune à tous
» les hommes, mais diverses gens la font
» consister en diverses choses. Les uns ré-
» jettent toute supériorité : le choix des
» supérieurs tient lieu de liberté à quelques
» autres. Le François particuliérement est
» de cette humeur : impatient de votre
» autorité & de sa franchise, il ne sauroit
» recevoir des maîtres sans chagrin, ni
» demeurer le sien sans dégoût : ennuyé
» de sa propre possession, il cherche à se
» donner ; & trop content de la disposition
» de sa volonté, il s'assujettit avec plaisir,
» si on lui laisse faire sa dépendance. C'est
» à peu près notre naturel, que vous de-
» vez consulter plûtôt que le vôtre dans la
» conduite que vous avez à tenir.

» Il y a deux choses parmi nous, qui
» apportent des distinctions fort considéra-
» bles ; la faveur du Roi déclarée, & un
» grand mérite à la Guerre bien reconnu.
» La faveur qui ne diminue rien en Espa-
» gne de la jalousie des rangs, leve bien
» des contestations en France, où chacun
» se laisse conduire purement à l'intérêt,
» sous prétexte d'honorer la confiance où

» l'inclination du Prince. Les plus corrom-
» pus, dont le nombre est grand, portent
» leur servitude où ils croyent trouver leur
» fortune ; & ceux qui s'abandonnent le
» moins, ne laissent pas de se faire un
» mérite de leur souplesse. On voit bien
» quelques faux généreux qui mettent ridi-
» culement leur honneur à mépriser les
» Ministres : on voit des esprits rudes qui
» pensent être fermes : mais il est peu de
» gens habiles & honnêtes, qui sachent
» conserver de la dignité en ménageant
» leurs affaires. A le bien prendre, tout
» céde à nos favoris, si la Cour ne sort
» pas de sa situation ordinaire. Pour le mé-
» rite de la Guerre, il apporte une consi-
» dération fort grande; & quand on a com-
» mandé dignement de grosses Armées,
» il reste une impression de cette autorité,
» qui se conserve dans la Cour même. On
» honore avec plaisir un Général qui a fait
» acquérir de l'honneur : ceux même qui
» en ont le moins acquis, se souviennent
» agréablement des fatigues dans la mo-
» lesse. On s'entretient des actions passées
» dans l'inutilité présente ; on rappelle la
» mémoire du péril dans la sûreté : l'image
» de la Guerre enfin ne se présente point
» dans la Paix, sans un souvenir du com-
» mandement qu'on a exercé sur nous, &
» de l'obéissance que nous avons rendue.

» C'est à ce mérite de la Guerre que l'am-
» bition vous doit pousser : c'est-là que
» vous devez appliquer tous vos soins,
» pour arriver quelque jour au comman-
» dement des Armées. Un Emploi si no-
» ble & si glorieux égale les sujets aux Sou-
» verains dans l'autorité ; & comme il fait
» quelquefois d'un Particulier un Conqué-
» rant, il peut faire du Prince le mieux
» établi le dernier des misérables, s'il né-
» glige une vertu nécessaire à soutenir sa
» fortune. Lorsque vous aurez bien reglé
» votre conduite pour la Cour & animé vo-
» tre ambition pour la Guerre, il vous res-
» tera encore à vous donner des amis, dont
» la réputation bien établie puisse contri-
» buer à la vôtre ; & qui fasse valoir votre
» application nouvelle, quand vous vous
» donnerez plus de mouvement.

» De tous les hommes que je connois,
» il n'y en a point avec qui je souhaite un
» commerce plus particulier qu'avec M.
» de PALLUAU (1) & avec M. de MIOS-
» SENS (2). La grande liaison que j'ai
» avec l'un & l'autre, pourroit vous ren-
» dre suspect le bien que j'en dis toujours :
» mais ne craignez pas en cela de déferer
» à mon sentiment, & croyez qu'on trouve

---

(1) Philippe de Clerem-baut, Comte de Palluau, fait Maréchal de France en 1653. Il mourut en 1665.

(2) César-Phœbus d'Al-bret, Comte de Miossens, fait Maréchal de France en 1653, & mort en 1667.

» mal-aisément de si honnêtes gens qu'eux
» dans le monde. J'avoue pourtant que
» l'amitié de Monsieur le Marquis de CRE-
» QUI (1) me semble préférable à toute
» autre ; sa chaleur pour ses amis, si vive
» & si animée, sa fidélité si pure & si nette
» me le font estimer infiniment. D'ail-
» leurs, son ambition, son courage, son
» génie pour la guerre, un esprit univer-
» sel qui s'étend à tout, ajoutent à l'amitié
» une considération fort particuliére. On
» lui peut donner sans faveur ce bel éloge
» qu'on donnoit à un Ancien : *Ita ut ad id*
» *unum natus esse videretur quod aggrede-*
» *retur*. Quand son choix le détermina à
» sa profession, la nature l'avoit préparé
» à toutes, capable de cent choses diffé-
» rentes, aussi propre à ce qui regarde le
» métier des autres, qu'à ce qui touche le
» sien. Il pourroit se donner de la réputa-
» tion par les Lettres, s'il ne la vouloit
» toute par les Armes. Une gloire ambi-
» tieuse ne souffre point les petites vani-
» tés : mais il n'en est pas moins curieux,
» & cherchant dans une étude secrette le
» plaisir particulier de s'instruire, il joint
» à l'avantage de savoir beaucoup, le mé-
» rite de cacher discretement ses connois-
» sances. Peut-être ne croyez-vous pas

---

(1) François de Cre- | fait Maréchal de France
qui, Marquis de Marines, | en 1668.

» pouvoir rencontrer dans la jeunesse où
» il est, ce qu'à peine on attend de l'âge le
» plus avancé, & j'avoue que nous donnons
» quelquefois aux jeunes gens une estime
» précipitée par la faveur de nos senti-
» mens. Quelquefois aussi nous rendons
» une justice bien lente à leur vertu, ou-
» bliant à louer ce qu'ils font de bien dans
» le temps de l'exercice & de l'action,
» pour donner des louanges à ce qu'ils ont
» fait dans la cessation & le repos. Rare-
» ment on ajuste la réputation à la vertu ;
» & j'ai vû mille gens en ma vie estimés,
» ou du mérite qu'ils n'avoient pas encore,
» ou de celui qu'ils n'avoient déja plus.
» On trouve en M. le Marquis de Crequi
» un ajustement si rare. Quelques grandes
» espérances qu'il donne de l'avenir, il
» fournit dans le présent de quoi conten-
» ter les plus difficiles ; & il a seulement
» à desirer ce que les autres ont à craindre,
» l'attention des observateurs & la délica-
» tesse des bons Juges.

» Un premier Ministre, un Favori qui
» chercheroit dans la Cour un sujet digne
» de sa confiance, n'en sauroit trouver, à
» mon avis, qui la mérite mieux que Mon-
» sieur de Ruvigny (1). Vous verrez peut-
» être en quelques autres, ou un talent plus
» brillant, ou de certaines actions d'un plus

(1) Le Marquis de Ruvigni, pere du Comte de Gallway.

» grand éclat que les siennes. A tout pren-
» dre, à juger des hommes par la considé-
» ration de toute la vie, je n'en connois
» point qu'on doive estimer davantage, &
» avec qui l'on puisse entretenir plus long-
» temps une confidence sans soupçon &
» une amitié sans dégoût. Quelques plain-
» tes que l'on fasse de la corruption du sié-
» cle, on ne laisse pas de rencontrer en-
» core des amis fidéles : mais la plûpart
» de ces gens d'honneur ont je ne sai quoi
» de rigide, qui feroit préférer les insinua-
» tions d'un fourbe à une si austére fidélité.
» Je remarque dans ces hommes qu'on
» appelle *solides & essentiels*, une gravité
» qui vous importune, ou une pesanteur
» qui vous ennuie. Leur bon sens même,
» pour vous être utile une fois dans vos
» affaires, entre mal-à-propos tous les
» jours dans vos plaisirs. Cependant il faut
» ménager des personnes qui vous gênent,
» dans la vûe que vous pourrez en avoir
» besoin ; & parce qu'ils ne vous trompe-
» ront pas, quand vous leur confierez quel-
» que chose, ils se font un droit de vous
» incommoder aux heures que vous n'avez
» rien à leur confier. La probité de M. de
» Ruvigny, aussi propre que la leur pour
» la confiance, n'a rien que de facile &
» d'accommodant pour la compagnie: c'est
» un ami sûr & agréable, dont la liaison

» est solide, dont la familiarité est douce,
» dont la conversation est toujours sensée
» & toujours satisfaisante.

» La prison de M. le Prince a fait sortir
» de la Cour une personne considérable
» que j'honore infiniment : c'est M. DE LA
» ROCHEFOUCAULT, que son courage &
» sa conduite feront voir capable de toutes
» les choses où il veut entrer. Il va trou-
» ver de la réputation où il trouvera peu
» d'intérêt ; & sa mauvaise fortune fera pa-
» roître un mérite à tout le monde, que la
» retenue de son humeur ne laissoit con-
» noître qu'aux plus délicats. En quelque
» fâcheuse condition où sa destinée le ré-
» duise, vous le verrez également éloigné
» de la foiblesse & de la fausse fermeté,
» se possédant sans crainte dans l'état le
» plus dangereux, mais ne s'opiniâtrant
» pas dans une affaire ruineuse, par l'ai-
» greur d'un ressentiment, ou par quelque
» fierté mal-entendue. Dans la vie ordi-
» naire, son commerce est honnête, sa
» conversation juste & polie : tout ce qu'il
» dit est bien pensé ; & dans ce qu'il écrit,
» la facilité de l'expression égale la netteté
» de la pensée. Je ne vous parle point de
» M. de Turenne ; ce seroit trop de pré-
» somption à un particulier de croire que
» ses sentimens pussent être considerés par-
» mi les témoignages publics & la justice

» universelle que les Nations lui ont ren-
» due. D'ailleurs, il ne faut pas vous en-
» tretenir long-temps de personnes éloi-
» gnées, qui ne peuvent contribuer en
» rien à vos intérêts.

» Je reviens à M. de Palluau & à M. de
» Miossens, pour les dépeindre par des
» qualités qui vous seront ou agréables ou
» utiles. Vous trouverez dans le commerce
» de M. de PALLUAU tous les agrémens
» imaginables, autant de secret & de sû-
» reté que vous en puissiez desirer. N'atten-
» dez pas de lui les empressemens d'un
» jeune homme qui s'entête de vous ser-
» vir, & dont vous avez plus à redouter
» l'imprudence, qu'à desirer la chaleur. Il
» fera toujours à propos ce que vous exi-
» gerez de lui, & ne manquera pas aux
» offices que fait rendre un Courtisan déli-
» cat. Si votre amitié est une fois bien liée,
» il s'intéressera dans votre conduite, plus
» utile pour la regler par ses conseils, que
» propre à pousser vos affaires à bout par
» sa vigueur. Je l'ai toujours vû fort oppo-
» sé aux faux généreux; & pour avoir tour-
» né en ridicule l'ostentation d'une probité
» affectée, plusieurs ont crû qu'il étoit assez
» indifférent pour la véritable. Je puis dire
» néanmoins que je n'ai jamais connu en
» personne une honnêteté plus naturelle,
» sans fourbe, sans artifice, sans finesse

» avec ſes amis, attaché à la Cour ſans
» proſtitution aucune, & tâchant de plaire
» avec une délicateſſe éloignée de toute
» ſorte d'adulation.

» Une liaiſon vous ſera plus avantageuſe
» pour vos affaires avec M. de MIOSSENS,
» particuliérement dans une conjoncture
» comme celle-ci, où l'on devra preſque
» tout à l'induſtrie. Il va être admirable
» dans une Cour où il y aura divers inté-
» rêts & beaucoup d'intrigues. Il entrera
» d'abord avec vous, eſpérant que vous lui
» ſerez bon à quelque choſe; & ſi vous vi-
» vez bien avec lui, il ſe fera un honneur
» particulier de vous être bon à tout. Pour
» peu que vous ſoyez ſoigneux, vous atti-
» rerez tous ſes ſoins; ſi vous étes com-
» plaiſant, il ſera flatteur; ayez quelque
» tendreſſe, il ſera plus ſenſible qu'on ne
» croit & qu'il ne penſera lui-même. Alors
» il quitte les vûes d'intérêt, & animant
» ſon commerce de toute la chaleur de
» l'amitié, il ſe charge à la fin de vos affai-
» res comme des ſiennes; induſtrieux,
» ponctuel, diligent à les pourſuivre, ne
» comptant pour rien ces offices généraux
» dont les liaiſons ordinaires s'entretien-
» nent, il ne croira pas que vous deviez
» être content de lui, & ne le ſera pas
» lui-même, qu'il ne vous ait effective-
» ment ſervi. Le ſeul danger qu'il y ait,

» c'est de choquer la délicatesse de son hu-
» meur : un oubli, une indifférence té-
» moignée sans y penser, pourroit faire
» naître sérieusement la sienne : une rail-
» lerie sur une Demoiselle qu'il aime, un
» discours qu'il aura fait, mal pris ou plai-
» samment tourné, lui seront des injures
» sensibles, & sans proportion du ressen-
» timent à l'offense, il cherchera peut-être
» à se venger dans les choses qui vous im-
» portent le plus. Comme il n'y a personne
» plus capable de faire valoir vos bonnes
» qualités, quand il vous aime, il n'y en
» a point qui sache pousser si loin vos foi-
» bles & vos défauts, quand il croit que
» vous lui donnez sujet de ne vous aimer
» pas. Voilà ce que vous avez à craindre
» de son humeur : mais il n'est pas difficile
» de vous en garantir. Pour être sûr de lui,
» vous n'avez qu'à être sûr de vous-même;
» & si vous avez des égards sur ce qui le
» touche, j'ose assûrer qu'il en aura pour
» vous encore davantage.

Pour Monsieur de Palluau, reprit Monsieur de Candale, *j'avoue que je m'accommoderois aussi-bien avec lui qu'avec homme du monde ; & vous m'obligerez, vous qui étes si fort de ses amis, de le rendre plus particulierement des miens. J'estime les bonnes qualités de Monsieur de Miossens autant que vous : je sai qu'on ne peut pas en avoir de* meilleures : personne n'a plus d'esprit, & il l'employe aussi volontiers qu'utilement pour ses amis ; mais il a tenu jusques ici un procédé si désobligeant avec moi, que je ne me résoudrai jamais à lui faire aucune avance. S'il lui prenoit envie de me rechercher, ou que vous pûssiez nous unir insensiblement avec adresse, je n'y trouverois pas moins de plaisir que d'avantage.

Moret & le Chevalier de la Vieuville avoient donné cette aversion-là à Monsieur de Candale ; & il l'auroit assez prise de lui-même par un secret sentiment de gloire, qui ne pouvoit souffrir la hauteur que Monsieur de Miossens avoit avec lui en toute occasion, & à laquelle son humeur molle & paresseuse ne se donnoit pas la peine de s'opposer. Je ne prétens pas intéresser par-là son courage : il en avoit véritablement ; mais la facilité de son esprit & sa nonchalance avoient un air de foiblesse, particulierement en de petites occasions qui ne lui sembloient pas assez importantes pour troubler la douceur de son repos. Tout ce qui avoit de l'éclat excitoit sa gloire, & sa gloire lui faisoit trouver le véritable usage de son cœur. Je l'ai vû même aller au-delà de ce qu'il se devoit, après avoir négligé des choses obscures, qui éclatoient à la fin, capables de hazarder ses établissemens & de se perdre lui-même, quand il voyoit sa réputation bien engagée. Il donnoit au monde trop de prise sur lui par ses négligences, & le monde pouvoit le pousser trop loin par un ridicule malicieux, qui lui faisoit perdre la modération de son humeur, ordinairement assez douce, & toujours moins douce que glorieuse.

Voilà quelques traits du portrait de Monsieur de CANDALE : comme il a eu assez d'éclat dans le monde, pour laisser la curiosité de le connoître tout-à-fait, il ne sera pas hors de propos d'en donner une peinture achevée. J'ai connu peu de gens qui eussent tant de qualités différentes ; mais il avoit cet avantage dans le commerce des hommes, que la nature avoit exposé en vûe celles qui plaisoient, & caché au fond de son ame ce qui pouvoit donner de l'aversion. Je n'ai jamais vû un air si noble que le sien. Toute sa personne étoit agréable, & il faisoit tout ce qu'on pouvoit faire d'un esprit médiocre, pour la douceur de la conversation & pour les plaisirs. Une légere habitude le faisoit aimer : un profond commerce ne s'entretenoit pas long-temps sans dégoût, peu soigneux qu'il étoit de ménager votre amitié, & fort léger en la sienne. Dans cette nonchalance pour ses amis, les habiles gens se retiroient sans éclat, & ramenoient la familiarité à une simple connoissance ; les plus tendres se plaignoient de lui, comme d'une maîtresse ingrate dont ils ne pouvoient se détacher. Ainsi, les agrémens de sa personne le soutenoient malgré ses défauts, & trouvoient encore des sentimens pour eux en des ames irritées : pour lui, il vivoit avec ses amis, comme la plûpart des maîtresses avec leurs amans. Quelque service que vous lui eussiez rendu, il cessoit de vous aimer quand vous cessiez de lui plaire; dégoûté comme elles d'une ancienne habitude, & sensible aux douceurs d'une nouvelle amitié, comme sont les Dames aux délicates tendresses d'une passion naissante. Cependant il laissoit les vieux engagemens sans les rompre ; & vous lui eussiez fait de la peine de vous séparer tout-à-fait de lui ; l'éclat des ruptures ayant je ne sai quelle violence éloignée de son humeur. D'ailleurs, il ne vouloit pas se donner l'exclusion des retours, quand vous lui aviez été ou agréable ou utile. Comme il étoit sensible aux plaisirs & intéressé dans les affaires, il revenoit à vous par vos agrémens, & vous recherchoit dans ses besoins: il étoit fort avare & grand dépensier, aimant ce qui paroissoit dans la dépense, blessé de ce qui se consommoit pour paroître. Il étoit facile & glorieux, intéressé, mais fidéle ; qualités bisarrement assorties, qui se trouvoient dans un même sujet ensemble. Une de ſes plus grandes peines eût été de vous tromper; & quand l'intérêt, maître ordinaire de ſes mouvemens, lui faiſoit manquer de parole, il étoit honteux de vous en avoir manqué; & peu content de lui, juſqu'à ce que vous euſſiez oublié le tort qu'il avoit: alors il ſe ranimoit d'une chaleur toute nouvelle pour vous, & ſe ſentoit obligé ſecretement que vous l'euſſiez réconcilié avec lui-même. Hors l'intérêt, il vous déſobligeoit rarement: mais vous vous attiriez auſſi peu d'offices par ſon amitié, que d'injures par ſa haine; & c'eſt un aſſez grand ſujet de plainte entre les amis, de n'avoir à ſe louer que du mal qu'on ne fait pas.

Pour ce qui regarde les femmes, il fut aſſez long-temps indifférent, ou peu induſtrieux à ſe donner leurs bonnes graces. Quand il leur parut ſi aimable, elles connurent bien qu'il y alloit plus du leur que du ſien dans ſa nonchalance; & très-entendues dans leurs intérêts, elles commencerent à former des deſſeins ſur un homme qui attendoit un peu tard à en faire ſur elles. On l'aima donc, & il ſut aimer à la fin. Les dernieres années de ſa vie, toutes nos Dames jetterent les yeux ſur lui: les plus retirées ne laiſſoient pas de ſoupirer en ſecret: les plus galantes ſe le diſputant, aſpiroient à le poſſéder, comme à leur meilleure fortune. Après les avoir divisées par des intérêts de galanterie, il les réunit dans les larmes par sa mort : toutes le sentirent aimé ; & une tendresse commune fit bientôt une douleur générale : celles qu'il avoit aimées autrefois, rappellerent leurs vieux sentimens, & s'imaginerent de perdre encore ce qu'elles avoient déja perdu. Plusieurs qui lui étoient indifférentes, se flattoient qu'elles ne l'auroient pas été toujours ; &, se prenant à la mort d'avoir prévenu leur bonheur, elles pleuroient une personne si aimable, dont elles eussent pû être aimées. Il y en eut qui le regretterent par vanité ; & on vit des inconnues s'insinuer, avec les intéressées, dans un commerce de pleurs, pour se faire quelque mérite de galanterie : mais sa véritable maîtresse (1) se rendoit illustre par l'excès de son affliction : heureuse si elle ne se fût pas consolée ! Une seule passion fait honneur aux Dames ; & je ne sai si ce n'est pas une chose plus avantageuse à leur réputation, que de n'avoir rien aimé.

(1) La Comtesse d'Olonne.

LETTRE
A MONSIEUR LE COMTE
DE LIONNE.

JE ne fai pas bien encore le succès qu'auront tous vos soins; mais je vous puis assûrer qu'ils laissent une grande reconnoissance à un homme très-sensible au moindre plaisir qu'il reçoit. Votre maladie me touche plus par l'incommodité qu'elle vous donne, que par l'empêchement qu'elle apporte, à vos sollicitations, dans mon affaire : je crains qu'elles ne soient trop pressantes à l'égard de M. de Turenne, & que je ne lui devienne odieux par l'importunité que je lui cause. S'il ne m'avoit fait faire des complimens par Monsieur le Comte d'Auvergne & par Monsieur le Comte d'Estrade, je n'aurois pas pris la liberté de lui demander ses bons offices. Je ne lui ai jamais rendu aucun service qui l'oblige à s'intéresser dans mes affaires. Si je l'ai admiré toute ma vie, ç'a été pour rendre justice à ses grandes qualités, & faire honneur à mon jugement; mais je n'en ai rien attendu, comme en effet je n'en devois rien prétendre. S'il a la bonté de me vouloir obliger, il me laissera beaucoup de gratitude : si je lui suis indifférent, je n'aurai aucun sujet de m'en plaindre.

Les bontés que vous me témoignez de M. de Lionne le Ministre, me donnent une satisfaction secrette, qui ne me laisse pas sentir le peu que j'en devrois avoir dans la situation où je me trouve : si j'en étois pleinement persuadé, elles occuperoient toute mon attention, & me déroberoient agréablement le loisir de songer à ma mauvaise fortune. En quelque lieu que je puisse être, assûrez-le, je vous prie, qu'il aura toujours un serviteur bien inutile malgré moi, & aussi zélé que vous pour tout ce qui le regarde : c'est ce qui m'a paru de plus fort, pour bien exprimer mon sentiment.

Modérez les louanges excessives que vous me donnez sur mes bagatelles. Dans le temps que vous me faites voir tant de sincérité aux choses solides & aux services effectifs, vous avez un peu moins de franchise à me dire nettement ce que vous pensez de ce que je vous envoye. Je vous pourrois dire avec plus de raison, que votre lettre est la mieux écrite que j'aye vûe de ma vie ; mais je crains de vous décrier par-là dans un pays délicat où l'on ne sauroit beaucoup & fort bien écrire, sans passer pour un pédant ou pour un auteur.

Votre ANDROMAQUE est fort belle; trois de mes amis m'en ont envoyé trois par la poste, sans considérer l'économie nécessaire dans une République. Je ne regarde point à l'argent; mais, si les Bourguemestres savoient cette dissipation, ils me chasseroient de Hollande, comme un homme capable de corrompre leurs citoyens. Vous savez ce que c'est qu'un Etat populaire, quand vous m'exemtez de ces dépenses dont vous chargez très-judicieusement Monsieur l'Ambassadeur (1), à qui il siéd très-bien de répandre son argent pour l'honneur de son Maître & pour la dignité de la Couronne. Néanmoins, comme toutes ces choses-là s'impriment à Amsterdam huit ou dix jours après qu'elles ont paru en France, je ne voudrois pas coûter à Monsieur l'Ambassadeur des ports si considérables, trop souvent. Ceux qui m'ont envoyé ANDROMAQUE, m'en ont demandé mon sentiment. Comme je vous l'ai dit, elle m'a semblé très-belle; mais je crois qu'on peut aller plus loin dans les passions, & qu'il y a encore quelque chose de plus profond dans les sentimens, que ce qui s'y trouve. Ce qui doit être tendre n'est que doux, ce qui doit exciter de

_____
(1) M. le Comte d'Estrades, Ambassadeur à la Haye.

la pitié, ne donne que de la tendreſſe : cependant, à tout prendre, Racine doit avoir plus de réputation qu'aucun autre, après Corneille.

AU MESME.

S'Il étoit bien vrai que Monſieur de Lionne le Miniſtre, agréât, comme vous dites, ces petits ouvrages que je vous ai adreſſés, le plaiſir de toucher un goût auſſi délicat que le ſien, effaceroit aiſément le chagrin de ma diſgrace ; & je me tiendrois obligé au malheur de mon exil, où, manque de divertiſſemens, je m'occupe à des bagatelles de cette nature-là. S'il n'eſt pas ſatisfait de la peinture que j'ai faite de ſes belles qualités, qu'il s'en prenne à ſon mérite que je n'ai pû aſſez heureuſement exprimer. Pourquoi eſt-il ſi habile & ſi honnête homme ? J'aime mieux lui voir plus de capacité & de délicateſſe que je ne lui en donne, que de le faire plus capable & plus délicat que je ne le trouverois. Il lui arrive la même choſe qu'à ces femmes trop belles qui laiſſent toujours quelque choſe à deſirer dans leurs portraits : elles doivent être ravies de ruiner la réputation de tous les peintres.

Madame Bourneau m'a fait un très-méchant tour, d'avoir montré un sentiment confus que je lui avois envoyé sur l'ALEXANDRE : c'est une femme que j'ai fort vûe en Angleterre, & qui a l'esprit très-bien fait : elle m'envoya cette piéce de Racine, avec priere de lui en écrire mon jugement. Je ne me donnai pas le loisir de bien lire sa Tragédie, & je lui écrivis en hâte ce que j'en pensois, la priant, autant qu'il m'étoit possible, de ne point montrer ma lettre. Moins religieuse que vous à se gouverner selon les sentimens de ses amis, il se trouve qu'elle l'a montrée à tout le monde, & qu'elle m'attire aujourd'hui l'embarras que vous me mandez. Je hais extrêmement de voir mon nom courir par le monde presqu'en toutes choses, & particuliérement en celles de cette nature. Je ne connois point Racine ; c'est un fort bel esprit que je voudrois servir ; & ses plus grands ennemis ne pourroient pas faire autre chose que ce que j'ai fait sans y penser. Cependant, Monsieur, s'il n'y a pas moyen d'empêcher que ces petites piéces ramassées ne s'impriment, comme vous me le mandez, je vous prie que mon nom n'y soit pas. Il vaut mieux qu'elles soient imprimées comme vous les avez, & le plus correctement qu'il est possible, que dans le désordre où elles passent de main en main jusqu'à celles d'un Imprimeur.

Je ne vous recommande point de donner à personne cette justification détournée de ce que je fis à Saint Jean de Luz (1) : vous en connoissez les raisons aussi bien que moi. J'ai prétendu louer celui qui regne, mais je ne sai pas si on veut de mes louanges ; vous ne donnerez pas aussi le petit portrait que vous ne copiâtes pas tout-à-fait. Du reste, tout est à vous, vous en userez comme il vous plaira. Vous m'obligeriez pourtant d'employer toute votre industrie, pour empêcher que rien du tout ne s'imprimât. En cas que vous ne le puissiez pas, vous en userez de la maniere qui vous semblera la meilleure.

Vos Lettres sont si polies & si délicates, que les Imprimeurs de ce pays-ci aussi empressés que ceux de France, ne manqueroient pas de me les demander, s'ils savoient que j'eusse quelque chose d'aussi bien fait & d'aussi poli. Dans la vérité, on ne peut pas mieux écrire que vous faites, ni si bien agir dans l'intérêt de vos amis. Quelqu'envie que j'aye de revoir la France, je ne voudrois pas être retourné avant que de vous avoir connu, autant par la

_____

(1) Voyez la LETTRE de M. de Saint Evremond à M. le Marquis de Lionne, dans la VIE de Monsieur de Saint Evremond, sur l'année 1667.

rareté de trouver un ami si soigneux, si passionné, que par la douceur du commerce. Pour les louanges d'ATTILA, vous les rendez plus ingénieuses que je n'ai prétendu. La vérité est que la piéce est moins propre au goût de votre Cour, qu'à celui de l'Antiquité ; mais elle me semble très-belle. Voilà bien des bagatelles dont je me dispenserois, si la confiance d'une amitié fort étroite n'admettoit dans le commerce jusqu'aux moindres choses.

AU MESME.

J'APPRÉHENDE avec raison que la continuation de notre commerce ne vous devienne odieuse par celle de mes disgraces. C'est ce qui m'obligera de prendre beaucoup sur ma propre satisfaction à l'avenir, pour ne pas abuser d'un zéle aussi ardent que le vôtre. La discrétion est une vertu que l'on doit pratiquer parmi ses vrais amis ; & j'ai trop d'intérêt de vous conserver, pour ne m'en pas servir avec circonspection. Si j'osois vous découvrir mon ame en cet endroit, vous la verriez pénétrée des bontés du plus désintéressé de tous les amis du monde : rien ne me soutenant dans votre cœur que votre pure générosité. C'est ce qui m'a fait croire que vous voulez donner un exemple à la postérité, pour la désesperer de ne pouvoir pas vous imiter. Enfin, je m'examine de tous les côtés, & je ne voi rien en moi qui ne justifie le dégoût que l'on devroit avoir de ma personne. Les réflexions me seroient très-fâcheuses, si elles n'étoient adoucies par le souvenir d'une personne pour qui j'ai les adorations qu'un mérite si accompli lui attire généralement de tout le monde.

Mais ne faisons pas souffrir plus long-temps une modestie aussi délicate que la vôtre, & passons au sentiment que vous me demandez de BRITANNICUS (1). Je l'ai lû avec assez d'attention pour y remarquer de belles choses. Il passe, à mon sens, l'ALEXANDRE & l'ANDROMAQUE : les vers en sont plus magnifiques ; & je ne serois pas étonné qu'on y trouvât du sublime. Cependant je déplore le malheur de cet Auteur d'avoir si dignement travaillé sur un sujet qui ne peut souffrir une représentation agréable. En effet, l'idée de Narcisse, d'Agrippine & de Néron ; l'idée, dis-je, si noire & si horrible qu'on se fait de leurs crimes, ne sauroit s'effacer de la mémoire du Spectateur ; & quelques efforts qu'il fasse pour se défaire de la pensée de leurs cruautés, l'horreur qu'il s'en forme détruit en quelque maniere la Piéce.

(1) Tragédie de Racine.

LETTRE

LETTRE
DE M. CORNEILLE
A MONSIEUR
DE SAINT-EVREMOND,

Pour le remercier des louanges qu'il lui avoit données dans la DISSERTATION *sur l'*ALEXANDRE *de Racine.*

MONSIEUR,

L'OBLIGATION que je vous ai est d'une nature à ne pouvoir jamais vous en remercier dignement ; & dans la confusion où j'en suis, je m'obstinerois encore dans le silence, si je n'avois peur qu'il ne passât auprès de vous pour ingratitude. Bien que les suffrages de l'importance du vôtre, nous doivent toujours être très-précieux, il y a des conjonctures qui en augmentent infiniment le prix. Vous m'honorez de votre estime, en un temps où il semble qu'il y ait un parti fait pour ne m'en laisser aucune. Vous me soutenez, quand on se persuade qu'on m'a abattu ; & vous me consolez glorieusement de la délicatesse de notre siécle, quand vous daignez m'attribuer le bon goût de l'antiquité. C'est un merveilleux avantage pour un homme, qui ne peut douter que la postérité ne veuille bien s'en rapporter à vous : aussi je vous avoue après cela, que je pense avoir quelque droit de traiter de ridicules ces vains trophées qu'on établit sur le débris imaginaire des miens, & de regarder avec pitié ces opiniâtres entêtemens qu'on avoit pour les anciens Héros refondus à notre mode.

Me voulez-vous bien permettre d'ajoûter ici que vous m'avez pris par mon foible, & que ma SOPHONISBE, pour qui vous montrez tant de tendresse, a la meilleure part de la mienne ? Que vous flattez agréablement mes sentimens, quand vous confirmez ce que j'ai avancé touchant la part que l'Amour doit avoir dans les belles Tragédies, & la fidélité avec laquelle nous devons conserver à ces vieux Illustres, ces caracteres de leur temps, de leur nation & de leur humeur ! J'ai crû jusques ici que l'Amour étoit une passion trop chargée de foiblesse, pour être la dominante dans une Piéce héroïque : j'aime qu'elle y serve d'ornement, & non pas de corps ; & que les grandes ames ne la laissent agir qu'autant qu'elle est compatible avec de plus nobles impressions. Nos doucereux & nos enjoués sont de contraire avis, mais vous vous déclarez du mien. N'est-ce pas assez pour vous en être redevable au dernier point, & me dire toute ma vie?

MONSIEUR,

Votre très-humble & très-obéissant serviteur, CORNEILLE.

RÉPONSE
DE MONSIEUR
DE SAINT-EVREMOND
A M. CORNEILLE.

MONSIEUR,

Je ne doute pas que vous ne fussiez le plus reconnoissant homme du monde d'une grace qu'on vous feroit, puisque vous vous sentez obligé d'une justice qu'on vous rend. Si vous aviez à remercier tous ceux qui ont les mêmes sentimens que moi de vos ouvrages, vous devriez des remercimens à

S ij

tous ceux qui s'y connoissent. Je vous puis répondre que jamais réputation n'a été si bien établie que la vôtre en Angleterre & en Hollande. Les Anglois, assez disposés naturellement à estimer ce qui leur appartient, renoncent à cette opinion souvent bien fondée, & croyent faire honneur à leur Benjamin Johnson (1), de le nommer LE CORNEILLE D'ANGLETERRE. Monsieur Waller, un des plus beaux esprits du siécle, attend toujours vos Piéces nouvelles, & ne manque pas d'en traduire un acte ou deux en vers anglois, pour sa satisfaction particuliere (2). Vous êtes le seul de notre Nation, dont les sentimens ayent l'avantage de toucher les siens. Il

---

(1) Benjamin Johnson, célébre Poëte Anglois, fleurissoit sous les regnes de la Reine Elisabeth, de Jacques I. & de Charles I. Comme il étoit versé dans la lecture des Anciens, il en profita habilement, & donna au Théatre Anglois une forme & une régularité qu'il n'avoit point eu jusqu'alors. Il a fait des Tragédies, comme le SEJAN & le CATILINA, qui ont eu l'approbation des Connoisseurs. On estime infiniment ses Comédies, particulierement celles qui ont pour titre, VOLPONE OU LE RENARD, l'ALCHYMISTE, la FOIRE DE LA SAINT BARTHELEMI & la FEMME QUI NE PARLE POINT. Monsieur de Saint-Evremond étoit charmé de cette derniere Piéce. Ben. Johnson mourut en 1637, âgé de 63 ans. Il est enterré dans l'Abbaye de Westminster. Pour toute Epitaphe on s'est contenté de mettre ces paroles sur sa tombe. O RARE BEN. JOHNSON!

(2) M. Waller a travaillé à la traduction angloise du *Pompée* de Corneille, conjointement avec Charles Sackville, Comte de Dorset, un des plus beaux esprits d'Angleterre, mort en 1706. C'est tout ce qui nous reste de ses traductions de Corneille.

demeure d'accord qu'on parle & qu'on écrit bien en France : il n'y a que vous, dit-il, de tous les François qui sache penser. Monsieur Vossius, le plus grand admirateur de la Grece, qui ne sauroit souffrir la moindre comparaison des Latins aux Grecs, vous préfere à Sophocle & à Euripide.

Après des suffrages si avantageux, vous me surprenez de dire que votre réputation est attaquée en France. Seroit-il arrivé du bon goût comme des modes, qui commencent à s'établir chez les Etrangers, quand elles se passent à Paris ? Je ne m'étonnerois point qu'on prît quelque dégoût pour les vieux Héros, quand on en voit un jeune qui efface toute leur gloire : mais si on se plaît encore à les voir représenter sur nos Théatres, comment ne peut-on pas admirer ceux qui viennent de vous ? Je croi que l'influence du mauvais goût s'en va passer ; & la premiere Piéce que vous donnerez au public, fera voir, par le retour de ses applaudissemens, le recouvrement du bon sens & le rétablissement de la raison. Je ne finirai pas sans vous rendre graces très-humbles de l'honneur que vous m'avez fait. Je me trouverois indigne des louanges que vous donnez à mon jugement : mais comme il s'occupe le plus souvent à bien connoître la beauté de vos ouvrages, je confonds nos intérêts, & me laisse aller, avec plaisir, à une vanité mêlée avec la justice que je vous rends.

LETTRE
A MONSIEUR LE COMTE
DE LIONNE.

VOTRE impatience de mon retour augmente la mienne, pour avoir le plaisir de vous recevoir: mais vous ne sauriez m'ôter tout-à-fait la crainte que des follicitations trop vives auprès de Monsieur de Lionne le Ministre, ne vous rendent moins agréable & mes intérêts importuns. Je dois être assez équitable pour ménager sa bonne volonté, & croire que les grandes affaires dont il est chargé tous les jours, ont quelque chose de plus pressant que les miennes. Votre activité pour vos amis me donne ce soupçon-là; mais il ne me dure pas long-temps; votre adresse me rassûre, & me persuade que vous prendrez toujours votre temps fort à propos. J'eusse été bien fâché que la comparaison de Monsieur le Prince, la Lettre détournée & le Portrait de ***, se fussent trouvés en la disposition de Monsieur Barbin (1). Pour tout le reste, il est devenu vôtre par votre larcin, pourvû que mon nom n'y paroisse point, & que je n'y contribue en rien : ainsi la chose & les manieres dépendent de vous. Vous êtes trop raisonnable pour être aussi piqué que vous semblez l'être, de ce que je vous écrivis sur les Imprimeurs de Hollande. Je n'ai eu autre dessein que de vous faire voir combien j'estime la délicatesse d'un stile aussi poli que le vôtre. Dans la vérité, on ne peut pas mieux écrire que vous faites.

Le nouvel Ecrit de Lisola (2) a été imprimé à Bruxelles : il n'en est venu ici que sept ou huit exemplaires. Un de mes amis me le lut, & ne me le voulut pas laisser. C'est une suite des remarques sur la Lettre de Monsieur de Lionne le Ministre, où il tâche de prouver que toutes les avances qu'on fait à Paris pour la Paix, sont des amusemens & des artifices pour empêcher l'Angleterre & la Hollande de s'opposer à la Conquête des Pays-Bas. Il maintient que le dessein d'attaquer la Franche-Comté

---

(1) Libraire de Paris.

(2) François Baron de Lisola, étoit de Besançon. Il se mit au service de l'Empereur, qui l'employa dans diverses Ambassades, où il se fit connoître d'une maniere très avantageuse. Pendant la Guerre de Flandre, la Garnison de Lille ayant intercepté une LETTRE que M. de Lionne écrivoit au Roi, M. de Lisola publia des REMARQUES sur cette Lettre. Il écrivit encore quelques autres ouvrages contre la France. Voyez le DICTIONNAIRE de M. Bayle, à l'Article LISOLA.

& celui de faire la Paix, étoient incompatibles, tirant des conséquences de tout. Dans ses remarques, il y a des choses très-spirituelles, mais il y a trop de railleries pour une matiere si importante. Les Espagnols ne sauroient s'empêcher d'accepter l'alternative: l'Angleterre & la Hollande sont maîtresses de la Paix; mais le Marquis de Castelle Rodrigue (1) ne souhaite rien tant que la continuation de la Guerre, qui mettra les Hollandois & les Anglois dans son parti. On souhaite fort la Paix ici, & on ne néglige rien qui puisse regarder la Guerre.

Je suis fort obligé à Monsieur Corneille de l'honneur qu'il m'a fait. Sa Lettre est admirable, & je ne sai s'il écrit mieux en vers qu'en prose. Je vous supplie de lui rendre ma réponse, & de l'assûrer que personne au monde n'a tant d'estime pour tout ce qui vient de lui, que moi. Je n'ai lû ni l'AMPHITRION (2), ni LAODICE (3); mais en jettant les yeux par hazard sur LAODICE, les vers m'y ont arrêté plus que je ne pensois. Je vous prie de remercier l'Auteur pour moi de la bonté qu'il a eue de m'envoyer sa Piéce: je la lirai avec grand soin, & avec autant de plaisir assû-

---

(1) Gouverneur des Pays-Bas.
(2) Comédie de Moliere.
(3) Tragédie de Corneille le jeune.

rément. Vous n'aurez point de complimens pour votre particulier ; les amitiés bien établies rejettent tout ce qui peut sentir la cérémonie.

Depuis votre Lettre écrite, j'ai lû un Acte de LAODICE qui m'a semblé fort beau.

Moliére surpasse Plaute dans son AMPHITRYON, aussi bien que Térence dans ses autres Piéces.

AU MESME.

RIEN n'est si doux en amitié, aussi bien qu'en amour, que l'expression d'une véritable tendresse ; & on ne sauroit mieux la témoigner, qu'en prenant part au malheur de ceux qu'on aime. Votre déplaisir du mauvais succès de mon affaire, emporte la moitié du mien, & me met en état de pouvoir supporter doucement ce qui m'en reste. Je n'avois rien sû de tout ce que vous m'écrivez, aucun de mes amis n'ayant voulu me faire savoir, non plus que vous, une chose assez fâcheuse : mais cette discrétion, toute obligeante qu'elle est, me laisse deviner qu'ils ont mauvaise opinion de ma constance. Sept années entieres de malheurs ont dû me faire une habitude à souffrir, si elles n'ont pû me former une vertu à résister. Pour finir un discours moral, impertinent à celui qui le fait, & trop austere pour celui qu'on entretient, je vous dirai en peu de mots, que j'aurois bien souhaité de revoir le plus agréable Pays que je connoisse, & quelques amis aussi chers par le témoignage de leur amitié, que par la considération de leur mérite. Cependant il ne faut pas se désesperer pour vivre chez une Nation où les agrémens sont rares. Je me contente de l'indolence, quand il se faut passer des plaisirs : j'avois encore cinq ou six années à aimer la Comédie, la Musique, la bonne chere ; & il faut se repaître de police, d'ordre & d'économie, & se faire un amusement languissant à considérer des vertus hollandoises peu animées. Vous m'obligerez de rendre mille graces très-humbles à Monsieur de Lionne le Ministre, de la bonté qu'il a eüe pour moi. Je suis un serviteur si inutile, que je n'oserois même parler de reconnoissance ; mais je n'en suis pas moins sensible à l'obligation. Vous m'obligerez aussi de m'écrire de l'état de mon affaire, & ce qui a été répondu. Votre Lettre sera assûrément tenue dans le paquet de Monsieur d'Estrades, quand il sera ici. Pour les airs & ce qu'il y a de nouveau, je ne lui veux pas coûter tant de ports : mais ne m'envoyez rien qui ne vous ait fort plû, soit en musique, soit en autre chose. Pour ces bagatelles, où je me suis amusé quelquefois, je n'ai rien que la moitié d'un discours qui est encore tout brouillé. Il y a une année qu'il me prit envie de traiter *l'Intérêt sale & vilain, la Vertu toute pure & le sentiment d'un homme du monde, qui fait le tempéramment, & qui tire de l'un & de l'autre ce qui doit entrer dans le commerce.* J'avois laissé ces papiers en Angleterre, que j'ai trouvé perdus, à la réserve de quelques périodes du dernier Ecrit. Je tâcherai de les rajuster ; mais comme elles ont trop de liaison avec les autres qui sont perdus, je ne crois pas que cela puisse être fort bien.

L'INTEREST

Dans les personnes tout-à-fait corrompues.

Le Corrompu parle.

J'AI passé, Messieurs, par toutes les conditions ; & après une exacte réflexion sur la vie, je ne trouve que deux choses qui puissent occuper solidement un homme sage; le soin d'acquérir & celui de conserver. L'*Honneur* n'est qu'un entêtement de jeunes gens : c'est par-là qu'on commence sa réputation quand on est fou, & on la finit par ce qu'on appelle *Corruption*, si-tôt qu'on est sage.

Quant à moi, je n'eus jamais l'esprit gâté de chimères. *Devoir*, *Amitié*, *Gratitude*, *Obligation*, & le reste de ces erreurs qui font les liens des sots & des foibles, ne m'ont pas gêné un moment en toute ma vie. La nature me fit naître avec le vrai génie de l'Intérêt, que j'ai cultivé par l'étude & fortifié par l'expérience. L'avidité qui fait le même effet pour le bien, que l'ambition pour la puissance, m'a élevée aux grands profits, sans me faire tomber dans la nonchalance des petits gains.

On gagne en cent façons différentes, qui sont autant de fruits différens de notre industrie. Il seroit difficile d'en faire bien le détail : mais on ne se trompera jamais, si on tient pour maxime principale de *préférer l'Utile à l'Honnête*. S'attacher à l'Utile, c'est suivre le dessein de la nature, qui par un secret instinct nous porte à ce qui nous convient, & nous oblige de ramener tout à nous-mêmes. L'*Honneur* est un devoir imaginaire, qui, pour la considération d'autrui, nous fait abstenir des biens que nous pourrions avoir, ou nous défaire de ceux que nous devrions garder.

Pour ce qui touche la confervation, n'eft-il pas jufte de ménager avec foin ce qu'on a fû amaffer avec peine ? Tant que nous aurons de l'argent dans nos coffres, nous aurons des amis & des ferviteurs affurés (1) : fi nous l'épuifons par une vaine libéralité, nous ne ferons que laiffer aux hommes la liberté d'être ingrats, perdant ce qui les attire à nous fûrement, pour les rattacher à eux-mêmes. Il eft peu de perfonnes reconnoiffantes ; & quand nous pourrions en rencontrer, il eft certain que le prix de la gratitude approche rarement de celui du bienfait.

Il y a une chofe de grand ufage, que j'ai heureufement pratiquée ; c'eft, Meffieurs, de promettre toujours, & de ne donner prefque jamais. On tire plus de fervice par les promeffes que par les préfens ; car les hommes fe mettent en état de mériter ce qu'ils efperent de nous : mais ils ne favent gré qu'à eux-mêmes de ce qu'ils reçoivent ; ils le font paffer pour une récompenfe de leurs peines, ou pour un effet de leur induftrie. Encore parmi les ingrats, ceux-ci me paroiffent le moins à craindre, parce qu'ils nous détrompent auffi-tôt, & ne fauroient nous coûter qu'un feul bienfait.

Vous en trouverez de beaucoup plus

(1) Penfée de Machiavel.

dangereux, qui nous prêchent le bien qu'on leur fait, jusqu'à importuner tout le monde. Ils ont toujours le nom de leur Bienfaicteur dans la bouche, & son portrait dans leur chambre ; mais qu'arrive-t'il de ce vain appareil de reconnoissance ? Ils s'en forment un titre pour une nouvelle prétention ; & tandis que vous les croyez occupés à reconnoître la grace qu'ils ont reçue, ils croyent s'être rendus dignes d'une autre, qu'ils ne manquent pas de demander. Belle subtilité de nos jours d'avoir tourné la gratitude du côté de l'avenir, elle qui n'avoit été jusqu'ici que le ressentiment d'une obligation passée !

Comme vous avez à vivre avec des gens qui font des desseins sur vous, c'est à vous à prendre des précautions contr'eux ; & au lieu de vouloir démêler les bonnes & les mauvaises intentions par la délicatesse du discernement, je trouve à propos de s'en garantir par une défiance générale de tous les hommes. Cependant, pour ne laisser pas établir un mécontentement universel qui vous feroit abandonner de tout le monde, il sera bon de paroître désintéressé quelquefois par un secret dessein d'intérêt ; il sera bon de donner au public certaines actions de franchise apparentes, mais en effet concertées, & de contraindre votre naturel à faire une grace aussi noblement, que si elle partoit d'une véritable inclination. Par-là vous ferez oublier les dégoûts du passé, & laisserez en vûe des agrémens pour l'avenir.

Mais dans ces rares occasions, le secret est de choisir un mérite bien reconnu, ou l'un de ces sujets agréables qui plaisent à tous les hommes. Par cette estime ou cette amitié universelle, chacun, sottement, se croit obligé d'un bien qui n'est reçû que d'un seul. Après l'éclat d'une si belle action, laissez reposer le monde dans l'opinion de votre générosité, & prenez plaisir quelque temps à jouir de l'adulation des flatteurs & de l'approbation des mauvais Juges.

Comme vous aurez excité par-là des desirs, & laissé concevoir des espérances, tous ceux qui pensent avoir quelque mérite, tâcheront de le faire valoir auprès de vous. Vos ennemis chercheront des voyes secrettes de se raccommoder, pour n'avoir pas l'exclusion de vos bienfaits ; vos amis animés d'un nouveau zéle, s'efforceront de les mériter ; & les personnes qui vous sont particuliérement attachées, redoubleront leurs soins & leur assiduité dans les fonctions de leurs charges.

Alors, voyant tout le monde bien réuni sur vos louanges, vous reprendrez insensiblement vos manieres accoutumées. Votre commerce deviendra plus difficile : vous voir, ne sera pas une petite grace ; vous parler en sera une plus grande : les rides de votre visage rebuteront les fâcheux, & vos agrémens satisferont les mal-habiles : votre familiarité, quelque ingrate qu'elle soit, sera ménagée comme une faveur précieuse ; & pour achever ce discours en peu de mots, vous mettrez en usage toutes les choses vaines pour les autres, & prendrez sagement toutes les solides pour vous.

LA VERTU
TROP RIGIDE.

Le Vertueux parle.

J'AI passé, comme vous, par toutes les conditions ; & après une exacte réflexion sur la vie, je ne trouve que deux choses qui puissent la rendre heureuse ; la modération de ses desirs, & le bon usage de sa fortune.

Ceux à qui la raison donne le repos que nous ôte la fantaisie, vivent exempts de beaucoup de maux, & sont en état de goûter les biens les plus véritables. Un homme élevé aux grandeurs, qui fait trouver aux autres leur fortune dans la sienne, joint un grand mérite à un grand bonheur ; & il n'est pas

pas plus heureux par le bien qu'il possede, que par celui qu'il sçait faire : mais qui, comme vous, cherche son intérêt avec tout le monde, & ne peut souffrir que personne le trouve avec lui, celui-là se rend indigne de toute société : il devroit être banni du commerce de tous les hommes.

Cependant, quelque mauvaise opinion que j'aye de vous, il me semble qu'il y a de la vanité dans la confession de vos vices. La nature n'a pas laissé en votre pouvoir d'être aussi méchant que vous voulez l'être. On n'est pas tout-à-fait ingrat impunément ; on ne trahit point sans remords ; on n'est pas si avide du bien d'autrui, ni si avare du sien sans quelque honte. Et quand vous auriez composé avec vous-même, exempt de combats intérieurs & d'agitations secrettes, il vous reste encore à compter avec le monde, dont vous aurez à essuyer des reproches importuns & des accusations fâcheuses.

Pour ce génie d'intérêt dont vous nous parlez, c'est ce qui vous rend méprisable : car on trouve d'illustres scélérats ; mais il ne fut jamais d'illustre avare. La grandeur de l'ame ne peut compatir avec les ordures de l'avarice. D'ailleurs, qu'y a-t-il de plus injuste, que d'attirer à soi tout ce qui fait le commerce & la commodité du genre humain, pour ne l'employer à aucun usage ?

C'est entretenir le crime, & dérober au public, par un vol continuel, ce qu'on a tiré une fois des particuliers.

Ceux qui prennent avec violence, pour répandre avec profusion, sont beaucoup plus excusables. Leur dépense est comme une espece de restitution : les dépouillés semblent rentrer en quelque part de leur bien, quand la magnificence expose à leurs yeux ce que la force avoit arraché de leurs mains. Si la mauvaise réputation vous est indifférente, si l'injustice ne vous touche point, ayez au moins quelque considération pour votre repos.

Depuis que l'argent s'est rendu maître de vos desirs, qu'il soit chez vous ou qu'il soit ailleurs, il fait également votre peine : ce que vous manquez à gagner, vous afflige, ce que vous possédez, vous inquiéte; ce que vous n'avez plus, vous tourmente : &, comme il n'y a rien de si agréable que d'avoir du bien & de s'en servir, il n'y a rien de si malheureux que d'être avide & trop ménager tout ensemble.

J'avoue que votre discours sur les Ingrats n'est pas moins ingénieux que véritable; mais on peut dire que cette délicatesse vous vient plus de vos observations que de votre expérience. Vos grandes précautions contre l'ingratitude, marquent moins de haine pour elle, que d'aversion pour la générosité ; & véritablement vous ne fuyez pas moins les reconnoissans que les ingrats : les uns & les autres reçoivent des graces, & votre intention est de n'en point faire. Capable de pardonner les injures qu'on vous fait, vous étes irréconciliable lorsque vous avez fait un plaisir, s'il ne vous en attire un autre plus considérable.

Puisque je me suis engagé insensiblement en cette matiere de bienfaits, je la veux pousser encore davantage. Il y a des hommes de l'humeur du Cardinal Ximenès, qui n'accordent jamais ce qu'on leur demande, pour n'être pas prévenus, disent-ils, dans leurs desseins, ni troublés dans l'ordre du bien qu'ils veulent faire. Il y a des hommes jaloux de l'honneur de leurs mouvemens, qui refusent tout aux inspirations des autres : cela peut venir quelquefois d'un bon principe, & se rencontrer en des ames fort élevées ; mais le plus souvent ce sont jalousies malhonnêtes & fausses délicatesses d'honneur, que produit une véritable répugnance à faire des graces.

Permettons aux misérables de s'expliquer à nous dans leurs besoins, puisque nous ne songeons pas à eux dans notre abondance. N'ayons pas honte de devoir à autrui la pensée d'une bonne action, &

laissons toutes les avenues libres à ceux qui nous conseillent de bien faire.

Cependant, nous croirions être gouvernés, si nous ne nous rendions difficiles à la persuasion du bien, tandis que nous nous pensons bien maîtres de nous, dans la crédulité la plus grande que nous puissions avoir pour le mal. Chacun craint l'ascendant de ses amis, s'ils veulent rendre un bon office auprès de lui : chacun prend pour des ouvertures de cœur & des témoignages d'amitié, le secret d'une imposture, & l'artifice des mauvaises impressions qu'on lui donne. C'est là, pourtant que la précaution est honnête ; c'est là qu'on peut être sur ses gardes avec jalousie ; c'est là qu'il faut se défendre des insinuations délicates qui nous conduisent insensiblement à mal faire.

Mais, pour quitter des discours trop généraux, que vous sert de ménager si finement la liberté de vous voir & de vous parler ? A quoi bon ce grand art qui régle tous les plis de votre visage, qui gouverne vos *Agrémens* & vos *Rides* ? Donner à propos, & refuser avec raison, seroit plus utile pour les autres & plus commode pour vous. C'est un petit mérite que de faire le fin avec des gens qui sont dans votre dépendance. Vous pensez montrer la subtilité de votre esprit, & vous ne faites voir que la malice de votre naturel.

Cette industrie que vous employez à trouver des *choses vaines pour les autres*, est vaine elle-même pour vous. Chaque jour vous apporte des richesses, & chaque jour vous en retranche l'usage : vos biens augmentent, vos sens qui en doivent jouir diminuent. Vous gagnez des choses étrangeres, & vous vous perdez vous-même. Que devient donc cette naissance si heureuse ? Quelle utilité de ce beau génie d'intérêt ? Vous passez votre vie parmi des trésors superflus, dont l'avarice ne vous laisse pas la disposition, & dont la nature vous empêche la jouissance. Malheureuse fortune qui ne regarde ni vous ni les autres, que par l'inquiétude de vos soins & par le chagrin de leur envie !

SENTIMENT

D'un honnête & habile Courtisan sur cette Vertu rigide *& ce* sale Interest.

JE suis fâché, Monsieur, qu'une Vertu trop sévere vous anime si fort contre le Vice. Ayez plus d'indulgence pour les vicieux, ou du moins un peu plus de délicatesse dans la maniere de vos corrections.

Je sai que la raison nous a été donnée

pour régler nos mœurs ; mais la raison, autrefois rude & austere, s'est civilisée avec le temps ; elle ne conserve aujourd'hui presque rien de son ancienne rigidité : il lui a fallu de l'austérité pour établir des loix qui pussent empêcher les outrages & les violences : elle s'est adoucie pour introduire l'honnêteté dans le commerce des hommes ; elle est devenue délicate & curieuse dans la recherche des plaisirs, pour rendre la vie aussi agréable qu'on avoit tâché de la rendre sûre & honnête. Ainsi, Monsieur, il faut oublier un temps où c'étoit assez d'être sévere pour être crû vertueux, puisque la politesse, la galanterie, la science des voluptés, font une partie du mérite présentement.

Pour la haine des méchantes actions, elle doit durer autant que le monde : mais trouvez bon que les délicats nomment plaisir, ce que les gens rudes & grossiers ont nommé vice ; & ne composez pas votre vertu de vieux sentimens qu'un naturel sauvage avoit inspiré aux premiers hommes.

Il me semble que vous débutez mal avec des Courtisans, de leur prêcher sans cesse la modération de leurs desirs, eux qui font de leur ambition leur plus grand mérite. Vous pourriez peut-être leur inspirer le dégoût du monde ; mais de les réduire dans la Cour à régler si justement leurs prétentions, c'est ce qu'il ne faut pas entreprendre. On peut presque se passer de tout, éloigné d'elle : il est difficile, quand on y vit, de ne pas desirer beaucoup, & malhonnête de se borner aisément à peu de chose.

Parmi tant d'intérêts différens, où se rencontre le vôtre, c'est avec peine que l'ambition & la vertu se concilient. On doit louer la délicatesse de ceux qui trouvent moyen de les accommoder ensemble. Il faut se contenter quelquefois du bien qui n'est pas entier, & tantôt se satisfaire du moindre mal : il ne faut pas exiger une probité scrupuleuse, ni crier que tout est perdu dans une médiocre corruption.

Les Dieux, dit quelqu'un, *n'ont jamais fait un plus beau présent aux hommes, que l'ame du dernier Caton ; mais ils se trompérent au temps qu'ils voulurent la donner :* Sa vertu qui eût été admirable dans les commencemens de la République, fut ruineuse sur ses fins, pour être trop pure & trop nette. Ce juste Caton qui pouvoit sauver sa Patrie, s'il se fût contenté de rendre ses Citoyens moins méchans, la perdit, & se perdit lui-même, pour en vouloir faire inutilement des gens de bien. Une probité moins entiere, qui se fût accommodée aux vices de quelques particuliers, eût empêché l'oppression générale. Il falloit souffrir la puissance, pour éviter la tyrannie; & par-là on eût conservé la République, à la vérité corrompue, mais toujours République.

Ainsi, Monsieur, ne regardons pas tant le monde comme il doit être, qu'on ne le puisse souffrir comme il est : que cette indulgence néanmoins ne soit pas pour nous. Cherchons des tempérammens pour les autres, & soyons sévères pour nous-mêmes : ennemis du vice en nos propres consciences, n'ayons pas horreur des vicieux, pour ne pas rendre les hommes nos ennemis.

Car, à quoi songez-vous de parler des avares & des ingrats, comme de monstres qui vous effrayent ? Je sai que l'ingratitude & l'avarice sont de fort vilaines qualités : mais, puisqu'elles sont si communes dans le monde, ou résolvez-vous de les souffrir, ou sauvez-vous dans la solitude; & portez dans une retraite cette vertu qui aura fait haïr votre personne dans une Cour.

Si vous voulez corriger les ingrats, inspirez aux Grands un meilleur choix pour des personnes reconnoissantes. Quand on les verra plus délicats & plus soigneux dans la distribution de leurs graces, les personnes obligées se feront une étude particuliere de reconnoître ces bienfaits. S'il vous prend envie de changer l'humeur d'un avare, ne croyez pas en venir à bout par de
beaux

beaux discours ; toute la morale y seroit employée sans aucun effet : proposez-lui des fortunes considérables qui se font par la dépense, insinuez le mépris où fait tomber une économie sordide, parlez de l'avantage que prennent sur lui les personnes de sa condition, par un honnête usage de leur bien ; & pour le guérir d'un sale intérêt, n'oubliez jamais de lui en mettre devant les yeux un autre honorable.

Représentez à votre artificieux intéressé, que toutes ses machines feront leur effet contre lui-même. Il veut des serviteurs fidéles, & l'exemple de sa méchante foi corrompra les siens : il se fait une habileté ingénieuse de promettre & de ne rien donner : on se fera un droit plus ingénieux de le piller, & chacun sera lui-même sa récompense : il tient ses amis dans une familiarité honteuse, sans aucun crédit ; ce leur est un moyen d'étudier ses défauts, de pénétrer ses affaires, sans que rien les oblige à la discrétion & au secret.

Pour ces bienfaits concertés que produisent la méditation & le dessein, comme ce n'est qu'un petit intervale dans une vilaine conduite, ils ne font qu'une légere suspension dans les cœurs, & si-tôt que votre Corrompu retourne à son premier procedé, le monde aussi diligent reprend sa premiere haine.

Par de semblables raisons, vous lui ferez comprendre les avantages que l'on peut tirer de la vertu, & le préjudice qu'apporte un sale intérêt. C'est la délicatesse que j'ai desirée dans la maniere de vos corrections, ne pouvant souffrir que vous vous érigiez en philosophe ou en dévot de profession, pour vous animer d'un esprit chagrin & importun contre les vices. Car enfin, Monsieur, qu'espérez-vous de ce beau sermon? *Chaque jour vous apporte des richesses, & chaque jour vous en retranche l'usage : vos biens augmentent, & vos sens qui en doivent jouir diminuent : vous gagnez des choses étrangeres, & vous vous perdez vous-même.* Ces gens-là prennent la chose tout autrement. L'argent qui leur vient est la consolation du jour qui s'en va. L'affoiblissement de leurs sens est réparé, ce leur semble, par l'augmentation de leurs biens; & quand ils se perdent eux-mêmes, ils croyent en quelque sorte se recouvrer dans l'acquisition des choses étrangeres. Votre sagesse, Monsieur, est trop pure pour des hommes si corrompus; il y a trop d'éloignement de vous à eux, pour pouvoir jamais convenir ensemble. Contentons-nous d'être gens de bien pour nous, & n'affectons pas une probité qui nous rende fâcheux aux autres : choisissons le commerce des honnêtes gens, sans avoir en horreur ceux qui ne le sont pas : souffrons toutes sortes de personnes, & pratiquons le plus celles qui nous plaisent davantage.

Comme il y a peu de ces pleines vertus qui puissent tout-à-fait vous satisfaire, il y a peu de vices extrêmes qui doivent vous aigrir avec raison. D'ailleurs, si on trouve des défauts au plus honnête homme, quand on l'étudie bien, on découvre quelque chose de bon en celui qui l'est le moins, quand on se donne la peine de le connoître. On voit rarement dans les hommes que tout soit vertu, tout soit vice : les bonnes & les mauvaises qualités sont confondues, & un discernement délicat peut faire la séparation de ce mélange.

Un avare ne laisse pas d'avoir des amis & de les servir, quoiqu'il aime son argent beaucoup plus qu'eux. S'il a du crédit, il les servira dans leurs affaires, & sera bien aise que ses diligences l'acquittent envers eux des offices de l'amitié. Un autre méritera la douceur de votre commerce par une amitié pure & un esprit agréable, que son peu d'industrie vous rend inutile, dès qu'il faut agir pour vos intérêts. Je connois des paresseux que le moindre office à rendre met au désespoir, à qui une nonchalance naturelle ne permet pas le plus foible mouvement qu'il se faut donner pour vous servir ; mais en qui vous trouverez les assistances les plus solides de bien & d'argent, quand vous n'exigerez ni leurs soins, ni leurs peines.

Comme il y a des personnes trop économes & très-agréables, ôtez-leur toute allarme de dépense; & fréquentant peu leurs maisons, jouissez avec plaisir de leur compagnie dans la vôtre. Tel homme fera un plaisir de bonne grace, qui n'aura pas reconnu un bienfait; & peu ponctuel à témoigner sa gratitude, il laissera la reconnoissance à votre discrétion. Il y a des personnes légeres & extravagantes, dont le commerce ordinaire se doit éviter, & dont la témérité vous peut être utile une fois plus que la prudence des sages. Les prudens agiront moins dans vos intérêts; mais leur jugement reglera votre conduite.

D'ailleurs, nous ne sommes pas toujours les mêmes: c'est faire trop d'honneur à la nature humaine, que de lui donner de l'uniformité: celui qui vous néglige aujourd'hui avec froideur, cherchera demain par quelque mouvement extraordinaire l'occasion de vous servir. Enfin, les hommes sont changeans & divers, mêlés de bonnes & de mauvaises parties. Tirons d'eux ce que l'industrie nous en peut faire tirer honnêtement, & ne fuyons pas des personnes pour leurs défauts, qui pourroient avec autant de droit nous éviter pour les nôtres.

Il est temps de recueillir en peu de mots, ce que l'on peut dire sur des sentimens si opposés. Ils ont cela de commun dans leur opposition, qu'ils nous tiennent, quoique différemment, trop attachés à nous-mêmes. Les uns, par l'amour propre d'une vertu qui n'est bonne que pour nous, nous éloignent trop de la vie civile : les autres, nous jettent dans la societé, pour rapporter les droits du public à notre utilité seule. Si nous voulons suivre les premiers, tout sera vice pour nous, dans l'idée d'une vertu que le monde ne met point en usage : si nous nous laissons aller à ceux-ci, il n'y aura plus de foi ni d'honnêteté parmi nous. Nous vivrons parmi les hommes, comme si nous n'étions pas de leur espece, indifférens au mérite, exempts de leurs passions, insensibles à leurs plaisirs & possédés de notre seul intérêt. D'un côté, les intentions sont trop pures : de l'autre, trop corrompues : mais on se passe plus aisément du bien, qui ne produit pas une vertu inutile, qu'on ne souffre les effets d'une si dangereuse corruption.

LETTRE
A MONSIEUR LE COMTE
DE LIONNE.

Monsieur,

Peut-être n'êtes-vous pas à Paris ; peut-être y êtes-vous, & que votre silence est plûtôt un effet de votre oubli, que de votre absence : mais quand cela seroit, je vous ai trop d'obligation de vos soins passés, pour me plaindre de votre indifférence présente. Je ne demande point de vos nouvelles pour vous fatiguer d'une réponse, & rétablir un commerce qui vous déroberoit des heures que vous saurez mieux employer : mais, Monsieur, vous devez quelque chose encore à votre amitié, & vous vous en acquitterez si vous trouvez quelque moyen par vous ou par autrui, de me faire savoir que vous vous portez bien. La nouvelle de votre santé me donnera une joie où vous êtes plus intéressé que personne ; & si vous étiez de mon humeur, vous crôiriez que se bien porter, vaut mieux que commander à tout le monde. Il n'est point de trésors qui vaillent une année de santé.

Excusez, Monsieur, le caquet d'un infirme, qui se trouvant un quart-d'heure de santé, ne croit pas qu'on puisse parler d'autre chose. Peut-être étiez-vous de mon humeur, quand vous aviez quelque relâche dans les douleurs de votre bras cassé & de toutes vos blessures. Aujourd'hui que vous êtes pleinement guéri, goûtez-en le plaisir, & me laissez faire de tristes réflexions sur la chanson que vous m'avez apprise.

<blockquote>
Mais, hélas ! quand l'âge nous glace,
Nos beaux jours ne reviennent jamais.
</blockquote>

S'il y a quelques airs aussi agréables que celui-là dans la Musique de LA FESTE DE VERSAILLES, je vous prie de me les envoyer notés, & vous obligerez un homme qui est plus que jamais, &c.

AU MESME.

JE viens de recevoir la Lettre que vous m'avez fait l'honneur de m'écrire, avec les airs que vous m'avez envoyés. J'aurois mille graces à vous rendre ; mais connoissant votre inclination à m'obliger ; vous me permettrez, s'il vous plaît, d'être un peu lent aux remercimens ; car le redoublement continuel des obligations pourroit fatiguer une reconnoissance délicate comme la mienne. Croyez pourtant que je suis sensible comme je dois, & que vous pouvez disposer de moi plus que d'homme que vous connoissiez.

Je n'ai jamais été si surpris que de voir vendre ici trois petits Livres qu'on dit de moi, & qui s'impriment à Amsterdam. Il y a environ vingt ans que je fis de petits discours sur les maximes qui sont dans ce petit Livre-là : je ne sai qui les a pû avoir.

Continuez, je vous supplie, à m'aimer toujours ; & croyez que vous n'aurez jamais un ami plus sûr & plus passionné pour votre service.

Quand il y aura quelque chose d'agréable, je vous supplie de me l'envoyer. Sitôt que la REPONSE de Monsieur Arnault à Monsieur Claude (1) sera imprimée, je vous supplierai de me l'envoyer avec la REPLIQUE de Monsieur Claude, qui suivra bien-tôt assûrément, *habitâ ratione* du

---

(1) *La Perpétuité de la Foi de l'Eglise Catholique touchant l'Eucharistie, défendue contre le Livre du Sieur Claude, Ministre de Charenton.* M. Claude y répondit bien-tôt, & les Jansénistes n'ont fait qu'une REPLIQUE générale à cet ouvrage. Voyez le DICTIONNAIRE de M. Bayle, aux Articles ARNAULT & CLAUDE.

port, c'est-à-dire, par une autre voie que celle de la poste.

Ne laissez pas de continuer à m'obliger: quelque délicate que soit ma reconnoissance, elle durera autant que moi, & je n'oublierai jamais tout ce que vous faites pour mes intérêts.

AU MESME (1).

SI je ne consultois que la discrétion, je pourrois vous épargner la fatigue de recevoir de mes Lettres, & la peine que vous donnera une réponse que, par honnêteté, vous me voudrez faire : mais, comme je suis homme à songer autant à mon plaisir qu'au vôtre, vous trouverez bon que je prenne celui que j'ai de vous entretenir ; & tout ce que je puis faire pour vous, Monsieur, est de n'en pas abuser par un trop fréquent usage. Si vous saviez la peine que j'ai à me contraindre là-dessus, vous me pardonneriez aisément ce que je fais, par la violence que je me donne à n'en pas faire davantage.

Je suis revenu dans une Cour, après avoir été quatre ans dans une République,

---

(1) Monsieur de Saint-Evremond écrivit cette Lettre après son retour en Angleterre en 1670.

sans plaisir, ni douceur; car je croi que la Haye est le vrai pays de l'indolence. Je ne sai comme j'ai ranimé mes sentimens: mais enfin, il m'a pris envie de sentir quelque chose de plus vif; & quelqu'imagination de retourner en France, m'avoit fait chercher Londres comme un milieu entre les Courtisans François & les Bourguemestres de Hollande. Jusques ici, je pouvois demeurer dans la pesanteur, ou, pour parler plus obligeamment, dans la gravité de Messieurs les Hollandois: car je ne me trouve guéres plus avancé vers la France que j'étois; & l'étude de vivacité que j'ai faite, nuit fort à mon repos & me recule de l'indolence, sans m'avancer vers les plaisirs. J'entens celui que je m'imaginois à vous voir à Paris, ne laissant pas, à dire le vrai, d'en trouver ici parmi beaucoup d'honnêtes gens.

Monsieur le Duc de Buckingham, votre ami, m'a dit que j'avois beaucoup d'obligations à Monsieur de Lionne le Ministre. Je vous supplie, Monsieur, de lui rendre mille graces de ma part. Je suis un de ses admirateurs; mais mon admiration ne vaut pas la peine qu'il s'est donnée, & la seule générosité l'a fait agir si noblement. Je vous conjure d'en avoir assez pour vous souvenir quelquefois de votre très-humble & très-obéissant serviteur.

AU MESME.

QUAND je ne regretterois pas Monsieur de Lionne le Ministre, par mon propre intérêt, votre seule considération m'auroit fait recevoir la nouvelle de sa mort (1) avec beaucoup de douleur. Tout le monde le regrette à Paris, à ce qu'on me mande; & je puis vous assûrer que les Etrangers honorent sa mémoire avec les mêmes sentimens qu'en ont les François. Quelque mérite qu'ayent eu les plus grands Ministres de notre Etat, on s'est toujours réjoui de leur mort, & il a fallu du temps, pour passer de la haine de leur personne, à la vénération de leurs vertus. Monsieur de Lionne est le seul qui ait fait appréhender de le perdre, & fait connoître ce qu'on a perdu au même instant qu'il est mort. Faire de longs discours sur la mort des grands hommes, c'est vouloir ajoûter quelque chose de triste & de douloureux à la mort même: elle n'a pas besoin de ces aides-là pour être funeste; ce qui m'en fait finir l'entretien, & vous assûrer qu'on ne peut pas être plus véritablement que je suis, &c.

(1) Hugues de Lionne, Marquis de Fresne & de Berny, Ministre & Sécretaire d'Estat, mourut en 1671. Voyez l'ABREGE' de sa Vie dans le MELANGE curieux des meilleures Pieces attribuées à M. de Saint-Evremond.

A MONSIEUR
LE MARÉCHAL
DE CRÉQUY,

Qui m'avoit demandé en quelle situation étoit mon esprit, & ce que je pensois sur toutes choses dans ma vieillesse.

QUAND nous sommes jeunes, l'opinion du monde nous gouverne, & nous nous étudions plus à être bien avec les autres, qu'avec nous. Arrivés enfin à la vieillesse, nous trouvons moins précieux ce qui est étranger : rien ne nous occupe tant que nous-mêmes, qui sommes sur le point de nous manquer. Il en est de la vie comme de nos autres biens; tout se dissipe, quand on pense en avoir un grand fond : l'économie ne devient exacte que pour ménager le peu qui nous reste. C'est par-là qu'on voit faire aux jeunes gens, comme une profusion de leur être, quand ils croyent avoir long-temps à le posséder. Nous nous devenons plus chers, à mesure que nous sommes plus prêts de nous perdre. Autrefois mon imagination errante &

vagabonde se portoit à toutes les choses étrangeres : aujourd'hui mon esprit se raméne au corps & s'y unit davantage. A la vérité, ce n'est point par le plaisir d'une douce liaison ; c'est par la nécessité du secours & de l'appui mutuel qu'ils cherchent à se donner l'un à l'autre.

En cet état languissant, je ne laisse pas de me conserver encore quelques plaisirs : mais j'ai perdu tous les sentimens du vice, sans savoir si je dois ce changement à la foiblesse d'un corps abattu, ou à la modération d'un esprit devenu plus sage qu'il n'étoit auparavant. Je crains de le devoir aux infirmités de la vieillesse, plus qu'aux avantages de ma vertu ; & d'avoir plus à me plaindre de la docilité de mes mouvemens, qu'à m'en réjouir. En effet, j'attribuerois mal-à-propos à ma raison la force de les soumettre, s'ils n'ont pas celle de se soûlever. Quelque sagesse dont on se vante en l'âge où je suis, il est mal-aisé de connoître si les passions qu'on ne ressent plus, sont éteintes ou assujetties.

Quoiqu'il en soit, dès-lors que nos sens ne sont plus touchés des objets, & que l'ame n'est plus émûe par l'impression qu'ils font sur elle, ce n'est proprement chez nous qu'indolence : mais l'indolence n'est pas sans douceur ; & songer qu'on ne souffre point de mal, est assez à un homme raisonnable pour se faire de la joie. Il n'est pas toujours besoin de la jouissance des plaisirs. Si on fait un bon usage de la privation des douleurs, on rend sa condition assez heureuse.

Quand il m'est arrivé des malheurs, je m'y suis trouvé naturellement assez peu sensible, sans mêler à cette heureuse constitution le dessein d'être constant; car la constance n'est qu'une plus longue attention à nos maux. Elle paroît la plus belle vertu du monde à ceux qui n'ont rien à souffrir; & elle est véritablement comme une nouvelle gêne à ceux qui souffrent. Les esprits s'aigrissent à résister; & au lieu de se défaire de leur premiere douleur, ils en forment eux-mêmes une seconde. Sans la résistance, ils n'auroient que le mal qu'on leur fait : par elle, ils ont encore celui qu'ils se font. C'est ce qui m'oblige à remettre tout à la nature dans les maux présens : je garde ma sagesse pour le temps où je n'ai rien à endurer. Alors, par des réflexions sur mon indolence, je me fais un plaisir du tourment que je n'ai pas, & trouve le secret de rendre heureux l'état le plus ordinaire de la vie.

L'expérience se forme avec l'âge, & la sagesse est communément le fruit de l'expérience : mais qu'on attribue cette vertu aux vieilles gens, ce n'est pas à dire qu'ils la possédent toujours. Ce qui est certain, c'est qu'ils ont toujours la liberté d'être sages, & de pouvoir s'exempter avec bienséance de toutes les gênes que l'opinion a sû introduire dans le monde. C'est à eux seulement qu'il est permis de prendre les choses pour ce qu'elles sont. La raison a presque tout fait dans les premieres institutions : la fantaisie a presque tout gagné sur elle dans la suite. Or la vieillesse seule a le droit de rappeller ce que l'une a perdu & de se dégager de ce qu'a gagné l'autre.

Pour moi, je tiens scrupuleusement aux véritables devoirs. Je rebute ou admets les imaginaires, selon qu'ils me choquent ou qu'ils me plaisent; car en ce que je ne dois pas, je me fais une sagesse également de rejetter ce qui me déplaît & de recevoir ce qui me contente. Chaque jour je me défais de quelque chaîne, avec autant d'intérêt pour ceux dont je me détache, que pour moi qui reprens ma liberté. Ils ne gagnent pas moins dans la perte d'un homme inutile, que je perdrois à me dévouer plus long-temps à eux inutilement.

De tous les liens, celui de l'amitié est le seul qui me soit doux; & n'étoit la honte qu'on ne répondît pas à la mienne, j'aimerois, par le plaisir d'aimer, quand on ne m'aimeroit pas. Dans un faux sujet d'aimer, les sentimens d'amitié peuvent s'entretenir par la seule douceur de leur agrément. Dans un vrai sujet de haïr, on doit se défaire de ceux de la haine par le seul intérêt de son repos. Une ame seroit heureuse, qui pourroit se refuser toute entiere à certaines passions, & ne feroit seulement que se permettre à quelques autres. Elle seroit sans crainte, sans tristesse, sans haine, sans jalousie; elle desireroit sans ardeur, espéreroit sans inquiétude & jouiroit sans transport.

L'état de la vertu n'est pas un état sans peine. On y souffre une contestation éternelle de l'inclination & du devoir. Tantôt on reçoit ce qui choque, tantôt on s'oppose à ce qui plaît, sentant presque toujours de la gêne à faire ce que l'on fait, & de la contrainte à s'abstenir de ce que l'on ne fait pas. Celui de la sagesse est doux & tranquille. La sagesse regne en paix sur nos mouvemens, & n'a qu'à bien gouverner des sujets, au lieu que la vertu avoit à combattre des ennemis.

Je puis dire de moi une chose assez extraordinaire & assez vraie; c'est que je n'ai presque jamais senti en moi-même ce combat intérieur de la passion & de la raison: la passion ne s'opposoit point à ce que j'avois résolu de faire par devoir; & la raison consentoit volontiers à ce que j'avois envie de faire par un sentiment de plaisir.

Je

Je ne prétens pas que cet accommodement si aisé me doive attirer de la louange : je confesse au contraire, que j'en ai été plus vicieux ; ce qui ne venoit point d'une perversion d'intention qui allât au mal, mais de ce que le vice se faisoit agréer comme une douceur, au lieu de se laisser connoître comme un crime.

Il est certain qu'on connoît beaucoup mieux la nature des choses par la réflexion, quand elles sont passées, que par leur impression, quand on les sent. D'ailleurs le grand commerce du monde empêche toute attention, lorsqu'on est jeune. Ce que nous voyons en autrui, ne nous laisse pas bien examiner ce que nous sentons en nous-mêmes. La foule plaît dans un certain âge, où l'on aime, pour ainsi parler, à se répandre : la multitude importune dans un autre, où l'on revient naturellement à soi, ou pour le plus à un petit nombre d'amis, qui s'unissent à nous davantage.

C'est cette humeur-là qui nous retire insensiblement des Cours. Nous commençons par elle à chercher un milieu entre l'assiduité & l'éloignement. Il nous vient ensuite quelque honte de montrer un vieux visage parmi des jeunes gens, qui loin de prendre pour sagesse notre sérieux, se moquent de nous de vouloir paroître encore en des lieux publics où il n'y a que de la galanterie & de la gaïeté. Ne nous flattons pas de notre bon sens : une folie enjouée le saura confondre ; & le faux d'une imagination qui brille dans la jeunesse, fera trouver ridicules nos plus délicates conversations. Si nous avons de l'esprit, allons-en faire un meilleur usage dans les entretiens particuliers ; car on se soutient mal dans la foule par les qualités de l'esprit, contre les avantages du corps.

Cette justice que nous sommes obligés de nous faire, ne nous doit pas rendre injustes à l'égard des jeunes gens. Il ne faut ni louer avec importunité le temps dont nous étions, ni accuser sans cesse avec chagrin celui qui leur est favorable. Ne crions point contre les plaisirs que nous n'avons plus : ne condamnons point des choses agréables qui n'ont que le crime de nous manquer.

Notre jugement doit toujours être le même. Il nous est permis de vivre, & non pas de juger selon notre humeur : il se forme dans la mienne je ne sai quoi de particulier, qui me fait moins considérer les magnificences par l'éclat qu'elles ont, que par l'embarras qu'elles donnent. Les Spectacles, les Fêtes, les Assemblées ne m'attirent plus aux plaisirs qui se trouvent en les voyant : elles me rebutent des incommodités qu'il faut essuyer pour les voir. Je n'aime pas tant les Concerts par la beauté de leur harmonie, que je les crains par la peine qu'il y a de les ajuster. L'abondance me dégoûte dans les repas ; & ce qui est fort recherché me paroît une curiosité affectée. Mon imagination n'aide pas mon goût à trouver plus délicat ce qui est plus rare ; mais je veux du choix dans les choses qui se rencontrent aisément, pour conserver une délicatesse séparée de tout agrément de fantaisie.

De la lecture & du choix des Livres.

J'Aime le plaisir de la lecture autant que jamais, pour dépendre plus particuliérement de l'esprit, qui ne s'affoiblit pas comme les sens. A la vérité, je cherche plus dans les livres ce qui me plaît, que ce qui m'instruit. A mesure que j'ai moins de temps à pratiquer les choses, j'ai moins de curiosité pour les apprendre. J'ai plus de besoin du fond de la vie que de la maniere de vivre ; & le peu que j'en ai s'entretient mieux par des agrémens que par des instructions : les livres latins m'en fournissent le plus, & je relis mille fois ce que j'y trouve de beau, sans m'en dégoûter.

Un choix délicat me réduit à peu de livres, où je cherche beaucoup plus le bon esprit que le bel esprit : & le bon goût, pour me servir de la façon de parler des Espagnols, se rencontre ordinairement dans les Ecrits des personnes considérables. J'aime à connoître les EPITRES de Ciceron & son caractére, & celui des gens de qualité qui lui écrivent. Pour lui, il ne se défait jamais de son art de Rhétorique; & la moindre recommandation qu'il fait au meilleur de ses amis, s'insinue aussi artificieusement que s'il vouloit gagner l'esprit d'un inconnu pour la plus grande affaire du monde. Les LETTRES des autres n'ont pas la finesse de ces détours ; mais, à mon avis, il y a plus de bon sens que dans les siennes ; & c'est ce qui me fait juger le plus avantageusement de la grande & générale capacité des Romains de ce tems-là.

Nos Auteurs font toujours valoir le siécle d'Auguste, par la considération de Virgile & d'Horace, & peut-être plus par celle de Mécénas qui faisoit du bien aux gens de lettres, que par les gens de lettres même. Il est certain néanmoins que les esprits commençoient alors à s'affoiblir aussi bien que les courages. La grandeur d'ame se tournoit en circonspection à se conduire, & le bon discours en politesse de conversation : encore ne sai-je, à considérer ce qui nous reste de Mécénas, s'il n'avoit pas quelque chose de mou qu'on faisoit passer pour délicat. Mécénas étoit le grand favori d'Auguste, l'homme qui plaisoit, & à qui les gens polis & spirituels tâchoient de plaire. N'y a-t-il pas apparence que son goût régloit celui des autres ; qu'on affectoit de se donner son tour, & de prendre autant qu'on pouvoit son caractére ?

Auguste lui-même ne nous laisse pas une grande opinion de sa latinité. Ce que nous voyons de Térence, ce qu'on disoit à Rome de la politesse de Scipion & de Lélius, ce que nous avons de César, ce que nous avons de Cicéron ; la plainte que fait ce dernier sur la perte de ce qu'il appellé *sales, lepores, venustas, urbanitas, amœnitas, festivitas, jucunditas :* tout cela me fait croire, après y avoir mieux pensé, qu'il faut chercher en d'autres temps que celui d'Auguste, le bon & agréable esprit des Romains, aussi-bien que les graces pures & naturelles de leur langue.

On me dira qu'Horace avoit très-bon goût en toutes choses ; c'est ce qui me fait croire que ceux de son temps ne l'avoient pas ; car son goût consistoit principalement à trouver le ridicule des autres. Sans les impertinences, les affectations, les fausses manieres dont il se moquoit, la justesse de son sens ne nous paroîtroit pas aujourd'hui si grande.

De la Poësie.

LE Siécle d'Auguste a été celui des excellens Poëtes, je l'avoue; mais il ne s'ensuit pas que ç'ait été celui des Esprits bien faits. La Poësie demande un génie particulier, qui ne s'accommode pas trop avec le bon sens. Tantôt, c'est le langage des Dieux; tantôt, c'est le langage des fous, rarement celui d'un honnête-homme. Elle se plaît dans les fictions, dans les figures toujours hors de la réalité des choses; & c'est cette réalité qui peut satisfaire un entendement bien sain.

Ce n'est pas qu'il n'y ait quelque chose de galant à faire agréablement des Vers; mais il faut que nous soyons bien maîtres de notre génie, autrement l'esprit est possédé de je ne sai quoi d'étranger, qui ne lui permet pas de disposer assez facilement de lui-même. *Il faut être sot*, disent les Espagnols, *pour ne pas faire deux Vers; il faut être fou pour en faire quatre.* A la vérité, si tout le monde s'en tenoit à cette maxime, nous n'aurions pas mille beaux ouvrages, dont la lecture nous donne un plaisir fort délicat: mais la maxime regarde bien plus les gens du monde que les Poëtes de profession. D'ailleurs, ceux qui sont capables de ces grandes productions, ne résisteront pas à la force de leur génie pour ce que je dis ; & il eſt certain que parmi les Auteurs, ceux-là s'abſtiendront ſeulement de faire beaucoup de Vers, qui ſe ſentiront plus gênés de leur ſtérilité que de mes raiſons.

Il faut qu'il y ait d'excellens Poëtes pour notre plaiſir, comme de grands Mathématiciens pour notre utilité : mais il ſuffit pour nous de nous bien connoître à leurs ouvrages ; & nous n'avons que faire de rêver ſolitairement comme les uns, ni d'épuiſer nos eſprits à méditer toujours.

De tous les Poëtes, ceux qui font des Comédies devroient être les plus propres pour le commerce du monde ; car ils s'attachent à dépeindre naïvement tout ce qui s'y fait, & à bien exprimer les ſentimens & les paſſions des hommes. Quelque nouveau tour qu'on donne à de vieilles penſées, on ſe laſſe d'une Poëſie qui raméne toujours les comparaiſons de l'*Aurore*, du *Soleil*, de la *Lune*, des *Etoiles*. Nos deſcriptions d'une Mer calme & d'une Mer agitée, ne repréſentent rien que celles des anciens n'ayent beaucoup mieux repréſenté : aujourd'hui ce ne ſont pas ſeulement les mêmes idées que nous donnons, ce ſont les mêmes expreſſions & les mêmes rimes. Je ne trouve jamais le *chant des oiſeaux*, que je ne me prépare au *bruit des ruiſſeaux* : les *Bergeres* ſont toujours couchées sur des *fougeres* ; & on voit moins les *boccages* sans les *ombrages* dans nos Vers, qu'au véritable lieu où ils sont. Or, il est impossible que cela ne devienne à la fin fort ennuyeux ; ce qui n'arrive pas dans les Comédies, où nous voyons représenter avec plaisir les mêmes choses que nous pouvons faire, & où nous sentons des mouvemens semblables à ceux que nous voyons exprimer.

Un discours où l'on ne parle que de bois, de rivieres, de prés, de campagnes, de jardins, fait sur nous une impression bien languissante, à moins qu'il n'ait des agrémens tout nouveaux : mais ce qui est de l'humanité, les penchans, les tendresses, les affections, trouvent naturellement au fond de notre ame à se faire sentir : la même nature les produit & les reçoit ; ils passent aisément des hommes qu'on représente en des hommes qui voyent représenter.

De quelques Livres Espagnols, Italiens, & François.

CE que l'Amour a de délicat me flatte ; ce qu'il a de tendre me fait toucher : &, comme l'Espagne est le pays du monde où l'on aime le mieux, je ne me lasse jamais de lire dans les Auteurs Espagnols

gnols des aventures amoureuses. Je suis plus touché de la passion d'un de leurs amans, que je ne serois sensible à la mienne, si j'étois capable d'en avoir encore : l'imagination de ses amours me fait trouver des mouvemens pour lui, que je ne trouverois pas pour moi-même.

Il y a peut-être autant d'esprit dans les autres ouvrages des Auteurs de cette nation, que dans les nôtres ; mais c'est un esprit qui ne me satisfait pas, à la réserve de celui de Cervantes en DOM QUICHOTTE, que je puis lire toute ma vie sans en être dégoûté un seul moment. De tous les Livres que j'ai lûs, DOM QUICHOTTE est celui que j'aimerois mieux avoir fait : il n'y en a point, à mon avis, qui puisse contribuer davantage à nous former un bon goût sur toutes choses. J'admire, comme dans la bouche du plus grand fou de la terre, Cervantes a trouvé le moyen de se faire connoître l'homme le plus entendu, & le plus grand connoisseur qu'on se puisse imaginer : j'admire la diversité de ses caractéres, qui sont les plus recherchés du monde pour les espéces, & dans leurs espéces les plus naturelles. Quevedo paroît un Auteur fort ingénieux ; mais je l'estime plus d'avoir voulu brûler tous ses Livres quand il lisoit DOM QUICHOTTE, que de les avoir sû faire.

Tome III. Y

Je ne me connois pas assez aux vers italiens, pour en goûter la délicatesse ou en admirer la force & la beauté : je trouve quelques histoires en cette langue au-dessus de toutes les modernes, & quelques traités de politique au-dessus même de ce que les anciens en ont écrit. Pour la Morale des Italiens, elle est pleine de *Concetti*, qui sentent plus une imagination qui cherche à briller, qu'un bon sens formé par de profondes réfléxions.

J'ai une curiosité fort grande pour tout ce qu'on fait de beau en François, & un grand dégoût de mille Auteurs qui semblent n'écrire que pour se donner la réputation d'avoir écrit : je n'aime pas seulement à lire, pour me donner celle d'avoir beaucoup lû ; & c'est ce qui me fait tenir particuliérement à certains Livres où je puis trouver une satisfaction assûrée.

Les Essais de Montagne, les Poesies de Malherbe, les Tragedies de Corneille & les Œuvres de Voiture, se sont établis comme un droit de me plaire toute ma vie. Montagne ne fait pas le même effet dans tout le cours de celle des autres. Comme il nous explique particuliérement l'homme, les jeunes & les vieux aiment à se trouver en lui par la ressemblance des sentimens. L'espace qui éloigne ces deux âges, nous éloigne de la nature pour nous donner aux professions ; & alors nous trouvons dans Montagne moins de choses qui nous conviennent. La science de la Guerre fait l'occupation du Général ; la Politique, du Ministre ; la Théologie, du Prélat ; la Jurisprudence, du Juge. Montagne revient à nous quand la nature nous y ramène, & qu'un âge avancé, où l'on sent véritablement ce qu'on est, rappelle le Prince comme ses sujets, de l'attachement au personnage, à un intérêt plus proche & plus sensible de la personne.

Je n'écris point ceci par un esprit de vanité, qui porte les hommes à donner au Public leurs fantaisies. Je me sens en ce que je dis, & me connois mieux par l'expression du sentiment que je forme de moi-même, que je ne ferois par des pensées secrettes & des réfléxions intérieures. L'idée qu'on a de soi par la simple attention à se considérer au dedans, est toujours un peu confuse : l'image qui s'en exprime au dehors est beaucoup plus nette, & fait juger de nous plus sainement, quand elle repasse à l'examen de l'esprit après s'être présentée à nos yeux. D'ailleurs, l'opinion flatteuse de notre mérite perd la moitié de son charme si-tôt qu'elle se produit : les complaisances de l'amour propre venant à s'évanouir insensiblement, il ne nous reste qu'un dégoût de sa douceur, &

de la honte pour une vanité auffi follement conçûe que judicieufement quittée.

Pour égaler MALHERBE aux Anciens, je ne veux rien de plus beau que ce qu'il a fait. Je voudrois feulement retrancher de fes ouvrages ce qui n'eft pas digne de lui : nous lui ferions injuftice de le faire céder à qui que ce fût ; mais il fouffrira, pour l'honneur de notre jugement, que nous le faffions céder à lui-même.

On peut dire la même chofe de COR-NEILLE (1). Il feroit au-deffus de tous les Tragiques de l'antiquité, s'il n'avoit été fort au-deffous de lui en quelques-unes de fes Piéces : il eft fi admirable dans les belles, qu'il ne fe laiffe pas fouffrir ailleurs médiocre. Ce qui n'eft pas excellent en lui me femble mauvais, moins pour être mal, que pour n'avoir pas la perfection qu'il a fû donner à d'autres chofes. Ce n'eft pas affez à Corneille de nous plaire légérement, il eft obligé de nous toucher : s'il ne ravit nos efprits, ils employeront leurs lumieres à connoître avec dégoût la différence qu'il y a de lui à lui-même. Il eft permis à quelques Auteurs de nous émouvoir fimplement : ces émotions infpirées par eux, font de petites douceurs affez agréables, quand on ne cherche qu'à s'attendrir. Avec Corneille, nos ames fe pré-

(1) Pierre Corneille.

parent à des transports; &, si elles ne sont pas enlevées, il les laisse dans un état plus difficile à souffrir que la langueur. Il est mal-aisé de charmer éternellement, je l'avoue; il est mal-aisé de tirer un esprit de sa situation quand il nous plait; d'enlever une ame hors de son assiette : mais Corneille, pour l'avoir fait trop souvent, s'est imposé la loi de le faire toujours : qu'il supprime ce qui n'est pas assez noble pour lui, il laissera admirer des beautés qui ne lui sont communes avec personne.

Je pardonnerois aussi peu à Voiture un grand nombre de LETTRES qu'il devroit avoir supprimées, si lui-même les avoit fait mettre au jour (1); mais il étoit comme ces peres également bons & discrets, à qui la nature laisse de la tendresse pour leurs enfans, & qui aiment en secret ceux qui n'ont point de mérite, pour n'exposer pas au Public, par cette amitié, la réputation de leur jugement. Il pouvoit donner tout son amour à quelques-uns de ses ouvrages; car ils ont je ne sai quoi de si ingénieux & de si poli, de si fin & de si délicat, qu'ils font perdre le goût des *Sels Attiques* & des *Urbanités Romaines*; qu'ils effacent tout ce que nous voyons de plus

___

(1) Les ŒUVRES de Voiture ont été publiées après sa mort, par son neveu Pinchêne, assisté de Conrart & de Chapelain.

spirituel chez les Italiens, & de plus galant chez les Espagnols.

Nous avons quelques Piéces particuliéres en françois, d'une beauté admirable : telles sont les ORAISONS FUNEBRES de la Reine d'ANGLETERRE, & de MADAME, par Monsieur de Condom (1). Il y a dans ces Discours un certain esprit répandu par tout, qui fait admirer l'Auteur sans le connoître, autant que les ouvrages après les avoir lûs. Il imprime son caractére en tout ce qu'il dit; de sorte que, sans l'avoir jamais vû, je passe aisément de l'admiration de son discours à celle de sa personne.

De la Conversation.

Quelque plaisir que je prenne à la lecture, celui de la Conversation me sera toujours le plus sensible. Le commerce des Femmes me fourniroit le plus doux, si l'agrément qu'on trouve à en voir d'aimables, ne laissoit la peine de se défendre de les aimer : je souffre néanmoins rarement cette violence. A mesure que mon âge leur donne du dégoût pour moi, la connoissance me rend délicat pour elles; &, si elles ne trouvent pas en ma personne

---

(1) Jacques-Benigne Bossuet, premierement Evêque de Condom, & en- suite Evêque de Meaux. Il est mort le 12 d Avril 1704.

de quoi leur plaire, par une espéce de compensation, je me satisfais d'elles mal-aisément. Il y en a quelques-unes dont le mérite fait assez d'impression sur mon esprit, mais leur beauté se donne peu de pouvoir sur mon ame ; &, si j'en suis touché par surprise, je réduis bien-tôt ce que je sens à une amitié douce & raisonnable, qui n'a rien des inquiétudes de l'amour.

Le premier mérite auprès des Dames, c'est d'aimer ; le second, est d'entrer dans la confidence de leurs inclinations ; le troisiéme, de faire valoir ingénieusement tout ce qu'elles ont d'aimable. Si rien ne nous méne au secret du cœur, il faut gagner au moins leur esprit par des louanges ; car, au défaut des amans à qui tout céde, celui-là plaît le mieux, qui leur donne le moyen de se plaire davantage. Dans leur conversation, songez bien à ne les tenir jamais indifférentes ; leur ame est ennemie de cette langueur : ou faites-vous aimer, ou flattez-les sur ce qu'elles aiment, ou faites-leur trouver en elles de quoi s'aimer mieux ; car enfin il leur faut de l'amour, de quelque nature qu'il puisse être ; leur cœur n'est jamais vuide de cette passion. Aidez un pauvre cœur à en faire quelque usage.

On en trouve, à la vérité, qui peuvent avoir de l'estime & de la tendresse même sans amour ; on en trouve qui sont aussi capables de secret & de confiance, que les plus fidéles de nos amis. J'en connois qui n'ont pas moins d'esprit & de discrétion, que de charme & de beauté ; mais ce sont des singularités que la nature, par dessein ou par caprice, se plaît quelquefois à nous donner : & il ne faut rien conclure en faveur du général, par des endroits si particuliers & des qualités si détachées. Ces femmes extraordinaires semblent avoir emprunté le mérite des hommes ; & peut-être qu'elles font une espéce d'infidélité à leur séxe, de passer ainsi de leur naturelle condition aux vrais avantages de la nôtre.

Pour la conversation des hommes, j'avoue que j'y ai été autrefois plus difficile que je ne suis ; & je pense y avoir moins perdu du côté de la délicatesse, que je n'ai gagné du côté de la raison : je cherchois alors des personnes qui me plûssent en toutes choses ; je cherche aujourd'hui dans les personnes quelque chose qui me plaise. C'est une rareté trop grande, que la conversation d'un homme en qui vous trouviez un agrément universel ; & le bon sens ne souffre pas une recherche curieuse de ce qu'on ne rencontre presque jamais. Pour un plaisir délicieux qu'on imagine toujours, & dont on jouit trop rarement, l'esprit malade de délicatesse se fait un dégoût de ceux qu'il pourroit avoir toute la vie. Ce n'est pas, à dire vrai, qu'il soit impossible de trouver des sujets si précieux, mais il est rare que la nature les forme, & que la fortune nous en favorise. Mon bonheur m'en a fait connoître en France, & m'en avoit donné un aux Pays étrangers, qui faisoit toute ma joie ; la mort m'en a ravi la douceur : &, parlant du jour que mourut M. d'Aubigny, je dirai toute ma vie, avec une vérité funeste & sensible :

Quem semper acerbum
Semper honoratum, sic Dii voluistis, habebo (1).

Dans les mesures que vous prendrez pour la société, faites état de ne trouver les bonnes choses que séparément ; faites état même de démêler le solide & l'ennuyeux, l'agrément & le peu de sens, la science & le ridicule : vous verrez ensemble ces qualités, non-seulement en des gens que vous puissiez choisir ou éviter, mais en des personnes avec qui vous aurez des liaisons d'intérêt, ou d'autres habitudes aussi nécessaires. J'ai pratiqué un homme du plus beau naturel du monde, qui, lassé quelquefois de l'heureuse facilité de son génie, se jettoit sur des matieres de Science & de Religion, où il faisoit voir une ignorance ridicule. Je connois un des savans hom-

(1) VIRG. Eneid. Lib. V. v. 49. 50.

mes de l'Europe (1), de qui vous pouvez apprendre mille choses curieuses ou profondes, en qui vous trouverez une crédulité imbécille pour tout ce qui est extraordinaire, fabuleux, éloigné de toute créance.

Ce grand maître du Théatre, à qui les Romains sont plus redevables de la beauté de leurs sentimens, qu'à leur esprit & à leur vertu; Corneille, qui se faisoit assez entendre sans le nommer, devient un homme commun, lorsqu'il s'exprime pour lui-même. Il ose tout penser pour un Grec ou pour un Romain : un François ou un Espagnol diminue sa confiance; & quand il parle pour lui, elle se trouve tout-à-fait ruinée. Il prête à ses vieux Héros tout ce qu'il a de noble dans l'imagination, & vous diriez qu'il se défend l'usage de son propre bien, comme s'il n'étoit pas digne de s'en servir.

Si vous connoissiez le monde parfaitement, vous y trouveriez une infinité de personnes recommandables par leurs talens, & aussi méprisables par leurs foibles. N'attendez pas qu'ils fassent toujours un bon usage de leur mérite, & qu'ils ayent la discrétion de vous cacher leurs défauts. Vous leur verrez souvent un dégoût pour leurs bonnes qualités, & une complaisance

(1) M. Isaac Vossius.

fort naturelle pour ce qu'ils ont de mauvais. C'est à votre discernement à faire le choix qu'ils ne font pas, & il dépendra plus de votre adresse de tirer le bien qui se trouve en eux, qu'il ne leur sera facile de vous le donner.

Depuis dix ans que je suis en Pays étranger, je me trouve aussi sensible au plaisir de la conversation & aussi heureux à le goûter, que si j'avois été en France. J'ai rencontré des personnes d'autant de mérite que de considération, dont le commerce a sû faire le plus doux agrément de ma vie. J'ai connu des hommes aussi spirituels que j'en aye jamais vû, qui ont joint la douceur de leur amitié à celle de leur entretien. J'ai connu quelques Ambassadeurs si délicats, qu'ils me paroissoient faire une perte considérable, autant de fois que les fonctions de leur emploi suspendoient l'usage de leur mérite particulier.

J'avois crû autrefois qu'il n'y avoit d'honnêtes gens qu'en notre Cour ; que la mollesse des pays chauds & une espece de barbarie des pays froids, n'en laissoient former dans les uns & dans les autres que fort rarement : mais à la fin j'ai connu par expérience qu'il y en avoit par tout ; & si je ne les ai pas goûtés assez tôt, c'est qu'il est difficile à un François de pouvoir goûter ceux d'un autre pays que le sien. Chaque

Nation a son mérite, avec un certain tour qui est propre & singulier à son génie. Mon discernement trop accoutumé à l'air du nôtre, rejettoit comme mauvais ce qui lui étoit étranger. Pour voir toujours imiter nos modes dans les choses extérieures, nous voudrions attirer l'imitation jusques aux manieres que nous donnons à notre vertu. A la vérité, le fond d'une qualité essentielle est par tout le meme : mais nous cherchons des dehors qui nous conviennent ; & ceux parmi nous qui donnent le plus à la raison, y veulent encore des agrémens pour la fantaisie. La différence que je trouve de nous aux autres dans ce tour qui distingue les Nations, c'est qu'à parler véritablement, nous nous le faisons nous-mêmes, & la nature l'imprime en eux comme un caractere dont ils ne se défont presque jamais.

Je n'ai guére connu que deux personnes en ma vie qui pûssent bien réussir par tout, mais diversement. L'un, avoit toute sorte d'agrémens : il en avoit pour les gens ordinaires, pour les gens singuliers, pour les bizarres même ; & il sembloit avoir dans son naturel de quoi plaire à tous les hommes. L'autre, avoit tant de belles qualités, qu'il pouvoit s'assûrer d'avoir de l'approbation dans tous les lieux où l'on fait quelque cas de la vertu. Le premier, étoit insinuant & ne manquoit jamais de s'attirer les inclinations. Le second, avoit quelque fierté, mais on ne pouvoit pas lui refuser son estime. Pour achever cette différence, on se rendoit avec plaisir aux insinuations de celui-là, & on avoit quelquefois du chagrin de ne pouvoir résister à l'impression du mérite de celui-ci. J'ai eu avec tous les deux une amitié fort étroite ; & je puis dire que je n'ai jamais rien vû en l'un que d'agréable, & rien en l'autre que l'on ne dût estimer.

Des Belles-Lettres & de la Jurisprudence.

QUand je suis privé du commerce des gens du monde, j'ai recours à celui des Savans ; & si j'en rencontre qui sachent les Belles-Lettres, je ne croi pas beaucoup perdre de passer de la délicatesse de notre temps à celle des autres siécles. Mais rarement on trouve des personnes de bon goût : ce qui fait que la connoissance des Belles-Lettres devient en plusieurs Savans une érudition fort ennuyeuse. Je n'ai point connu d'homme à qui l'antiquité soit si obligée qu'à M. Waller. Il lui prête sa belle imagination, aussi-bien que son intelligence fine & délicate ; ensorte qu'il entre dans l'esprit des anciens, non-seulement pour bien entendre ce qu'ils ont pensé, mais pour embellir encore leurs pensées (1).

J'ai vû depuis quelques années un grand nombre de Critiques & peu de bons Juges. Or je n'aime pas ces gens doctes qui employent toute leur étude à restituer un passage dont la restitution ne nous plaît en rien. Ils font un mystere de savoir ce qu'on pourroit bien ignorer, & n'entendent pas ce qui mérite véritablement d'être entendu. Pour ne rien sentir, pour ne rien penser délicatement, ils ne peuvent entrer dans la délicatesse du sentiment, ni dans la finesse de la pensée. Ils réussiront à expliquer un Grammairien : ce Grammairien s'appliquoit à leur même étude, & avoit leur même esprit : mais ils ne prendront jamais celui d'un honnête homme des anciens ; car le leur y est tout-à-fait contraire. Dans les Histoires, ils ne connoissent ni les hommes, ni les affaires : ils rapportent tout à la chronologie ; & pour nous pouvoir dire quelle année est mort un Consul, ils négligeront de connoître son génie, & d'apprendre ce qui s'est fait sous son Consulat. Ciceron ne sera jamais pour eux qu'un faiseur d'ORAISONS, César qu'un faiseur de

---

(1) M. Waller joignoit à une grande délicatesse d'esprit, soutenue de beaucoup d'érudition, un talent particulier pour la Poésie. Il s'est sur tout distingué dans la Poésie lyrique. Il est le premier qui ait sû donner de l'harmonie & de la douceur aux Vers anglois. On peut l'appeller à cet égard-là le *Malherbe d'Angleterre*. Nous avons un Recueil de ses Poésies.

COMMENTAIRES. Le Conful, le Général leur échappent : le génie qui anime leurs ouvrages n'eſt point apperçu, & les choſes eſſentielles qu'on y traite ne ſont point connues.

Il eſt vrai que j'eſtime infiniment une *Critique du Sens*, ſi on peut parler de la ſorte. Tel eſt l'excellent ouvrage de Machiavel ſur les DECADES de Tite-Live; & telles ſeroient les Réflexions de M. de Rohan ſur les COMMENTAIRES de Céſar, s'il avoit pénétré plus avant dans ſes deſſeins & mieux expliqué les reſſorts de ſa conduite. J'avouerai pourtant qu'il a égalé la pénétration de Machiavel dans les Remarques qu'il a faites ſur la clémence de Céſar aux Guerres civiles. Mais on voit que ſa propre expérience en ces ſortes de Guerres, lui a fourni beaucoup de lumieres pour ces judicieuſes obſervations.

Après l'étude des Belles-Lettres, qui me touche particuliérement, j'aime la ſcience de ces grands Juriſconſultes, qui pourroient être des Légiſlateurs eux-mêmes; qui remontent à cette premiere juſtice qui regla la ſocieté humaine; qui connoiſſent ce que la nature nous laiſſe de liberté dans les Gouvernemens établis, & ce qu'en ôte aux particuliers, pour le bien public, la néceſſité de la Politique. C'eſt dans l'entretien de M. Sluse (1), qu'on pourroit trouver ces instructions avec autant de plaisir que d'utilité : c'est de Hobbes, ce grand génie d'Angleterre, qu'on pourroit recevoir ces belles lumieres ; mais avec moins du justesse, pour être un peu outré en quelques endroits, & extrême en d'autres.

Que si Grotius vivoit présentement, on pourroit apprendre toutes choses de ce Savant universel, plus recommandable encore par sa raison que par sa doctrine. Ses Livres, à son défaut, éclaircissent aujourd'hui les difficultés les plus importantes; & si la Justice seule étoit écoutée, ils pourroient regler toutes les Nations dans les droits de la paix & de la guerre. Celui DE JURE BELLI ET PACIS devroit faire la principale étude des Souverains, des Ministres, de tous ceux généralement qui ont part au gouvernement des Peuples.

Mais cette science du droit qui descend aux affaires des particuliers, n'en devroit pas être ignorée. On la laisse pour l'instruction des Gens de robe, & on la rejette de celle des Princes, comme honteuse, quoiqu'ils ayent à donner des Arrêts à chaque moment de leur regne, sur la fortune, sur la liberté, sur la vie de leurs Sujets. On parle toujours aux Princes de la valeur,

---

(1) Chanoine de S. Lambert à Liége, frere de M. Sluse, Sécretaire des Brefs, & ensuite Cardinal.

qui ne fait que détruire, & de la libéralité, qui ne fait que dissiper, si la Justice ne les a reglées. Il est vrai qu'il faut appliquer, pour ainsi dire, l'enseignement de chaque vertu au besoin de chaque naturel; inspirer la libéralité aux avares, animer du desir de la gloire ceux qui aiment le repos, & retenir, autant qu'on peut les ambitieux dans la regle de la Justice. Mais quelque diversité qui se trouve dans leurs génies, la Justice est toujours la plus nécessaire; car elle maintient l'ordre en celui qui la fait aussi bien qu'en ceux à qui elle est rendue. Ce n'est point une contrainte qui limite le pouvoir du Prince, puisqu'en la rendant à autrui, il apprend à se la rendre à lui-même, & qu'il se la fait volontairement, quand nous la recevons de lui nécessairement par sa puissance.

Je ne voi point de Prince dans l'Histoire qui ait été mieux instruit que le grand Cyrus. On ne se contentoit pas de lui enseigner exactement tout ce qui regardoit la Justice, on lui en faisoit pratiquer les leçons sur chaque chose qui se présentoit; de sorte qu'en même temps on imprimoit dans son esprit la science de la justice, & on formoit dans son ame l'habitude d'être juste. L'institution d'Alexandre eut quelque chose de trop vaste : on lui fit tout connoître dans la nature, excepté lui seulement. Son ambition enfuite alla auſſi loin que ſa connoiſſance. Après avoir voulu tout ſavoir, il voulut tout conquérir: mais il eut peu de regle dans ſes conquêtes & beaucoup de déſordre dans ſa vie, pour n'avoir pas appris ce qu'il devoit au public, aux particuliers & à lui-même.

Tous les hommes en général ne ſauroient ſe donner trop de préceptes pour être juſtes; car ils ont naturellement trop de panchant à ne l'être pas. C'eſt la Juſtice qui a établi la Société & qui la conſerve. Sans la Juſtice, nous ſerions encore errans & vagabonds; & ſans elle, nos impétuoſités nous rejetteroient bien-tôt dans la premiere confuſion dont nous ſommes heureuſement ſortis. Cependant, au lieu de reconnoître avec agrément cet avantage, nous nous ſentons gênés de l'heureuſe ſujétion où elle nous tient, & ſoupirons encore pour une liberté funeſte qui produiroit le malheur de notre vie.

Quand l'Ecriture nous parle du petit nombre de *Juſtes*, elle n'entend pas, à mon avis, qu'on ne ſe porte encore à faire de bonnes œuvres. Elle nous veut faire comprendre le peu d'inclination qu'ont les hommes à agir comme ils devroient par un principe de juſtice. En effet, ſi vous examinez tout le bien qui ſe pratique parmi les hommes, vous trouverez qu'il est fait presque toujours par le sentiment d'une autre vertu. La Bonté, l'Amitié, la Bienveillance en font faire; la Charité court au besoin du prochain, la Libéralité donne, la Générosité fait obliger, la Justice qui devroit entrer en tout, est rejettée comme une fâcheuse, & la nécessité seulement lui fait donner quelque part en nos actions. La Nature cherche à se complaire dans ces premieres vertus, où nous agissons par un mouvement agréable: mais elle trouve une secrette violence en celle-ci, où le droit des autres exige ce que nous devons, & où nous nous acquittons plûtôt de nos obligations, qu'ils ne demeurent redevables à nos bienfaits.

C'est par une aversion secrette pour la Justice, qu'on aime mieux donner que de rendre, & obliger que de reconnoître: aussi voyons-nous que les personnes libérales & généreuses ne sont pas ordinairement les plus justes. La Justice a une régularité qui les géne, pour être fondée sur un ordre constant de la raison, opposé aux impulsions naturelles, dont la libéralité se ressent presque toujours. Il y a je ne sai quoi d'héroïque dans la grande libéralité, aussi bien que dans la grande valeur; & ces deux vertus ont de la conformité, en ce que la premiere éleve l'ame au-dessus

Z ij

de la considération du bien, comme la seconde pousse le courage au-delà du ménagement de la vie. Mais avec ces beaux & généreux mouvemens, si elles ne sont toutes deux bien conduites, l'une deviendra ruineuse, & l'autre funeste.

Ceux qui se trouvent ruinés par quelqu'accident de la fortune, sont plaints d'ordinaire de tout le monde, parce que c'est un malheur dans la condition humaine, à quoi tout le monde est sujet : mais ceux qui tombent dans la misére par une vaine dissipation, s'attirent plus de mépris que de pitié, pour être l'effet d'une sottise particuliere, dont chacun se tient exempt par la bonne opinion qu'il a de lui-même. Ajoûtez que la nature souffre toujours un peu dans la compassion; & pour se délivrer d'un sentiment douloureux, elle envisage la folie du dissipateur, au lieu de s'arrêter à la vûe du misérable. Toutes choses considerées, c'est assez aux particuliers d'être bienfaisans; encore ne faut-il pas que ce soit par une facilité de naturel qui laisse aller nonchalamment ce qu'on n'a pas la force de retenir. Je méprise une foiblesse, que l'on appelle mal-à-propos *Libéralité*, & ne hais pas moins ces humeurs vaines, qui ne font jamais aucun plaisir que pour avoir celui de le dire.

Sur les Ingrats.

IL y a beaucoup moins d'Ingrats qu'on ne croit; car il y a bien moins de généreux qu'on ne pense. Celui qui tait la grace qu'il a reçûe, est un Ingrat qui ne la méritoit pas : celui qui publie celle qu'il a faite, la tourne en injure, montrant le besoin que vous avez eu de lui, à votre honte, & le secours qu'il vous a donné par ostentation. J'aime qu'un honnête homme soit un peu délicat à recevoir & sensible à l'obligation qu'il a reçûe : j'aime que celui qui oblige soit satisfait de la générosité de son action, sans songer à la reconnoissance de ceux qui sont obligés. Quand il attend quelque retour vers lui du bien qu'il fait, ce n'est plus une libéralité ; c'est une espece de trafic que l'esprit d'intérêt a voulu introduire dans les graces.

Il est vrai qu'il y a des hommes que la nature a formés purement Ingrats. L'Ingratitude fait le fond de leur naturel : tout est ingrat en eux ; le cœur ingrat, l'ame ingrate. On les aime, & ils n'aiment point, moins pour être durs & insensibles, que pour être ingrats.

C'est l'*Ingratitude du cœur*, qui de toutes les ingratitudes est la plus contraire à l'humanité ; car il arrive à des personnes généreuses de se défaire quelquefois du souvenir d'un bienfait, pour ne plus sentir la gêne importune que leur donnent certaines obligations. Mais l'amitié a des nœuds qui unissent, & non pas des chaînes qui lient; & sans avoir quelque chose de fort opposé à la nature, il n'est pas possible de résister à ce qu'elle a de plus engageant & de plus doux.

Je croirois qu'il n'est pas permis aux femmes de résister à un si légitime sentiment, quelque prétexte que leur donnent les égards de la vertu. En effet, elles pensent être vertueuses, & ne sont qu'ingrates, lorsqu'elles refusent leur affection à des gens passionnés qui leur sacrifient toutes choses. Se rendre trop favorables, seroit aller contre les droits de l'honneur: se rendre trop peu sensibles, c'est aller contre la nature du cœur, qu'elles doivent garantir du trouble, s'il est possible, & non pas défendre de l'impression.

L'Ingratitude de l'ame est une disposition naturelle à ne reconnoître aucun bienfait; & cela, sans considération de l'intérêt: car l'esprit d'avarice empêche quelquefois la reconnoissance, pour ne pas laisser aller un bien que l'on veut garder: mais l'ame purement ingrate est portée d'elle-même, sans aucun motif, à ne pas répondre aux graces qu'elle reçoit.

Il y a une autre espece d'Ingratitude fondée sur l'opinion de notre mérite, où l'amour propre représente une grace que l'on nous fait, comme une justice que l'on nous rend.

L'amour de la liberté a ses Ingrats, comme l'amour propre a les siens. Toute la sujétion que cet esprit de liberté fait permettre, est seulement pour les loix. Ennemi d'ailleurs de la dépendance, il hait à se souvenir des obligations qui lui font sentir la supériorité du Bienfaiteur. De-là vient que les Républicains sont ingrats : il leur semble qu'on ôte à la liberté ce qu'on donne à la gratitude. Brutus se fit un mérite de sacrifier le sentiment de la reconnoissance à celui de la liberté : les bienfaits lui devinrent des injures, lorsqu'il commença à les regarder comme des chaînes. Pour tout dire, il put tuer un bienfaiteur qui alloit devenir un maître. Crime horrible à l'égard des partisans de la reconnoissance ! Vertu admirable au gré des défenseurs de la liberté !

Comme il y a des hommes purement ingrats par les véritables sentimens de l'ingratitude, il y en a de purement reconnoissans par un plein sentiment de reconnoissance. Leur cœur est sensible non-seulement au bien qu'on leur fait, mais à celui qu'on leur veut ; & leur ame est portée d'elle-même à reconnoître toutes sortes d'obligations.

Suivant les diversités qui se trouvent dans la reconnoissance, aussi bien que dans l'ingratitude, il y a des ames basses qui se tiennent obligées de tout, comme il y a des humeurs vaines, qui ne se tiennent obligées de rien.

Si l'amour propre a ses ingrats présomptueux, la défiance de mérite a d'imbécilles reconnoissans, qui reçoivent pour une faveur particuliére la pure justice qu'on leur rend. Cette défiance de mérite fait le penchant à la sujétion ; & ce penchant à la sujétion, fait cette sorte de reconnoissans. Ceux-ci embarrassés de la liberté & honteux de la servitude, se font des obligations qu'ils n'ont pas, pour se donner un prétexte honnête de dépendance.

Je ne mettrai pas au nombre des reconnoissans certains misérables qui s'obligent du mal qu'on ne leur fait pas. Non-seulement ils servent, mais dans la servitude ils n'osent envisager aucun bien. Tout ce qui n'est pas rigueur est pour eux un traitement favorable : ce qui n'est pas une injure, leur semble un bienfait.

* Il me reste à dire un mot d'une certaine reconnoissance des Gens de la Cour, où il y a moins d'égard pour le passé, que de dessein pour l'avenir. Ils se tiennent obligés

gés à ceux que la fortune a mis dans un poste où ils peuvent les obliger. Par une gratitude affectée de graces qu'ils n'ont point reçûes, ils gagnent l'esprit des personnes qui en peuvent faire, & se mettent industrieusement en état d'en recevoir. Cet art de reconnoissance n'est pas bien assûrément une vertu ; mais c'est moins un vice qu'une adresse, dont il n'est pas défendu de se servir, & dont il est permis de se défendre.

Les Grands, à leur tour, se servent d'un art aussi délicat, pour s'empêcher de faire les graces, que peut être celui des Courtisans pour s'en attirer. Ils reprochent des biens qu'ils n'ont pas faits ; & se plaignant toujours des ingrats, sans avoir presque jamais obligé personne, ils se donnent un prétexte spécieux de n'obliger qui que ce soit.

Mais laissons ces affectations de reconnoissance & ces plaintes mystérieuses sur les ingrats, pour vous dire ce qu'il y auroit à desirer dans la prétention & dans la distribution des bienfaits. Je desirerois en ceux qui les prétendent, moins d'adresse que de mérite ; & en ceux qui les distribuent, moins d'éclat que de générosité.

La justice a des égards, sur tout dans la distribution des graces : elle sait regler la libéralité de celui qui donne ; elle considére le mérite de celui qui reçoit. La générosité avec toutes ces circonstances est une vertu admirable. Sans la justice, c'est le mouvement d'une ame véritablement noble, mais mal reglée, ou une fantaisie libre & glorieuse, qui se fait une gêne de la dépendance qu'elle doit avoir de la raison.

Il y a tant de choses à examiner touchant la distribution des bienfaits, que le plus sûr est de s'en tenir toujours à la justice, consultant la raison également sur les gens à qui l'on donne & sur ce que l'on peut donner. Mais parmi ceux qui ont dessein même d'être justes, combien y en a-t'il qui ne suivent que l'erreur d'un faux naturel à récompenser & à punir ? Quand on se rend aux insinuations, quand on se laisse gagner aux complaisances, l'amour propre nous fait voir comme une justice la profusion que nous faisons envers ceux qui nous flattent ; & nous récompensons des mesures artificieuses, dont on se sert pour tromper notre jugement & surprendre le foible de notre volonté.

Ceux-là se trompent plus facilement encore, qui font de l'austérité de leur naturel une inclination à la justice. L'envie de punir est ingénieuse en eux à trouver du mal en toutes choses. Les plaisirs leur sont des vices, les erreurs des crimes. Il faudroit se défaire de l'humanité, pour se mettre à couvert de leur rigueur. Trompés par une fausse opinion de vertu, ils croyent châtier un criminel, quand ils se plaisent à tourmenter un misérable.

Si la Justice ordonne un grand châtiment (ce qui est nécessaire quelquefois) elle le proportionne à un grand crime ; mais elle n'est ni sévere, ni rigoureuse. La séverité & la rigueur ne sont jamais d'elle, à le bien prendre ; elles sont de l'humeur de ceux qui pensent la pratiquer. Comme ces sortes de punition sont de la justice sans rigueur, le pardon en est aussi en certaines occasions plûtôt que de la clémence. Dans une faute d'erreur, pardonner est une justice à notre nature défectueuse. L'indulgence qu'on a pour les femmes qui font l'amour, est moins une grace à leur péché, qu'une justice à leur foiblesse.

Sur la Religion.

JE pourrois descendre à beaucoup d'autres singularités qui regardent la Justice ; mais il est temps de venir à la Religion, dont le soin nous doit occuper avant toutes choses. C'est affaire aux insensés de compter sur une vie qui doit finir & qui peut finir à toute heure.

La simple curiosité nous feroit chercher avec soin ce que nous deviendrons après la mort. Nous nous sommes trop chers pour consentir à notre perte toute entiére. L'amour propre résiste en secret à l'opinion de notre anéantissement. La volonté nous fournit sans cesse le desir d'être toujours ; & l'esprit intéressé en sa propre conservation, aide ce desir de quelque lumiére dans une chose d'elle-même fort obscure. Cependant le corps qui se voit mourir sûrement, comme s'il ne vouloit pas mourir seul, prête des raisons pour envelopper l'esprit dans sa ruine ; tandis que l'ame s'en fait une pour croire qu'elle peut subsister toujours.

Pour pénétrer dans une chose si cachée, j'ai appellé au secours de mes réfléxions les lumiéres des Anciens & des Modernes : j'ai voulu lire tout ce qui s'est écrit de l'*Immortalité de l'Ame* ; & après l'avoir lû avec attention, la preuve la plus sensible que j'aye trouvée de l'éternité de mon esprit, c'est le desir que j'ai de toujours être.

Je voudrois n'avoir jamais lû les MEDITATIONS de Monsieur Descartes. L'estime où est parmi nous cet excellent homme, m'auroit laissé quelque créance de la démonstration qu'il nous promet : mais il m'a paru plus de vanité dans l'assûrance qu'il en donne, que de solidité dans les preuves qu'il en apporte ; & quelqu'envie que j'aye d'être convaincu de ses raisons, tout ce que je puis faire en sa faveur & en la mienne, c'est de demeurer dans l'incertitude où j'étois auparavant.

J'ai passé d'une étude de Métaphysique à l'examen des Religions ; & retournant à cette Antiquité qui m'est si chere, je n'ai vû chez les Grecs & chez les Romains qu'un culte superstitieux d'Idolâtres, ou une invention humaine politiquement établie pour bien gouverner les hommes. Il ne m'a pas été difficile de reconnoître l'avantage de la Religion Chrétienne sur les autres ; & tirant de moi tout ce que je puis pour me soumettre respectueusement à la foi de ses mystéres, j'ai laissé goûter à ma raison, avec plaisir, la plus pure & la plus parfaite morale qui fût jamais.

Dans la diversité des créances qui partage le Christianisme, la vraie Catholicité me tient à elle autant par mon élection, si j'avois encore à choisir, que par habitude & par les impressions que j'en ai reçûes. Mais cet attachement à ma créance ne m'anime point contre celle des autres, & je n'eus jamais ce zéle indiscret qui nous fait haïr les personnes, parce qu'elles ne conviennent pas de sentiment avec nous. L'amour-propre forme ce faux zéle, & une séduction secrette nous fait voir de la charité pour le prochain où il n'y a rien qu'un excès de complaisance pour notre opinion.

Ce que nous appellons aujourd'hui LES RELIGIONS, n'eſt, à le bien prendre, que *différence dans la Religion*, & non pas *Religion différente*. Je me réjouis de croire plus ſainement qu'un Huguenot : cependant, au lieu de le haïr pour la différence d'opinion, il m'eſt cher de ce qu'il convient de mon principe. Le moyen de convenir à la fin en tout, c'eſt de ſe communiquer toujours par quelque choſe. Vous n'inſpirerez jamais l'amour de la réunion, ſi vous n'ôtez la haine de la diviſion auparavant. On peut ſe rechercher comme ſociables, mais on ne revient point à des ennemis. La feinte, l'hypocriſie dans la Religion, ſont les ſeules choſes qui doivent être odieuſes ; car qui croit de bonne foi, quand il croiroit mal, ſe rend digne d'être plaint, au lieu de mériter qu'on le perſécute. L'aveuglement du corps attire la compaſſion. Que peut avoir celui de l'eſprit, pour exciter de la haine ? Dans la plus grande tyrannie des Anciens, on laiſſoit à l'entendement une pleine liberté de ſes lumiéres; & il y a des Nations aujourd'hui parmi les Chrétiens, où l'on impoſe la loi de ſe perſuader ce qu'on ne peut croire. Selon mon ſentiment, chacun doit être libre dans ſa créance, pourvû qu'elle n'aille pas à exciter des factions qui puiſſent troubler la tranquillité publique. Les Temples sont du droit des Souverains, ils s'ouvrent & se ferment comme il leur plaît; mais notre cœur en est un secret, où il nous est permis d'adorer leur maître (1).

Outre la différence de Doctrine en certains points, affectée à chaque Religion, je trouve qu'elles ont toutes comme un esprit particulier qui les distingue. Celui de la Catholicité va singuliérement à aimer Dieu & à faire de bonnes œuvres. Nous regardons ce premier être comme un objet souverainement aimable, & les ames tendres sont touchées des douces & agréables impressions qu'il fait sur elles. Les bonnes œuvres suivent nécessairement ce principe; car si l'amour se forme au-dedans, il fait agir au-dehors, & nous oblige à mettre tout en usage pour plaire à ce que nous aimons. Ce qu'il y a seulement à craindre, c'est que la source de cet amour qui est dans le cœur, ne soit altérée par le mélange de quelque passion toute humaine. Il est à craindre aussi qu'au lieu d'obéir à Dieu en ce qu'il ordonne, nous ne tirions de notre fantaisie des maniéres de le servir qui nous plaisent. Mais si cet amour a une

---

(1) L'Empereur Constance Chlore, tout Payen qu'il étoit, se contenta de faire abatre les Temples des Chrétiens : il ne voulut pas qu'on leur fît d'autre violence. CONSTANTIUS, ne dissentire à majorum præceptis videretur, Conventicula, id est, parietes, qui restitui poterant, dirui passus est; verum autem Dei Templum quod est in hominibus, inviolatum servavit. LACT. de Mort. Pers. §. 15.

A 2 iiij

pureté véritable, rien au monde ne fait goûter une plus véritable douceur. La joie intérieure des ames dévotes vient d'une assûrance secrette qu'elles pensent avoir d'être agréables à Dieu; & les vraies mortifications, les saintes austérités sont d'amoureux sacrifices d'elles-mêmes.

La Religion réformée dépouille les hommes de toute confiance au mérite. Le sentiment de la Prédestination, dont elle se dégoûte, & qu'elle n'oseroit quitter pour ne se démentir pas, laisse une ame languissante, sans affection & sans mouvement; sous prétexte de tout attendre du ciel avec soumission, elle ne cherche pas à plaire, elle se contente d'obéir; & dans un culte exact & commun, elle fait Dieu l'objet de sa régularité, plûtôt que de son amour. Pour tenir la Religion dans sa pureté, les Calvinistes veulent réformer tout ce qui paroît humain: mais souvent ils retranchent trop de ce qui s'adresse à Dieu, pour vouloir trop retrancher de ce qui part de l'homme. Le dégoût de nos cérémonies les fait travailler à se rendre plus purs que nous. Il est vrai qu'étant arrivés à cette pureté trop séche & trop nue, ils ne se trouvent pas eux-mêmes assez dévots, & les personnes pieuses parmi eux se font un esprit particulier, qui leur semble surnaturel, dégoûtées qu'elle sont d'une régularité qui leur paroît trop commune.

Il y a deux sortes d'esprits en matiere de religion : les uns, vont à augmenter les choses établies ; les autres, à en retrancher toujours. Si l'on suit les premiers, il y a danger de donner à la Religion trop d'extérieur, & de la couvrir de certains dehors qui n'en laissent pas voir le fond véritable. Si on s'attache aux derniers, le péril est qu'après avoir retranché tout ce qui est superflu, on ne vienne à retrancher la Religion elle-même. La Catholique pourroit avoir un peu moins de choses extérieures ; mais rien n'empêche les gens éclairés de de la connoître telle qu'elle est sous ces dehors. La Réformée n'en a pas assez ; & son culte trop ordinaire ne se distingue pas autant qu'il faut des autres occupations de la vie. Aux lieux où elle n'est pas tout-à-fait permise, la difficulté empêche le dégoût ; la dispute forme une chaleur qui l'anime. Où elle est la maîtresse, elle produit seulement l'exactitude du devoir, comme feroit le Gouvernement politique, ou quelqu'autre obligation.

Pour les bonnes mœurs, elles ne sont chez les Huguenots que des effets de leur foi & des suites de leur créance. Nous demeurons d'accord que tous les Chrétiens sont obligés à bien croire, à bien vivre : mais la maniére de nous exprimer sur ce point est différente; & quand ils disent que les bonnes œuvres sont des œuvres mortes sans la foi, nous disons que *la foi sans les bonnes œuvres est une foi morte.*

Le Ministre Morus avoit accoûtumé de dire parmi ses amis : « Que son Eglise
» avoit quelque chose de trop dur dans son
» opinion, & qu'il conseilloit de ne lire
» jamais les Epitres de S. Paul, sans
» finir par celle de S. Jacques, de peur,
» disoit-il, que la chaleur de S. Paul, con-
» tre le mérite des bonnes œuvres, ne nous
» inspirât insensiblement quelque langueur
» à les pratiquer.

On pourroit dire, à mon avis, que S. Pierre & S. Jacques avoient eu raison de prêcher à des gens aussi corrompus qu'étoient les Juifs la nécessité des bonnes œuvres; car c'étoit leur prescrire ce qui leur manquoit, & dont ils pouvoient se sentir convaincus eux-mêmes. Mais ces Apôtres auroient peu avancé leur ministére par le discours de la Grace, avec un peuple qui pensoit avoir plus de foi que tout le reste du monde, avec un peuple qui avoit vû les miracles faits en sa faveur, & qui avoit éprouvé mille fois les assistances visibles d'un Dieu.

S. Paul n'agissoit pas moins sagement avec les Gentils, étant certain qu'il eût converti peu de gens à Jesus-Christ par le discours des bonnes œuvres. Les Gentils étoient justes & tempérans : ils avoient de l'intégrité & de l'innocence : ils étoient fermes & constans, jusqu'à mourir pour la patrie. Leur prêcher les bonnes œuvres, c'étoit faire comme les Philosophes, qui leur enseignoient à bien vivre. La morale de JESUS-CHRIST étoit plus pure, je l'avoue; mais elle n'avoit rien qui pût faire assez d'impression sur leurs esprits. Il falloit leur prêcher la nécessité de la Grace, & anéantir autant qu'on pouvoit la confiance qu'ils avoient en leur vertu.

Il me semble que depuis la Réformation, dont le désordre des Gens d'Eglise a été le prétexte ou le sujet : il me semble, dis-je, que depuis ce temps-là, on a voulu faire rouler le Christianisme sur la doctrine des créances. Ceux qui ont établi la Réformation, ont accusé nos scandales & nos vices, & aujourd'hui nous faisons valoir contr'eux les bonnes œuvres. Les mêmes qui nous reprochoient de vivre mal, ne veulent tirer avantage présentement que de l'imagination qu'ils ont de bien croire. Nous confessons la nécessité de la créance, mais la charité a été ordonnée par JESUS-CHRIST; & la doctrine des mystéres n'a été bien établie que long-temps après sa mort. Lui-même n'a pas expliqué si nettement ce qu'il étoit, que ce qu'il a voulu ; d'où l'on peut conclure qu'il a mieux aimé se faire obéir, que de se laisser connoître. La foi est obscure ; la loi est nettement exprimée. Ce que nous sommes obligés de croire est au-dessus de notre intelligence : ce que nous avons à faire est de la portée de tout le monde. En un mot, Dieu nous donne assez de lumière pour bien agir : nous en voulons pour savoir trop ; & au lieu de nous en tenir à ce qu'il nous découvre, nous voulons pénétrer dans ce qu'il nous cache.

Je sai que la contemplation des choses divines fait quelquefois un heureux détachement de celles du monde ; mais souvent ce n'est que pure spéculation, & l'effet d'un vice fort naturel & fort humain. L'esprit intempérant dans le desir de savoir, se porte à ce qui est au-dessus de la nature, & cherche ce qu'il y a de plus secret en son Auteur, moins pour l'adorer, que par une vaine curiosité de tout connoître. Ce vice est bien-tôt suivi d'un autre : la curiosité fait naître la présomption ; & aussi hardis à définir, qu'indiscrets à rechercher, nous établissons une science comme assurée de choses qu'il nous est impossible même de concevoir. Tel est le méchant usage de l'entendement & de la volonté. Nous aspirons ambitieusement à tout comprendre, & nous ne le pouvons pas. Nous pouvons religieusement tout observer, & nous ne le voulons point. Soyons justes, charitables, patiens par le principe de notre Religion, nous connoîtrons & nous obéirons tout ensemble.

Je laisse à nos Savans à confondre les erreurs des Calvinistes, & il me suffit d'être persuadé que nous avons les sentimens les plus sains. Mais, à le bien prendre, j'ose dire que l'esprit des deux Religions est fondé différemment sur de bons principes, selon que l'une envisage la pratique du bien plus étendue, & que l'autre se fait une régle plus précise d'éviter le mal. La Catholique a pour Dieu une volonté agissante & une industrie amoureuse, qui cherche éternellement quelque secret de lui plaire. La Huguenote, toute en circonspection & en respect, n'ose passer au-delà du précepte qui lui est connu, de peur que des nouveautés imaginées ne viennent à donner trop de crédit à la fantaisie.

Le moyen de nous réunir n'est pas de disputer toujours sur la doctrine. Comme les raisonnemens sont infinis, les controverses dureront autant que le genre humain qui les fait : mais si, laissant toutes les disputes qui entretiennent l'aigreur, nous remontons sans passion à cet esprit particulier qui nous distingue, il ne sera pas impossible d'en former un général qui nous réunisse.

Que nos Catholiques fixent ce zéle inquiet qui les fait un peu trop agir d'eux-mêmes ; que les Huguenots sortent de leur régularité paresseuse, & animent leur langueur, sans rien perdre de leur soumission à la Providence. Faisons quelque chose de moins en leur faveur ; qu'ils fassent quelque chose de plus pour l'amour de nous. Alors, sans songer au *Libre Arbitre*, ni à la *Prédestination*, il se formera insensiblement une véritable régle pour nos actions, qui sera suivie de celle de nos sentimens.

Quand nous serons parvenus à la reconciliation de la volonté sur le bon usage de la vie, elle produira bien-tôt celle de l'entendement sur l'intelligence de la doctrine. Faisons tant que de bien agir ensemble, & nous ne croirons pas long-temps séparément.

Je conclus de ce petit discours, que c'est un mauvais moyen pour convertir les hommes, que de les attaquer par la jalousie de l'esprit. Un homme défend ses lumiéres, ou comme vraies, ou comme siennes (1); & de quelque façon que ce soit, il forme cent oppositions contre celui qui le veut convaincre. La nature donnant à chacun son propre sens, paroît l'y avoir attaché avec une secrette & amoureuse complaisance. L'homme peut se soumettre à la vo-

(1) Pensée de Montagne.

lonté d'autrui, tout libre qu'il est : il peut s'avouer inférieur en courage & en vertu ; mais il a honte de se confesser assujetti au sens d'un autre. Sa répugnance la plus naturelle est de reconnoître en qui que ce soit une supériorité de raison.

Notre premier avantage c'est d'être nés raisonnables : notre premiere jalousie c'est de voir que d'autres veuillent l'être plus que nous. Si nous prenons garde aux anciennes conversions qui se font faites, nous trouverons que les ames ont été touchées & les entendemens peu convaincus. C'est dans le cœur que se forme la premiere disposition à recevoir les vérités chrétiennes. Aux choses qui sont purement de la nature, c'est à l'esprit de concevoir, & sa connoissance précede l'attachement aux objets. Aux surnaturels, l'ame s'y prend, s'y affectionne, s'y attache, s'y unit, sans que nous les puissions comprendre.

Dieu a mieux préparé nos cœurs à l'impression de sa Grace, que nos entendemens à celle de sa lumiére. Son immensité confond notre petite intelligence : sa bonté a plus de rapport à notre amour. Il y a je ne sai quoi au fond de notre ame qui se meut secrettement pour un Dieu que nous pouvons connoître ; & de-là vient que pour travailler à la conversion des hommes, il nous faut établir avec eux la doucœur de quelque commerce où nous puissions leur inspirer nos mouvemens : car dans une dispute de religion, l'esprit s'efforce envain de faire voir ce qu'il ne voit pas : mais dans une habitude douce & pieuse, il est aisé à l'ame de faire sentir ce qu'elle sent.

A bien considérer la Religion chrétienne, on diroit que Dieu a voulu la dérober aux lumiéres de notre esprit, pour la tourner sur les mouvemens de notre cœur. *Aimer Dieu & son prochain*, la comprend toute, selon S. Paul. Et qu'est-ce autre chose, que nous demander la disposition de notre cœur, tant à l'égard de Dieu, qu'à celui des hommes ? C'est nous obliger proprement à vouloir faire par les tendresses de l'amour, ce que la Politique nous ordonne avec la rigueur des loix, & ce que la morale nous prescrit par un ordre austére de la raison.

La Charité nous fait assister & secourir, quand la Justice nous défend de faire injure, & celle-ci empêche l'oppression avec peine, quand celle-là procure avec plaisir le soulagement. Avec les vrais sentimens que notre Religion nous inspire, il n'y a point d'infidéles dans l'amitié : il n'y a point d'ingrats dans les bienfaits. Avec ces bons sentimens, un cœur aime innocemment les objets que Dieu a rendu aimables;
&

& ce qu'il y a d'innocent en nos amours, est ce qu'il y a de plus doux & de plus tendre.

Que les personnes grossiéres & sensuelles se plaignent de notre Religion pour la contrainte qu'elle leur donne, les gens délicats ont à se louer de ce qu'elle leur épargne les dégoûts & les repentirs. Plus entendue que la Philosophie voluptueuse, dans la science des plaisirs, plus sage que la Philosophie austére dans la science des mœurs, elle épure notre goût pour la délicatesse, & nos sentimens pour l'innocence. Regardez l'homme dans la société civile; si la justice lui est nécessaire, vous verrez qu'elle lui est rigoureuse. Dans le pur état de la nature, sa liberté aura quelque chose de farouche; & s'il se gouverne par la morale, sa propre raison aura de l'austérité. Toutes les autres Religions remuent dans le fond de son ame des sentimens qui l'agitent & des passions qui le troublent. Elles soulevent contre la nature des craintes superstitieuses, ou des zéles furieux, tantôt pour sacrifier ses enfans, comme Agamemnon, tantôt pour se dévouer soi-même, comme Décie. La seule Religion chrétienne appaise ce qu'il y a d'inquiet : elle adoucit ce qu'il y a de féroce : elle employe ce que nous avons de tendre en nos mouvemens, non-seulement avec nos amis & avec nos proches, mais avec les indifférens, & en faveur mêmes de nos ennemis.

Voilà quelle est la fin de la Religion chrétienne, & quel en étoit autrefois l'usage. Si on en voit d'autres effets aujourd'hui, c'est que nous lui avons fait perdre les droits qu'elle avoit sur notre cœur, pour en faire usurper à nos imaginations sur elle. De-là est venue la division des esprits sur la créance, au lieu de l'union des volontés sur les bonnes œuvres ; en sorte que ce qui devoit être un lien de charité entre les hommes, n'est plus que la matière de leurs contestations, de leurs jalousies & de leurs aigreurs.

De la diversité des opinions, on a vû naître celle des partis ; & l'attachement des partis a produit les persécutions & les guerres. Des millions d'hommes ont péri à contester de quelle manière on prenoit au Sacrement ce qu'on demeuroit d'accord d'y prendre : c'est un mal qui dure encore & qui durera toujours, jusqu'à ce que la Religion repasse de la curiosité de nos esprits à la tendresse de nos cœurs, & que, rebutée de la folle présomption de nos lumieres, elle aille retrouver les doux mouvemens de notre amour.

Sur la vanité des disputes de Religion, & sur le faux zéle des Persécuteurs.

STANCES IRRÉGULIERES.

CLAUDE le Protestant allégue l'ECRITURE,
Dont le sens par Nicolle est toujours contesté :
Dans la TRADITION que Nicolle tient sûre,
Claude ne reconnoît aucune vérité. (1).

Toutes ces belles controverses
Sur les Religions diverses
N'ont jamais produit aucun bien :
Chacun s'anime pour la sienne,
Et que fait-on pour la Chrétienne ?
On dispute, & l'on ne fait rien.

Comment ? *On ne fait rien* pour elle !
On condamne les Juifs au feu ;
On extermine l'Infidéle :
Si vous jugez que c'est trop peu,
On fera pendre l'Hérétique ;
Et quelquefois le Catholique
Aura même peine à son tour.
Où pourroit-on trouver plus de zéle & d'amour ?

(1) M. Nicolle est l'Auteur du Livre intitulé, PRE-JUGE'S LEGITIMES CONTRE LES CALVINISTES. M. Claude l'a réfuté dans sa DEFENSE DE LA REFORMATION. Voyez là-dessus le DICTIONNAIRE de M. Bayle, à l'Article NICOLLE.

Non, non, tu travailles contre elle;
Tout supplice, gêne, tourment,
Tient d'un noir & funeste zéle,
Que son humanité dément.

※

Tu combats sa propre nature,
Sous prétexte de l'honorer,
Quand pour elle tu fais l'injure
Qu'elle t'ordonne d'endurer?

PROBLESME

A L'IMITATION DES ESPAGNOLS.

A MADEMOISELLE DE QUEROUALLE (1).

JE ne sai ce qui nuit le plus au bonheur de la vie des femmes, ou de s'abandonner à tous les mouvemens de la passion, ou de suivre tous les sentimens de la vertu : je ne sai si leur abandonnement est suivi deplus de maux que la contrainte ne leur ôte de plaisirs. J'ai vû des voluptueuses au

---

(1) Mademoiselle de Querouaille fut envoyée en Angleterre en 1671, pour donner de l'amour à Charles II. Elle y réussit si bien, que ce Prince lui donna le titre de *Duchesse de Portsmouth*, &c. Voyez la VIE *de M. de Saint-Evremond*, sur l'année 1671.

désespoir du mépris où elles étoient tombées : j'ai vû des prudes soupirer de leur vertu ; leur cœur gêné de leur sagesse, cherchoit à se soulager par des soupirs, du secret tourment de n'oser aimer : enfin, j'ai vû les unes pousser des regrets vers l'estime qu'elles avoient perdue ; j'ai vû les autres pousser des desirs vers les voluptés qu'elles n'osoient prendre. Heureuse qui peut se conduire discretement sans gêner ses inclinations ! car, s'il y a de la honte à aimer sans retenue, il y a bien de la peine à passer la vie sans amour.

Pour éviter ce dernier malheur, Mademoiselle, il sera bon que vous suiviez un avis que je veux vous donner sans intérêt. Ne rebutez pas trop sévérement les tentations en ce pays-ci ; elles y sont modestes ; elles ont plus de pudeur à s'offrir, que n'en doit avoir une honnête fille à les écouter. Peut-être êtes-vous assez vaine pour ne vous contenter que de vous-même ; mais vous vous lasserez bien-tôt d'être seule à vous plaire & à vous aimer ; &, quelque complaisance que fournisse l'amour-propre, vous aurez besoin de celui d'un autre pour le véritable agrément de votre vie. Laissez-vous donc aller à la douceur des tentations, au lieu d'écouter votre fierté. Votre fierté vous feroit bientôt retourner en France, & la France vous jetteroit, selon le destin de beaucoup d'autres, en quelque Couvent: mais, quand vous choisiriez de votre propre mouvement ce triste lieu de retraite, encore faudroit-il auparavant vous être rendue digne d'y entrer. Quelle figure y ferez-vous, si vous n'avez pas le carractére d'une pénitente ? La vraie pénitente est celle qui s'afflige & se mortifie au souvenir de ses fautes. De quoi fera pénitence une bonne fille qui n'aura rien fait ? Vous paroîtrez ridicule aux autres sœurs qui se repentent avec un juste sujet, de vous repentir par pure grimace.

Voici un autre inconvénient que vous ne manquerez pas d'essuyer, c'est qu'au lieu de porter au Couvent le dégoût de l'amour, le Couvent vous en fera naître l'envie. Ce lieu saint change l'amour en dévotion, quand on a aimé dans le monde ; ce lieu plus dangereux que les lieux profanes, change la dévotion en amour, quand on n'en a pas fait l'expérience. Alors toute la ferveur de votre zéle s'étant convertie en amour, vous soupirerez inutilement pour ses plaisirs, &, dans la difficulté de les goûter, vous vous représenterez sans cesse pour votre tourment, la facilité que vous en aviez dans le monde. Ainsi, vous serez consumée de regrets ou dévorée de desirs, selon que votre ame se tournera au souvenir de ce que vous avez pû faire, ou à l'imagination de ce que vous ne pourrez exécuter.

Mais ce qu'il y aura de plus étrange pour vous dans le Couvent, c'est que votre raison ne contribuera pas moins que votre passion, à vous rendre malheureuse. Plus vous serez éclairée, plus vous aurez à souffrir de l'imbécillité d'une vieille Supérieure; & les lumieres de votre esprit ne serviront qu'à exciter le murmure de votre cœur. Sous une contenance mortifiée, vous aurez des sentimens révoltés; &, obéissant à des ordres où vous ne pourrez sincérement vous soumettre ni ouvertement vous opposer, vous passerez des jours malheureux dans le désespoir de votre condition, avec la grimace d'une fausse pénitence. Triste vie, ma pauvre Sœur, d'être obligée à pleurer par coutume le péché qu'on n'a pas fait, dans le temps que vient l'envie de le faire!

Voilà le misérable état des bonnes filles qui portent au Couvent leur innocence; elles y sont malheureuses pour n'avoir pas fait un bon fondement de leur repentir; fondement si nécessaire aux Maisons Religieuses, qu'il faudra vous faire, s'il est possible, quelque petit sujet de pénitence.

Soit que vous demeuriez dans le monde, comme je le souhaite, soit que vous en fortiez, comme je le crains, votre intérêt est d'accommoder deux choses qui paroissent incompatibles, & qui ne le sont pas; L'Amour & la Retenue. On vous a dit, peut-être, qu'il vaut mieux n'aimer point du tout, que d'aimer avec cette contrainte; mais la régle de ma Retenue n'a rien d'austere, puisqu'elle prescrit seulement de n'aimer qu'une personne à la fois: celle qui n'en aime qu'une, se donne seulement; celle qui en aime plusieurs, s'abandonne; & de cette sorte de bien comme des autres, l'usage est honnête, & la dissipation honteuse.

LETTRE
A MONSIEUR LE COMTE
D'OLONNE.

Aussi-tôt que je sus votre disgrace (1), je me donnai l'honneur de vous écrire pour vous témoigner mon déplaisir; & je vous écris présentement, pour vous dire

---

(1) Le Comte d'Olonne, M. de Vineuil, l'Abbé d'Effiat & deux ou trois autres, ayant tenu quelques discours libres contre le Roi, furent exilés de la Cour en 1674. M. d'Olonne fut d'abord rélegué à Orléans: mais il eut ensuite permission de se retirer dans sa Terre de Montmirel, près de Villers-Cotterets.

qu'il

qu'il faut éviter au moins le chagrin, dans le temps où il n'est pas en notre pouvoir de goûter la joie. S'il y a d'honnêtes gens au lieu où vous étes, leur conversation pourra vous consoler des commerces que vous avez perdus; & si vous n'y en trouvez pas, les livres & la bonne-chere vous peuvent être d'un grand secours & d'une assez douce consolation. Je vous parle en maître qui peut donner des leçons; non pas que je présume beaucoup de la force de mon esprit, mais je pense avoir quelque droit à prendre de l'autorité sur les nouveaux disgraciés, par une longue expérience des méchantes affaires & des malheurs.

Parmi les livres que vous choisirez pour votre entretien à la campagne, attachez-vous à ceux qui font leurs effets sur votre humeur par leur agrément, plûtôt qu'à ceux qui prétendent fortifier votre esprit par leurs raisons : les derniers combattent le mal; ce qui se fait toujours aux dépens de la personne en qui le combat se passe: les premiers le font oublier : & à une douleur oubliée, il n'est pas difficile de faire succéder le sentiment de la joie.

La Morale n'est propre qu'à former méthodiquement une bonne conscience ; & j'ai vû sortir de son école des gens graves & composés qui donnoient un tour fort ridicule à la prud'hommie. Les vrais honnêtes gens n'ont que faire de ses leçons ; ils connoissent le bien par la seule justesse de leur goût, & s'y portent de leur propre mouvement. Ce n'est pas qu'il y ait de certaines occasions où son aide n'est pas à rejetter ; mais, où l'on peut avoir besoin de son aide, on se passeroit bien de ces occasions.

Si vous étiez réduit à la nécessité de vous faire couper les veines, je vous permettrois de lire SENEQUE & de l'imiter : encore aimerois-je mieux me laisser aller à la nonchalance de PETRONE, que d'étudier une fermeté que l'on n'acquiert pas sans beaucoup d'effort.

Si vous étiez d'humeur à vous dévouer pour la Patrie, je vous conseillerois de ne lire autre chose que la vie de ces vieux Romains qui cherchoient à mourir pour le bien de leur pays ; mais, en l'état où vous êtes, il vous convient de vivre pour vous, & de passer le plus agréablement que vous pourrez le reste de votre vie. Or, cela étant comme il est, laissez là toute étude de sagesse qui ne va pas à diminuer vos chagrins, ou à vous redonner des plaisirs. Vous chercherez de la constance dans SENEQUE, & vous n'y trouverez que de l'austérité. PLUTARQUE sera moins gênant, cependant il vous rendra grave, & sérieux plus que tranquille. MONTAGNE vous fera mieux connoître l'homme qu'aucun autre, mais c'est l'homme avec toutes ses foiblesses : connoissance utile dans la bonne fortune pour la modération, triste & affligeante dans la mauvaise.

Que les malheureux donc ne cherchent pas dans les livres à s'attrister de nos miseres, mais à se réjouïr de nos folies ; & par cette raison vous préférerez à la lecture de Seneque, de Plutarque & de Montagne, celle de Lucien, de Petrone, de Don Quichotte. Je vous recommande sur-tout Don Quichotte : quelque affliction que vous ayez, la finesse de son ridicule vous conduira imperceptiblement à la joie.

Vous me direz peut-être que je n'ai pas été d'une humeur si enjouée dans mes malheurs que je le parois dans les vôtres, & qu'il est malhonnête de donner toutes ses douleurs à ses maux, lorsqu'on garde son indifférence & sa gaïeté même pour ceux de ses amis. J'en demeurerois d'accord avec vous, si j'en usois de la sorte ; mais je puis dire avec vérité, que je ne suis guéres moins sensible à votre exil que vous-même : & la joie que je vous conseille est à dessein de m'en attirer quand je vous aurai vû capable d'en recevoir.

Pour ce qui regarde mes malheurs, si je vous y ai paru plus triste que je ne vous parois aujourd'hui, ce n'eſt pas que je le fuſſe en effet. Je croyois que les diſgraces exigeoient de nous la bienſéance d'un air douloureux, & que cette mortification apparente étoit un reſpect dû à la volonté des Supérieurs, qui ſongent rarement à nous punir ſans deſſein de nous affliger ; mais ſachez que ſous de triſtes dehors & une contenance mortifiée, je me ſuis donné toute la ſatisfaction que j'ai ſû trouver en moi-même, & tout le plaiſir que j'ai pû prendre dans le commerce de mes amis.

Après avoir trouvé ridicule la gravité de la Morale, je ſerois ridicule moi-même ſi je continuois un diſcours ſi ſérieux ; ce qui me fait paſſer à des conſeils moins gênans que les inſtructions.

Accommodez, autant qu'il vous ſera poſſible, votre goût à votre ſanté ; c'eſt un grand ſecret de pouvoir concilier l'agréable & le néceſſaire en deux choſes qui ont été preſque toujours oppoſées. Pour ce grand ſecret, néanmoins, il ne faut qu'être ſobre & délicat. Et que ne doit-on pas faire pour apprendre à manger délicieuſement aux heures du repas, ce qui tient l'eſprit & le corps dans une bonne diſpoſition pour toutes les autres ? On peut être ſobre ſans être délicat, mais on ne peut jamais être délicat ſans être ſobre. Heureux qui a les deux qualités enſemble, il ne sépare point son régime d'avec son plaisir !

N'épargnez aucune dépense pour avoir des vins de Champagne, fussiez-vous à deux cens lieues de Paris ; ceux de Bourgogne ont perdu leur crédit avec les gens de bon goût, & à peine conservent-ils un reste de vieille réputation chez les Marchands. Il n'y a point de Province qui fournisse d'excellens vins pour toutes les saisons que la Champagne : elle nous fournit le vin d'Ay, d'Avenet, d'Auvilé, jusqu'au printemps ; Tessy, Sillery, Versenay, pour le reste de l'année.

Si vous me demandez lequel je préfére de tous les vins, sans me laisser aller à des modes de goûts qu'introduisent de faux délicats, je vous dirai que le vin d'Ay est le plus naturel de tous les vins, le plus sain, le plus épuré de toute senteur de terroir, d'un agrément le plus exquis par son goût de pêche qui lui est particulier, & le premier, à mon avis, de tous les goûts. Léon X. Charles-Quint, François premier, Henry VIII. avoient tous leur propre Maison dans Ay ou proche d'Ay, pour y faire plus curieusement leurs provisions. Parmi les plus grandes affaires du monde qu'eurent ces grands Princes à démêler, avoir du vin d'Ay ne fut pas un des moindres de leurs soins.

Ayez peu de curiosité pour les viandes rares, & beaucoup de choix pour celles qu'on peut avoir commodément. Un potage de santé bien naturel, qui ne sera ni trop peu fait, ni trop consommé, se doit préférer pour un ordinaire à tous les autres, tant par la justesse de son goût, que par l'utilité de son usage. Du Mouton tendre & succulent; du Veau de bon lait, blanc & délicat; la Volaille de bon suc, moins engraissée que nourrie; la Caille grasse prise à la campagne; un Faisan, une Perdrix, un Lapin, qui sentent bien chacun dans son goût ce qu'ils doivent sentir, sont les véritables viandes qui pourront faire en différentes saisons les délices de votre repas. La Gelinote de bois est estimable, sur-tout par son excellence, mais peu à conseiller où vous êtes & où je suis, par sa rareté.

Si une nécessité indispensable vous fait dîner avec quelques-uns de vos voisins, que leur argent ou leur adresse aura sauvé de l'Arriere-Ban, louez le Liévre, le Cerf, le Chevreuil, le Sanglier, & n'en mangez point; que les Canards & presque les Cercelles s'attirent la même louange. De toutes les viandes noires, la seule Beccassine sera sauvée en faveur du goût, avec un léger préjudice de la santé.

Que tous mélanges & compositions de

cuisine, appellés *Ragouts* ou *Hors-d'œuvres*, passent auprès de vous pour des espéces de poisons : si vous n'en mangez qu'un peu, ils ne vous feront qu'un peu de mal ; si vous en mangez beaucoup, il n'est pas possible que leur poivre, leur vinaigre & leurs oignons ne ruinent à la fin votre goût, & n'altérent bientôt votre santé. Les sauces toutes simples que vous ferez vous-même, ne peuvent avoir rien de mal-faisant. Le sel & l'orange sont l'assaisonnement le plus général & le plus naturel : les fines herbes sont plus saines & ont quelque chose de plus exquis que les épices, mais elles ne sont pas également propres à toutes choses ; il faut les employer avec discernement aux mets où elles s'accommodent le mieux, & les dispenser avec tant de discrétion, qu'elles relévent le propre goût de la viande, sans faire quasi sentir le leur.

Après avoir parlé de la qualité des vins & de la condition des viandes, il faut venir au conseil le plus nécessaire pour l'accommodement du goût & de la santé.

Que la nature vous incite à boire & à manger par une disposition secrette qui se fait légérement sentir, & ne vous y presse pas par le besoin. Où il n'y a point d'appétit, la plus saine nourriture est capable de nous nuire, & la plus agréable de nous dégoûter : où il y a de la faim, la nécessité de manger est une espéce de mal qui en cause un autre après le repas, pour avoir fait manger plus qu'il ne faut. L'appétit donne de l'exercice à notre chaleur naturelle dans la digestion; l'avidité lui prépare du travail & de la peine. Le moyen de nous tenir toujours dans une disposition agréable, c'est de ne souffrir ni vuide ni réplétion, afin que la nature n'ait jamais à se remplir avidemment de ce qui lui manque, ni à se soulager avec empressement de ce qui la charge.

Voilà tous les conseils que mon expérience m'a sû fournir pour la lecture & pour la bonne-chere. Je ne veux pas finir sans toucher un mot de ce qui regarde l'Amour.

Si vous avez une Maîtresse à Paris, oubliez-la le plûtôt qu'il vous sera possible, car elle ne manquera pas de changer; & il est bon de prévenir les infidelles. Une personne aimable à la Cour, y veut être aimée; & là où elle est aimée, elle aime à la fin. Celles qui conservent de la passion pour les gens qu'elles ne voyent plus, en font naître bien peu en ceux qui les voyent: la continuation de leur amour pour les absens, est moins un honneur à leur constance, qu'une honte à leur beauté. Ainsi, Monsieur, que votre Maîtresse en aime un autre, ou qu'elle vous aime encore, le bon sens vous la doit faire quitter comme trompeuse ou comme méprisée : cependant, en cas que vous voyiez quelque jour à la fin de votre disgrace, vous ne devez pas en mettre à votre amour. Les courtes absences animent les passions, au lieu que les longues les font mourir.

De quelque côté que se tourne votre esprit, ne lui donnez pas un nouveau poids par la gravité des choses trop sérieuses ; la disgrace n'a que trop de sa propre pesanteur. Faites en votre éxil ce que Petrone fit à sa mort : *Amove res serias quibus gravitatis & constantiæ gloria peti solet ; tibi, ut illi, levia carmina & faciles versus.*

Il y en a que leur malheur a rendu dévots par un certain attendrissement, par une pitié secrette qu'on a pour soi, assez propre à disposer les hommes à une vie plus religieuse. Jamais disgrace ne m'a donné cette espéce d'attendrissement : la nature ne m'a pas fait assez sensible à mes propres maux. La perte de mes amis pourroit me donner de ces douleurs tendres, & de ces tristesses délicates dont les sentimens de dévotion se forment avec le temps. Je ne conseillerois jamais à personne de résister à la dévotion qui se forme de la tendresse, ni à celle qui nous donne de la confiance ; l'une touche l'ame agréablement ; l'autre assûre à l'esprit un doux repos. Mais tous les hommes, & particuliérement les malheureux, doivent se défendre avec soin d'une dévotion superstitieuse qui mêleroit sa noirceur avec celle de l'infortune.

Sur les premieres années de la Régence.

A MADEMOISELLE DE L'ENCLOS.

STANCES IRREGULIERES.

J'AI vû le temps de la bonne Régence ;
Temps où régnoit une heureuse abondance,
Temps où la Ville aussi-bien que la Cour
Ne respiroient que les jeux & l'amour.

Une Politique indulgente,
De notre nature innocente
Favorisoit tous les desirs ;
Tout goût paroissoit légitime ;
La douce erreur ne s'appelloit point crime ;
Les vices délicats se nommoient des plaisirs.

*

Meubles, habits, repas, danses, musiques;
Un air facile avec la propreté;
Rien de contraint, pas trop de liberté;
Peu de gens vains, presque tous magnifiques;
N'avoir chez soi que la commodité,
Faisoit alors les chagrins domestiques
Qu'aux autres temps fait la nécessité.

Dans le commerce on étoit sociable;
Dans l'entretien, naturel, agréable,
On haïssoit un chagrin médisant,
On méprisoit un fade complaisant :
La vérité délicate & sincere
Avoit trouvé le secret de nous plaire.

L'art de flatter en parlant librement,
L'art de railler toujours obligeamment,
En ce temps seul étoit choses connues,
Auparavant nullement entendues;
Et l'on pourroit aujourd'hui sûrement
Les mettre au rang des sciences perdues.

Le sérieux n'avoit point les défauts
Des gravités, qui font les importantes;
Et le plaisant rien d'outré ni de faux :
Femmes savoient sans faire les savantes :

Moliere en vain eût cherché dans la Cour
    Ses RIDICULES affectées ;
Et ses FASCHEUX n'auroient pas vû le jour,
Manque d'objets à fournir les idées.

Aucun Amant qui ne servît son Roi,
Guerrier aucun qui ne servît sa Dame :
On ménageoit l'honneur de son emploi,
On ménageoit la douceur de sa flamme :
Tantôt les cœurs s'attachoient aux appas ;
Libres, tantôt ils cherchoient les combats.

Un jeune Duc (1) qui tenoit la Victoire,
Comme une esclave attachée à son char,
Par sa valeur, par l'éclat de sa gloire,
Fit oublier Alexandre & César.
Que ne mouroit alors son Eminence (2)
Pour son bonheur & pour notre repos !
Elle eût fini ses beaux jours à propos,
Laissant un nom toujours cher à la France.

(1) Le Duc d'Enguien.   (2) Le Cardinal Mazarin.

DE LA TRAGÉDIE
ANCIENNE ET MODERNE.

ON n'a jamais vû tant de régles pour faire de belles Tragédies ; & on en fait si peu, qu'on est obligé de représenter toutes les vieilles. Il me souvient que l'Abbé d'Aubignac en composa une selon toutes les loix qu'il avoit impérieusement données pour le Théatre (1) : elle ne réussit point ; & comme il se vantoit par tout d'être le seul de nos Auteurs qui eût bien suivi les préceptes d'ARISTOTE, *je sai bon gré à M. d'Aubignac*, dit M. le Prince, *d'avoir si bien suivi les régles d'Aristote : mais je ne pardonne point aux régles d'Aristote d'avoir fait faire une si méchante Tragédie à M. d'Aubignac.*

Il faut convenir que la POETIQUE d'Aristote est un excellent ouvrage : cependant il n'y a rien d'assez parfait pour régler toutes les Nations & tous les siécles. Descartes & Gassendi ont découvert des vérités qu'Aristote ne connoissoit pas : Cor-

---

(1) François Hédelin, Abbé d'Aubignac, publia en 1657, un Traité de la PRATIQUE DU THEATRE. Quelque temps après, il donna une Tragédie en prose, intitulée ZENOBIE, qui ne réussit point.

neille a trouvé des beautés pour le Théatre qui ne lui étoient pas connues : nos Philosophes ont remarqué des erreurs dans sa PHYSIQUE : nos Poëtes ont vû des défauts dans sa POETIQUE, pour le moins à notre égard, toutes choses étant aussi changées qu'elles le sont.

Les Dieux & les Déesses causoient tout ce qu'il y avoit de grand & d'extraordinaire sur le Théatre des Anciens, par leurs haines, par leurs protections ; & de tant de choses surnaturelles, rien ne paroissoit fabuleux au Peuple, dans l'opinion qu'il avoit d'une societé entre les Dieux & les hommes. Les Dieux agissoient presque toujours par des passions humaines : les hommes n'entreprenoient rien sans le conseil des Dieux, & n'exécutoient rien sans leur assistance. Ainsi, dans ce mélange de la divinité & de l'humanité, il n'y avoit rien qui ne se pût croire.

Mais toutes ces merveilles aujourd'hui nous sont fabuleuses. Les Dieux nous manquent & nous leur manquons ; & si, voulant imiter les Anciens en quelque façon, un Auteur introduisoit des Anges & des Saints sur notre scéne, il scandaliseroit les dévots comme profane, & paroîtroit imbécille aux libertins. Les Prédicateurs ne souffriroient point que la Chaire & le Théatre fussent confondus, & qu'on allât apprendre de la bouche des Comédiens, ce qu'on débite avec autorité dans les Eglises à tous les peuples.

D'ailleurs, ce seroit donner un grand avantage aux libertins, qui pourroient tourner en ridicule à la Comédie les mêmes choses qu'ils reçoivent dans les Temples avec une apparente soumission, & par le respect du lieu où elles sont dites, & par la révérence des personnes qui le disent (1).

Mais posons que nos Docteurs abandonnent toutes les matiéres saintes à la liberté

---

(1) C'est ce qu'on a vû dans le XV. & le XVI Siécles, ou les Histoires de l'Ancien & du Nouveau Testament étoient représentées, ou pour parler le langage de ce temps-la, étoient jouées par personnages sur des Théatres publics. Castelvetro dit qu'on jouoit à Rome la Passion de Jesus-Christ de telle manière, que les Spectateurs éclatoient de rire. On la joüoit aussi en France ; & j'ai vû une Piéce imprimée en 1541. sous ce titre : S'ensuit le mystere de la Passion de Notre Seigneur Jesus-Christ. Nouvellement revûe & corrigé outre les précedentes impressions. Avec les additions faites par très éloquent & scientifique Docteur Maistre Jean Michel. Lequel mystere fut joué à Angers moult triomphamment. Et dernierement à Paris. Avec le nombre des Personnages qui sont à la fin dudit Livre. Et sont en nombre, CXLI.

On jouoit de même les Actes des Apôtres. Cet ouvrage, qui contient deux Volumes, est intitulé : Le premier Volume des Catholiques, Œuvres & Actes des Apôstres redigé en escript par Sainct Luc Evangeliste & Hystoriographe députe par le Sainct Esprit, Icelluy Sainct Luc escripvant à Therphile. Avecques plusieurs Hystoires en icellui inserez des gestes des Cesars..... Le tout veu & corrigé bien & duement selon la vraye verité. Et joué par personnages à Paris en l'Hostel de Flandres. L'an Mil cinq cens XLI. Avec Privilege du Roy, &c. M. Bayle en a donné quelques extraits dans le SUPPLEMENT de son DICTIONNAIRE, à l'Article CHOCQUET (Louis).

Les désordres causés par ces sortes de Jeux, furent représentés au Parlement de Paris d'une maniere très-vive & très forte en 1541, par le Procureur du Roi, du Théatre, faisons ensorte que les moins dévots les écoutent avec toute la docilité que peuvent avoir les personnes les plus soumises : il est certain que de la doctrine la plus sainte, des actions les plus chrétiennes, & des vérités les plus utiles, on fera les Tragédies du monde qui plairont le moins.

L'esprit de notre Religion est directement opposé à celui de la Tragédie. L'humilité & la patience de nos Saints sont trop contraires aux vertus des Héros que demande le Théatre. Quel zéle, quelle force le Ciel n'inspire-t'il pas à Néarque & à Po-

,, Pendant lesdits Jeux, (dit-il, parlant du *Mystere de la Passion* & des *Actes des Apôtres*) ,, le commun peuple dès huit à neuf heures du matin es jours de Festes délaissoit sa Messe Paroissiale, Sermon & Vespres, pour aller esdits jeux garder sa place, & y être jusqu'à cinq heures du soir ; eut cessé les Prédications, car n'eust esté eu les Predicateurs qui les eust escouté. Et retournant desdits jeux, se mocquoient hautement & publiquement par les rues desdits jeux & des joueurs, contrefaisant quelque langage impropre qu'ils avoient ouis desdits jeux ou autre chose mal faite, criant par dérision que le S. Esprit n'avoit pas voulu descendre, & par d'autres mocqueries. Et le plus souvent les Prêtres des Paroisses pour avoir leur passe-temps d'aller esdits jeux, ont délaissé dire Vespres les jours de Fêtes, ou les ont dites tous seuls dès l'heure de midy, heure non accoustumée. & même les Chantres ou Chappellains de la Sainte Chapelle de ce Palais tant que lesdits jeux ont duré (Il avoit dit auparavant qu'on les avoit fait durer l'espace de six ou sept mois) ,, ont dit Vespres les jours de Festes à l'heure de midy, & encore les disoient en poste & à la legere pour aller esdits jeux, &c. Je donnerai cette Piéce toute entiere dans mes Additions au COLOMESIANA.

lyeucte

lyeucte (1); & que ne font pas ces nouveaux Chrétiens pour répondre à ces heureuses inspirations ? L'amour & les charmes d'une jeune épouse cherement aimée, ne font aucune impression sur l'esprit de Polyeucte. La considération de la Politique de Felix, comme moins touchante, fait moins d'effet. Insensible aux prières & aux menaces, Polyeucte a plus d'envie de mourir pour Dieu, que les autres hommes n'en ont de vivre pour eux. Néanmoins ce qui eût fait un beau Sermon, faisoit une misérable Tragédie, si les entretiens de Pauline & de Sévere, animés d'autres sentimens & d'autres passions, n'eussent conservé à l'Auteur la réputation que les vertus chrétiennes de nos Martirs lui eussent ôtée.

Le Théatre perd tout son agrément dans la représentation des choses saintes, & les choses saintes perdent beaucoup de la religieuse opinion qu'on leur doit, quand on les représente sur le Théatre.

A la vérité, les Histoires du vieux Testament s'accommoderoient beaucoup mieux à notre scène. Moïse, Samson, Josué y feroient tout un autre effet que Polyeucte & Néarque. Le merveilleux qu'ils y produiroient, a quelque chose de plus propre pour le Théatre. Mais il me semble que

(1) Voyez le POLYEUCTE de Corneille.

les Prêtres ne manqueroient pas de crier contre la profanation de ces Histoires sacrées, dont ils remplissent leurs conversations ordinaires, leurs Livres & leurs Sermons. Et à parler sainement, le passage de la Mer rouge si miraculeux, le Soleil arrêté dans sa course à la priere de Josué, les Armées défaites par Samson avec une Machoire d'Ane; toutes ces merveilles, dis-je, ne seroient pas crues à la Comédie, parce qu'on y ajoûte foi dans la Bible: mais on en douteroit bien-tôt dans la Bible, parce qu'on n'en croiroit rien à la Comédie.

Si ce que je dis est fondé sur de bonnes & solides raisons, il faut nous contenter de choses purement naturelles, mais extraordinaires, & choisir en nos Héros des actions principales qui soient reçûes dans notre créance comme humaines, & qui nous donnent de l'admiration comme rares & élevées au-dessus des autres. En deux mots, il ne nous faut rien que de grand, mais d'humain : dans l'humain, éviter le médiocre ; dans le grand, le fabuleux.

Je ne veux pas comparer la PHARSALE à l'ÉNÉIDE ; je connois la juste différence de leur valeur : mais à l'égard de l'élevation, Pompée, César, Caton, Curion, Labienus ont plus fait pour LUCAIN, que n'ont fait pour VIRGILE Jupiter, Mercure, Junon, Venus & toute la suite des autres Déesses & des autres Dieux.

Les idées que nous donne Lucain des grands hommes, sont véritablement plus belles, & nous touchent plus que celles que nous donne Virgile des immortels. Celui-ci a revêtu ses Dieux de nos foiblesses, pour les ajuster à la portée des hommes : celui-là éleve ses Héros jusqu'à pouvoir souffrir la comparaison des Dieux :

Victrix causa Diis placuit, sed victa Catoni.

Dans Virgile, les Dieux ne valent pas des Héros : dans Lucain, les Héros valent des Dieux.

Pour vous dire mon véritable sentiment, je croi que la Tragédie des Anciens auroit fait une perte heureuse en perdant ses Dieux avec ses Oracles & ses Devins.

C'étoit par ces Dieux, ces Oracles, ces Devins, qu'on voyoit régner au Théatre un esprit de superstition & de terreur, capable d'infecter le genre humain de mille erreurs, & de l'affliger encore de plus de maux. Et à considérer les impressions ordinaires que faisoit la Tragédie dans Athénes sur l'ame des Spectateurs, on peut dire que Platon étoit mieux fondé pour en défendre l'usage, que ne fut Aristote pour le conseiller : car la Tragédie consistant, comme elle faisoit, aux mouvemens excessifs de la *Crainte* & de la *Pitié* ; n'étoit-ce pas faire du Théatre une École de frayeur & de compassion, où l'on apprenoit à s'épouvanter de tous les périls & à se désoler de tous les malheurs ?

On aura de la peine à me persuader qu'une ame accoûtumée à s'effrayer sur ce qui regarde les maux d'autrui, puisse être dans une bonne assiette sur les maux qui la regardent elle-meme. C'est peut-être par-là que les Athéniens devinrent si susceptibles des impressions de la peur ; & que cet esprit d'épouvante inspiré au Théatre avec tant d'art, ne devint que trop naturel dans les Armées.

A Sparte & à Rome, où le public n'exposoit à la vûe des Citoyens que des exemples de valeur & de fermeté, le peuple ne fut pas moins fier & hardi dans les combats, que ferme & constant dans les calamités de la République. Depuis qu'on eut formé dans Athénes cet art de craindre & de se lamenter, on mit en usage à la Guerre ces malheureux mouvemens qui avoient été comme appris aux représentations.

Ainsi l'esprit de superstition causa la déroute des Armées ; & celui de lamentation fit qu'on se contenta de pleurer les grands malheurs, quand il falloit y chercher quelque remede. Mais comment n'eût-on pas appris à se désoler dans cette pitoyable École de commisération? Ceux qu'on y représentoit étoient des exemples de la derniere misere & des sujets d'une médiocre vertu.

Telle étoit l'envie de se lamenter, qu'on exposoit bien moins de vertus que de malheurs, de peur qu'une ame élevée à l'admiration des Héros, ne fût moins propre à s'abandonner à la pitié pour un misérable; & afin de mieux imprimer les sentimens de crainte & d'affliction aux Spectateurs, il y avoit toujours sur le Théatre des chœurs d'Enfans, de Vierges, de Vieillards, qui fournissoient à chaque évenement, ou leurs frayeurs, ou leurs larmes.

Aristote connut bien le préjudice que cela pourroit faire aux Athéniens; mais il crut y apporter assez de remede, en établissant une certaine *Purgation*, que personne jusqu'ici n'a entendue, & qu'il n'a pas bien comprise lui-même, à mon jugement: car y a-t'il rien de si ridicule que de former une science qui donne sûrement la maladie, pour en établir une autre qui travaille incertainement à la guérison; que de mettre la perturbation dans une ame, pour tâcher après de la calmer par les réflexions qu'on lui fait faire sur le honteux état où elle s'est trouvée?

Entre mille personnes qui assisteront au

Théatre, il y aura peut-être six Philosophes qui seront capables d'un retour à la tranquillité, par ces sages & utiles méditations : mais la multitude ne fera point ces réflexions ; & on peut presque assûrer que par l'habitude de ce qu'on voit au Théatre, on s'en formera une de ces malheureux mouvemens.

On ne trouve pas les mêmes inconvéniens dans nos représentations, que dans celles de l'antiquité ; puisque notre crainte ne va jamais à cette superstitieuse terreur, qui produisoit de si méchans effets pour le courage. Notre crainte n'est le plus souvent qu'une agréable inquiétude qui subsiste dans la suspension des esprits ; c'est un cher intérêt que prend notre ame aux sujets qui attirent son affection.

On peut dire à peu près la même chose de la pitié à notre égard. Nous la dépouillons de toute sa foiblesse, & nous lui laissons tout ce qu'elle peut avoir de charitable & d'humain. J'aime à voir plaindre l'infortune d'un grand homme malheureux ; j'aime qu'il s'attire de la compassion, & qu'il se rende quelquefois maitre de nos larmes : mais je veux que ces larmes tendres & généreuses regardent ensemble ses malheurs & ses vertus, & qu'avec le triste sentiment de la pitié, nous ayons celui d'une admiration animée, qui fasse naître en notre ame comme un amoureux desir de l'imiter.

Il nous restoit à mêler un peu d'amour dans la nouvelle Tragédie, pour nous ôter mieux ces noires idées que nous laissoit l'ancienne par la superstition & par la terreur. Et dans la vérité, il n'y a point de passion qui nous excite plus à quelque chose de noble & de généreux qu'un honnete amour. Tel peut s'abandonner lâchement à l'insulte d'un ennemi peu redoutable, qui défendra ce qu'il aime jusqu'à la mort contre les attaques du plus vaillant. Les Animaux les plus foibles & les plus timides, les Animaux que la nature a formés pour toujours craindre & toujours fuir, vont fiérement au-devant de ce qu'ils craignent le plus, pour garantir le sujet de leur amour. L'amour a une chaleur qui sert de courage à ceux qui en ont le moins. Mais, à confesser la vérité, nos Auteurs ont fait un aussi méchant usage de cette belle passion, qu'en ont fait les Anciens de leur crainte & de leur pitié : car, à la réserve de huit ou dix Piéces, où ses mouvemens ont été ménagés avec beaucoup d'avantage, nous n'en avons point où les amans & l'amour ne se trouvent également défigurés.

Nous mettons une tendresse affectée où nous devons mettre les sentimens les plus nobles. Nous donnons de la mollesse à ce qui devroit être le plus touchant ; & quelquefois nous pensons exprimer naïvement les graces du naturel, que nous tombons dans une simplicité basse & honteuse.

Croyant faire les Rois & les Empereurs de parfaits Amans, nous en faisons des Princes ridicules ; & à force de plaintes & de soûpirs, où il n'y auroit ni à plaindre ni à soûpirer, nous les rendons imbécilles comme Amans & comme Princes. Bien souvent nos plus grands Héros aiment en Bergers sur nos Théatres, & l'innocence d'une espece d'amour champêtre leur tient lieu de toute gloire & de toute vertu.

Si une Comédienne a l'art de se plaindre & de pleurer d'une maniere touchante, nous lui donnons des larmes aux endroits qui demandent de la gravité ; & parce qu'elle plaît mieux quand elle est sensible, elle aura par tout indifféremment de la douleur.

Nous voulons un amour quelquefois naïf, quelquefois tendre, quelquefois douloureux, sans prendre garde à ce qui desire de la naïveté, de la tendresse, de la douleur ; & cela vient de ce que voulant par tout de l'amour, nous cherchons de la diversité dans les maniéres, n'en mettant presque jamais dans les passions.

J'espere que nous trouverons un jour le véritable usage de cette passion devenue
trop

trop ordinaire. Ce qui doit être l'adouciſſement des choſes, ou trop barbares, ou trop funeſtes; ce qui doit toucher, noblement les ames, animer les courages & élever les eſprits, ne ſera pas toujours le ſujet d'une petite tendreſſe affectée, ou d'une imbécille ſimplicité. Alors nous n'aurons que faire de porter envie aux Anciens: Sans un amour trop grand pour l'Antiquité, ou un trop grand dégoût pour notre ſiécle, on ne fera point des Tragédies de Sophocle & d'Euripide, les modéles des Piéces de notre temps.

Je ne dis point que ces Tragédies n'ayent eû ce qu'elles devoient avoir pour plaire au goût des Athéniens: mais qui pourroit traduire en François dans toute ſa force l'ŒDIPE même, ce chef-d'œuvre des Anciens, j'oſe aſſûrer que rien au monde ne nous paroîtroit plus barbare, plus funeſte, plus oppoſé aux vrais ſentimens qu'on doit avoir.

Notre ſiécle a du moins cet avantage, qu'il y eſt permis de haïr librement les vices, & d'avoir de l'amour pour les vertus. Comme les Dieux cauſoient les plus grands crimes ſur le Théatre des Anciens, les crimes captivoient le reſpect des Spectateurs, & on n'oſoit pas trouver mauvais ce qui étoit abominable. Quand Agamemnon ſacrifia ſa propre fille, & une fille tendrement

Tome III.   E e

aimée, pour appaiser la colere des Dieux, ce sacrifice barbare fut regardé comme une pieuse obéissance, comme le dernier effet d'une religieuse soumission.

Que si l'on conservoit en ce temps-là les vrais sentimens de l'humanité, il falloit murmurer contre la cruauté des Dieux en impie ; & si l'on vouloit être dévot envers les Dieux, il falloit être cruel & barbare envers les hommes : il falloit faire, comme Agamemnon, la derniere violence à la nature & à son amour :

Tantum Relligio potuit suadere malorum.

dit Lucrece sur ce sacrifice barbare.

Aujourd'hui nous voyons représenter les hommes sur le Théâtre sans l'intervention des Dieux, plus utilement cent fois pour le public & pour les particuliers ; car il n'y aura dans nos Tragédies, ni de scélerat qui ne se déteste, ni de Héros qui ne se fasse admirer. Il y aura peu de crimes impunis, peu de vertus qui ne soient récompensées. Avec les bons exemples que nous donnons au public sur le Théâtre, avec ces agréables sentimens d'amour & d'admiration, discrettement ajoûtés à une crainte & à une pitié rectifiées, on arrivera chez nous à la perfection que desire Horace ;

Omne tulit punctum qui miscuit utile dulci ;

ce qui ne pouvoit jamais être selon les régles de l'ancienne Tragédie.

Je finirai par un sentiment hardi & nouveau. C'est qu'on doit rechercher à la Tragédie, devant toutes choses, une grandeur d'ame bien exprimée, qui excite en nous une tendre admiration. Il y a dans cette sorte d'admiration quelque ravissement pour l'esprit; le courage y est élevé, l'ame y est touchée.

SUR LES CARACTERES DES TRAGÉDIES.

J'AI eu dessein autrefois de faire une Tragédie, & ce qui me faisoit le plus de peine, c'étoit de me défendre d'un sentiment secret d'amour-propre, qui nous laisse renoncer difficilement à nos qualités, pour prendre celles des autres. Il me souvient que je formois mon caractére sans y penser, & que le Héros descendoit insensiblement au peu de mérite de SAINT-EVREMOND, au lieu que SAINT-EVREMOND devoit s'élever aux grandes vertus de son Héros. Il étoit de mes passions, comme de mon caractére ; j'exprimois mes mouvemens, voulant exprimer les fiens. Si j'étois amoureux, je tournois toutes choses sur l'amour ; si je me trouvois pitoyable, je ne manquois pas de fournir des infortunes à ma pitié : je faisois dire ce que je sentois moi-même; & pour comprendre tout en peu de mots, je me représentois sous le nom d'autrui. N'accusons pas quelques Héros de nos Tragédies de verser des pleurs qui devoient couler seulement en quelques endroits ; ce sont les larmes des Poëtes, qui trop sensibles de leur naturel, ne peuvent résister à la tendresse qu'ils se sont formée. S'ils ne faisoient qu'entrer dans le sentiment des Héros, leur ame prêtée seulement à la douleur, pourroit garder quelque mesure dans la passion : mais pour s'en faire une propre à eux-mêmes, ils expriment avec vérité ce qu'ils devoient représenter dans la vraisemblance. C'est un grand secret de savoir nous exprimer avec justesse en ce qui regarde les pensées, & beaucoup plus en ce qui touche le sentiment : car l'ame a bien plus de peine à se défaire de ce qu'elle sent, que l'esprit à se dégager de ce qu'il pense.

Véritablement la passion doit être remplie, mais jamais outrée ; & si les Spectateurs étoient réduits à choisir entre deux vices, ils souffriroient le défaut plus aisément que l'excès. Celui qui ne pousse pas

assez les mouvemens, ne contente pas ;
c'est ne pas donner sujet de se louer : celui
qui les outre, blesse l'esprit ; c'est donner
sujet de se plaindre. Le premier, laisse à
notre imagination le plaisir d'ajoûter d'elle-
même ce qu'il n'a sû fournir : le second,
nous donne la peine de retrancher, toujours difficile & ennuyeuse. Quand le cœur
particuliérement s'est senti touché autant
qu'il doit l'être, il cherche à se soulager :
revenus de ces mouvemens aux lumiéres
de l'esprit, nous jugeons peu favorable-
ment de la tendresse & des larmes. Celles
du plus malheureux doivent être ménagées avec grande discrétion ; car le Spectateur le plus tendre a bien-tôt séché les
siennes : *Citò arescit lacryma in aliena mi-
seria* (1).

En effet, si on s'afflige trop long-temps
sur le Théatre, ou nous nous moquons de
la foiblesse de celui qui pleure, ou la longue pitié d'un long tourment qui fait passer
les maux d'autrui en nous-mêmes, blesse
la nature qui a dû être seulement touchée.
Toutes les fois que je me trouve à des Piéces fort touchantes, les larmes des Acteurs

---

(1) *Nihil est tam miserabile, quam ex beato miser. Et hoc tuum quidem movear, si bona ex fortuna quis cadat, & à quorum caritate delectatur ; que abuntias, aut amiserit ; in quibus malis si, futurus esse si expromatur breviter.* CITO ENIM ARESCIT LACRYMA, PRÆSERTIM IN ALIENIS MALIS. CIC. Part. Orat. §. 57.

attirent les miennes avec une douceur secrette que je sens à m'attendrir : mais si l'affliction continue, mon ame s'en trouve incommodée, & attend avec impatience quelque changement qui la délivre d'une impression douloureuse. J'ai vû arriver souvent en de longs discours de tendresse, que l'Auteur donne à la fin toute autre idée que celle de l'Amant qu'il a dessein de représenter : cet Amant devient quelquefois un Philosophe qui raisonne dans la passion, ou qui nous explique par une espéce de leçon de quelle maniere elle s'est formée. Quelquefois l'esprit du Spectateur qui poussoit d'abord son imagination jusqu'à la personne qu'on représente, revient à soi-même, désabusé qu'il est, & ne connoît plus que le Poëte qui dans une espéce d'Elégie nous veut faire pleurer de la douleur qu'il a feinte ou qu'il s'est formée.

Un homme se mécompte auprès de moi en ces occasions ; il tombe dans le ridicule, quand il prétend me donner de la pitié. Je trouve plus ridicule encore qu'on fasse l'éloquent à se plaindre de ses malheurs : celui qui prend la peine d'en discourir, m'épargne celle de l'en consoler. C'est la nature qui souffre ; c'est à elle de se plaindre : elle cherche quelquefois à dire ce qu'elle sent, pour se soulager ; non pas à le dire éloquemment pour se complaire.

Je suis aussi peu persuadé de la violence d'une passion qui est ingénieuse à s'exprimer par la diversité des pensées. Une ame touchée sensiblement, ne laisse pas à l'esprit la liberté de penser beaucoup, & moins encore de se divertir dans la variété de ses conceptions. C'est en quoi je ne puis souffrir la belle imagination d'Ovide : il est ingénieux dans la douleur ; il se met en peine de faire voir de l'esprit, quand vous n'attendez que du sentiment. Virgile touche d'une impression toute juste, où il n'y a rien de languissant, rien de trop poussé. Comme il ne vous laisse rien à desirer, il n'a aussi rien qui vous blesse ; & c'est là que votre ame se rend avec plaisir à une proportion si aimable.

Je m'étonne que dans un temps où l'on tourne toutes les Piéces de Théatre sur l'Amour, on en ignore assez & la nature & les mouvemens. Quoique l'Amour agisse diversement selon la diversité des compléxions, on peut rapporter à trois mouvemens principaux tout ce que nous fait sentir une passion si générale ; *aimer, brûler, languir.*

Aimer simplement, est le premier état de notre ame, lorsqu'elle s'émeut par l'impression de quelque objet agréable : là il se forme un sentiment secret de complaisance en celui qui aime ; & cette complaisance devient ensuite un attachement à la personne qui est aimée. *Brûler*, est un état violent, sujet aux inquiétudes, aux peines, aux tourmens, quelquefois aux troubles, aux transports, au désespoir ; en un mot, à tout ce qui nous inquiéte ou qui nous agite. *Languir*, est le plus beau des mouvemens de l'Amour : c'est l'effet délicat d'une flamme pure qui nous consume doucement : c'est une maladie chère & tendre qui nous fait hair la pensée de notre guérison. On l'entretient secretement au fond de son cœur ; &, si elle vient à se découvrir, les yeux, le silence, un soupir qui nous échappe, une larme qui coule malgré nous, l'expriment mieux que ne pourroit faire toute l'éloquence du discours. Pour ces longues conversations de tendresse, ces soupirs poussés incessamment, ces pleurs à tout moment répandus, ils pourront se rapporter à quelqu'autre cause. Si l'on m'en veut croire, ils tiendront moins de l'amour que de la sottise de celui qui aime. La passion m'est trop précieuse pour la couvrir d'une honte étrangere où elle n'a aucune part. Peu de larmes suffisent aux amans pour exprimer leur amour : quand ils en ont trop, ils expliquent moins leur passion que leur foiblesse. J'ose dire qu'une Dame qui aura pitié de son Amant sur les discretes & respectueuses expressions du mal qu'elle cause, se moquera de lui comme d'un misérable pleureur, s'il gémit éternellement auprès d'elle.

J'ai observé que Cervantes estime toujours dans ses Chevaliers le mérite vraisemblable; mais il ne manque jamais à se moquer de leurs combats fabuleux & de leurs pénitences ridicules. Par cette derniere considération, il faut préférer DON GALAOR au bon AMADIS DE GAULE, *Porque tenia muy acomodada condicion para todo; que no era Cavallero melindroso, ni tan lloron como su hermanno* (1).

Un grand défaut des Auteurs dans les Tragédies, c'est d'employer une passion pour une autre; de mettre de la douleur où il ne faut que de la tendresse; de mettre au contraire du désespoir où il ne faut que de la douleur. Dans les TRAGEDIES de Quinaut, vous desireriez souvent de la douleur où vous ne voyez que de la tendresse. Dans le TITUS de Racine, vous voyez du désespoir où il ne faudroit qu'à peine de la douleur. L'Histoire nous apprend que Titus plein d'égards & de circonspection, renvoya Bérénice en Judée, pour ne pas donner le moindre scandale au Peuple Romain; & le Poëte en fait un désespéré qui veut se tuer lui-même, plû-

---

(1) Michel Cervantes, dans son HISTOIRE de l'admirable DON QUICHOTTE de la MANCHE, Tom. I. Chap. I.

tôt que de confentir à cette féparation.

Corneille n'a pas eu des fentimens plus juftes fur le fujet de fon Titus (1); il nous le repréfente prêt à quitter Rome, & à laiffer le gouvernement de l'Empire pour aller faire l'amour en Judée. Certes il va contre la vérité & la vrai-femblance, ruinant le naturel de Titus & le caractére de l'Empereur, pour donner tout à une paffion éteinte : c'eft vouloir que ce Prince s'abandonne à Bérénice comme un fou, lorfqu'il s'en défait comme un homme fage ou dégoûté.

J'avoue qu'il y a de certains fujets où la bienféance & la raifon même favorifent les fentimens de la paffion ; & alors la paffion le doit emporter fur le caractére. Horace veut qu'on repréfente Achille agiffant, coléré, inéxorable, croyant que les Loix n'ont pas été faites pour lui, & ne connoiffant que la force pour tout droit en fes entreprifes (2) ; mais c'eft dans fon naturel ordinaire qu'on le doit dépeindre ainfi. C'eft le caractére qu'Homere lui donne, lorfqu'il difpute fa Captive à Agamemnon: cependant, ni Homere ni Horace n'ont

---

(1) Dans fa Comédie héroique, intitulée : TITE ET BERENICE.

(2) *Aut famam fequere, aut fibi convenientia finge*
Scriptor. Honoratum fi forté reponis Achillem ;
Impiger, iracundus, inexorabilis, acer,
Jura neget fibi data, nihil non arroget armis.
HORAT. de Art. Poët. v. 119. 121.

pas voulu éteindre l'humanité dans Achille ; & Euripide a eu tort de lui donner si peu d'amour pour Iphigénie, sur le point qu'elle devoit être sacrifiée (1). Le Sacrificateur étoit touché de compassion, & l'Amant paroît comme insensible : s'il a de la colere, il la trouve dans son naturel ; son cœur ne lui fournit rien pour Iphigénie. On m'avouera que l'humanité demandoit de la pitié ; que la nature, que la bienséance même exigeoit de la tendresse : & tous les gens de bon goût blâmeront le Poëte d'avoir trop considéré le caractére, lorsqu'il falloit avoir de grands égards pour la passion. Mais, quand une passion est connue généralement de tout le monde, c'est-là qu'il faut donner le moins qu'on peut au caractére.

En effet, si vous aviez à dépeindre Antoine depuis qu'il fut abandonné à son amour, vous ne le dépeindriez pas avec les belles qualités que la nature lui avoit données. Antoine amoureux de Cléopatre, n'est pas l'Antoine ami de César. D'un homme brave, audacieux, entreprenant, il s'en est fait un foible, mou & paresseux ; d'un homme qui n'avoit manqué en rien, ni à son intérêt, ni à son parti, il s'en est fait un qui s'est manqué à lui-même, & qui s'est perdu.

(1) Pensées de Grotius.

Horace, que j'ai allégué, forme un caractére de la vieillesse qu'il nous prescrit de garder fort soigneusement. Si nous avons quelque vieillard à représenter, il veut que nous le dépeignions amassant du bien, & s'abstenant de celui qu'il peut avoir amassé ; que nous le dépeignions froid, timide, chagrin, peu satisfait du présent, & grand donneur de louanges à tout ce qu'il a vû dans sa jeunesse (1). Mais, si vous avez à représenter un vieillard fort amoureux, vous ne lui donnerez ni froideur, ni crainte, ni paresse, ni chagrin : vous ferez un libéral d'un avare, un complaisant d'un homme fâcheux & difficile. Il trouvera à redire à toutes les beautés qu'il a vûes, & admirera seulement celle qui l'enchante : il fera toutes choses pour elle, & n'aura plus de volonté que la sienne, pensant regagner par la soumission ce qu'il perd par le dégoût que son âge peut donner.

Et sous un front ridé qu'on a droit de hair,
Il croit se faire aimer à force d'obéir (2).

Tel a été, & tel est dépeint par Corneille le vieil & infortuné Siphax. Avant qu'il fût

(1) *Multa senem circumveniunt incommoda ; vel quòd Quaerit, & inventis miser abstinet, ac timet uti ; Vel quòd res omnes timidè, gelidèque ministrat, Dilator, spe longus, iners, avidusque futuri, Difficilis, querulus, laudator temporis acti Se puero, censor, castigatorque minorum.*
HORAT. de Art. Poët. v. 169. 174.

(2) Corneille dans la SOPHONISBE.

charmé de sa Sophonisbe, il avoit tenu la balance entre les Carthaginois & les Romains : devenu amoureux sur ses vieux jours, il perdit ses Etats & se perdit lui-même, pour avoir eu trop d'assujettissement aux volontés de sa femme.

Quand j'ai parlé de la passion, ç'a été proprement de l'Amour que j'ai entendu parler : les autres passions servent à former le caractére, au lieu de le ruiner. Etre naturellement gai, triste, colere, timide, c'est avoir les humeurs, les qualités, les affections qui composent un caractére : être fort amoureux, c'est avoir pris une passion qui ne ruine pas seulement les qualités d'un caractére, mais qui assujettit les mouvemens des autres passions. Il est certain qu'une ame qui aime bien, ne se porte aux autres passions que selon qu'il plaît à son amour. Si elle a de la colere contre un Amant, l'amour l'excite & l'appaise ; elle pense haïr, & ne fait qu'aimer : l'Amour excuse l'ingratitude, & justifie l'infidélité. Les tourmens d'une véritable passion sont des plaisirs ; on en connoît les peines lorsqu'elle est passée, comme après la rêverie d'une fiévre on sent les douleurs. En aimant bien, l'on n'est jamais misérable : on croit l'avoir été quand on n'aime plus.

Une beauté qui fait toucher les cœurs,
N'a pas en son pouvoir de faire un misérable ;
Auprés d'une personne aimable,
Les appas tiennent lieu d'assez grandes faveurs.

A UN AUTEUR

Qui me demandoit mon sentiment d'une Piéce où l'Héroïne ne faisoit que se lamenter.

LA Princesse dont vous faites l'Héroine de votre Piéce, me plairoit assez si vous aviez un peu ménagé ses larmes ; mais vous la faites pleurer avec excès : &, dès qu'il y aura quelque retour à la justesse du sentiment, le trop de larmes rendra ceux qu'on représente moins touchans, & ceux qui voyent représenter moins sensibles. Corneille n'a pas plû à la multitude en ces derniers temps, pour avoir été chercher ce qu'il y a de plus caché dans nos cœurs, ce qu'il y a de plus exquis dans le sentiment, & de plus délicat dans la pensée. Après avoir comme usé les passions ordinaires dont nous sommes agités, il s'est fait un nouveau mérite à toucher des tendresses plus recherchées, de plus fines jalousies, & de plus secretes douleurs : mais cette étude de pénétration étoit trop délicate pour les grandes assemblées ; de sorte qu'une découverte si précieuse lui a fait perdre quelqu'estime dans le monde, quand elle devoit lui donner une nouvelle réputation.

Il est certain que personne n'a mieux entendu la nature que Corneille ; mais il l'a expliqué différemment, selon ses temps différens : étant jeune, il en exprimoit les mouvemens ; étant vieux, il nous en découvre les ressorts. Autrefois il donnoit tout au sentiment ; il donne plus aujourd'hui à la connoissance : il ouvre le cœur avec tout son secret ; il le produisoit avec tout son trouble. Quelques autres ont suivi plus heureusement la disposition des esprits qui n'aiment aujourd'hui que la douleur & les larmes : mais je crains pour vous quelque retour du bon goût justement sur votre Piéce, & qu'on ne vienne à désapprouver le trop grand usage d'une passion dont on enchante présentement tout le monde.

J'avoue qu'il n'y a rien de si touchant que le sentiment douloureux d'une belle personne affligée ; c'est un nouveau charme qui unit toutes nos tendresses par les impressions de l'amour & de la pitié mêlées ensemble. Mais, si la belle affligée continue à se désoler trop long-temps, ce qui nous touchoit nous attriste : lassés de la consoler quand elle aime encore à se plaindre, nous la remettons comme une importune entre les mains des vieilles & des parens, qui gouvernent dans toutes les formes de la condoléance une si ennuyeuse désolation.

Un Auteur bien entendu dans les passions, n'épuisera jamais la douleur d'une affligée : cet épuisement est suivi d'une indolence qui apporte une langueur infaillible aux Spectateurs. Les premieres larmes sont naturelles à la passion qu'on exprime; elles ont leur source dans le cœur, & portent la douleur d'un cœur affligé dans un cœur tendre. Les dernieres sont purement de l'esprit du Poëte ; l'art les a formées, & la nature ne veut pas les reconnoître. L'affliction doit avoir quelque chose de touchant, & la fin de l'affliction quelque chose d'animé qui puisse faire sur nous une impression nouvelle. Il faut que l'affliction se termine par une bonne fortune qui finit les malheurs avec la joie, ou par une grande vertu qui attire notre admiration : quelquefois elle s'acheve par la mort, & il en naît en nos ames une commisération propre & naturelle à la Tragédie ; mais ce ne doit jamais être après de longues lamentations, qui donnent plus de mépris pour la foiblesse, que de compassion pour le malheur.

Je n'aime pas au Théatre une mort qui se pleure davantage par la personne qui se meurt, que par ceux qui la voyent mourir. J'aime les grandes douleurs avec peu de plaintes & un sentiment profond ; j'aime un désespoir qui ne s'exhale pas en paroles

les, mais où la nature accablée succombe sous la violence de la passion. Les longs discours expliquent plus notre regret à la vie, que notre résolution à la mort : parler beaucoup dans ces occasions, c'est languir dans le désespoir, & perdre tout le mérite de sa douleur,

O! Silvia, tu se morta.

& s'évanouir comme Aminte (1) :

Non, je ne pleure pas, Madame, mais je meurs (2),

& mourir comme Euridice.

Il est certain que nos maux se soulagent en pleurant ; & la plus grande peine du monde un peu adoucie, ranime le desir de vivre à mesure qu'elle soulage le sentiment. Il en est de notre raisonnement comme de nos larmes : pour peu que nous raisonnions dans l'infortune, la raison nous porte à l'endurer plûtôt qu'à mourir. Faisons guérir au Théatre ceux que nous faisons beaucoup pleurer & beaucoup se plaindre : donnons plus de maux que de larmes & de discours, à ceux que nous avons dessein d'y faire mourir.

(1) AMINTE du Tasse, Act. III. Sc. II. | (2) SURENA, Tragédie de Corneille, Act. V. Sc. V

Tome III.   F f

LETTRE
A MONSIEUR LE COMTE DE LIONNE.

Quelque fâcheuses que soient mes disgraces, je trouve de la douceur quand je vois un aussi honnête-homme que vous, assez tendre pour les plaindre, & assez généreux pour chercher le moyen de les finir. Je suis infiniment obligé aux bontés de Madame ***, & à la chaleur de vos bons offices; mais je serai bien aise à l'avenir que personne n'excite Monsieur le Comte de Lauzun à me servir : je suis sûr qu'il fera de lui-même tout ce qu'il pourra sur mon sujet sans se nuire; & je serois fort fâché de lui attirer le moindre désagrément : il ne doit rien dire à son Maître que d'agréable, & n'en rien entendre qui ne lui laisse de la satisfaction. Un Maître qui refuse une fois, se fait aisément une habitude de ne pas accorder les autres choses qui lui sont demandées. J'ai oüi dire à un grand Courtisan, qu'*il falloit éviter autant qu'on pouvoit le premier rebut* : je serois au désespoir de l'avoir attiré à une personne que j'honore autant que Monsieur le Comte de Lauzun.

Ce n'est pas que je n'aye presque une nécessité d'aller en France pour deux mois, à moins que de me résoudre à perdre le peu que j'y ai, & tout ce qui me fait vivre dans les Pays étrangers. Je croi qu'il m'y est dû encore quarante mille livres dont je ne puis rien tirer : cependant je crains plus que la nécessité, le secours de la nature qui pourroit finir tous les maux que me fait la fortune. J'ai des diablesses de vapeurs qui me tourmentent ; mais elles ne sont pas si-tôt passées, que je suis plus gai que jamais. Dans une heure, tout ce qu'il y a de funeste & tout ce qu'il y a d'agréable se présente à mon imagination ; & je sens ainsi bien plus vivement en moi les effets de l'humeur, que le pouvoir de la raison. Je tomberois aisément dans la morale ; c'est le penchant de tous les malheureux, dont l'imagination est presque toujours triste, ou les pensées du moins sérieuses. Comme je crains le ridicule de la gravité, je m'arrête tout court, pour vous dire seulement, Monsieur, que personne au monde n'est à vous plus absolument, &c.

Je vous supplie, dans l'occasion, d'assûrer Madame de *** de ma reconnoissance très-humble pour toutes ses bontés.

Depuis que je n'ai eu l'honneur de vous

écrire, j'ai passé mes heures ennuyeuses sur des bagatelles. J'ai fait quelques *Observations sur nos Historiens, sur la Tragédie & sur la Comédie Espagnole, Françoise, Italienne, Angloise, sur l'Opera, &c.* mais c'étoient seulement des observations particuliéres, sans beaucoup de dessein & de régularité. Tout cela étoit fondé sur les différens génies des Nations. J'en ai perdu une partie, & l'autre est encore confuse; je vous les envoyerai toutes. Vous m'obligerez infiniment de m'envoyer ce qu'il y a de nouveau, s'il est fort rare.

DISCOURS
SUR LES HISTORIENS
FRANÇOIS.

IL faut avouer que nos HISTORIENS n'ont eu qu'un mérite bien médiocre. Sans l'envie naturelle qu'ont les hommes de savoir ce qui s'est passé dans leur pays, je ne sai comment une personne qui a le bon goût des Histoires anciennes, pourroit se résoudre à souffrir l'ennui que donnent les nôtres. Et certes, il est assez étrange que dans une Monarchie où il y a eu tant de Guerres mémorables & tant de changemens signalés dans les affaires, que parmi des gens qui ont la vertu de faire les grandes choses & la vanité de les dire, il n'y ait pas un Historien qui réponde ni à la dignité de la matière, ni à notre propre inclination.

J'ai crû autrefois qu'on devoit attribuer ce défaut-là à notre Langue; mais quand j'ai consideré depuis que la beauté du François dans la Traduction égaloit presque celle du Grec & du Latin dans l'Original, il m'est venu dans la pensée, malgré moi, que la médiocrité de notre génie se trouve au-dessous de la majesté de l'Histoire. D'ailleurs, quand il y auroit parmi nous quelques génies assez élevés, il y a trop de choses nécessaires à la composition d'une belle Histoire, pour les pouvoir rencontrer dans une même personne. On trouveroit peut-être un stile assez pur & assez noble en quelques-uns de nos Auteurs, qui, pour mener une vie éloignée de la Cour & des affaires, les traiteroient avec des maximes générales & des lieux communs, qui sentent plus la politique de l'antiquité que la nôtre. Nos habiles gens d'affaires ont une grande connoissance de nos intérêts; mais ils ont le désavantage de s'être formés à un certain stile de dépêches aussi propre pour les négociations, que peu convenable à la dignité de l'Histoire. Ce leur est une chose ordinaire encore de parler fort mal de la Guerre, à moins que la fortune ne les y ait jettés autrefois, ou qu'ils n'ayent vécu dans la confiance & la familiarité des grands hommes qui la conduisent. C'a été un défaut considérable en Grotius, qui, après avoir pénétré les causes de la Guerre les plus cachées, l'esprit du gouvernement des Espagnols, la disposition des peuples de Flandre, qui, après être entré dans le vrai génie des Nations, après avoir formé le juste caractére des sociétés & celui des personnes principales, si bien expliqué les différens états de la Religion, remonté à des sources inconnues au Cardinal Bentivoglio & à Strada, n'a pû maintenir dans les esprits l'admiration qu'il y avoit causée, aussi-tôt qu'il a fallu ouvrir le champ de la Guerre, quand il a fallu parler du mouvement des Armées, venir à la description des Siéges & au récit des combats.

Nous avons des gens de qualité d'un mérite extraordinaire, qui, pour avoir passé par de grands Emplois avec un bon sens naturel & des connoissances acquises, sont également capables de bien agir & de bien parler; mais ordinairement le génie leur manque, ou ils n'ont pas l'art de bien écrire. Outre que rapportant toutes choses.

à leur Cour & à la fonction de leurs Charges, ils cherchent peu à s'instruire des formes du gouvernement & des ordres du Royaume. Ils croiroient se faire tort & prendre l'esprit des Gens de robe contre la dignité de leur profession, s'ils s'appliquoient à la connoissance de nos principales Loix. Et sans avoir ces lumiéres-là, j'oserois assûrer qu'il est comme impossible de faire une bonne Histoire, remplie, comme elle doit être, de saines & de judicieuses instructions.

Bacon se plaignoit souvent que les Historiens prennent plaisir à s'étendre sur les choses étrangeres, & qu'ils semblent éviter comme une langueur le discours des Reglemens qui font la tranquillité publique : que se laissant aller avec joie au récit des maux qu'apporte la Guerre, ils ne touchent qu'avec dégoût les bonnes Loix qui établissent le bonheur de la societé civile. Ses plaintes me paroissent d'autant mieux fondées, qu'il n'y a pas une Histoire chez les Romains où l'on ne puisse connoître le dedans de la République par ses Loix, comme le dehors par ses conquêtes. Vous voyez dans Tite-Live, tantôt l'abolition des vieilles Loix, & tantôt l'établissement des nouvelles ; vous y voyez tout ce qui dépend de la Religion & ce qui regarde les cérémonies. La conjuration de Catilina dans Sallufte eft toute pleine des Conftitutions de la République ; & la Harangue de Céfar, fi délicate & fi détournée, ne roule-t'elle pas toute fur la Loi *Portia*, fur les juftes confidérations qu'eurent leurs Peres, pour quitter l'ancienne rigueur dans la punition des Citoyens, fur les dangereufes conféquences qui s'enfuivroient, fi une ordonnance fi fage étoit violée ?

Le même Céfar en fes Commentaires ne perd jamais l'occafion de parler des mœurs, des coûtumes & de la Religion des Gaulois. Tacite n'eft peut-être que trop rempli d'accufations, de défenfes, de loix & de jugemens. Quinte-Curce, dans une Hiftoire compofée pour plaire plus que pour inftruire, met à la bouche d'Alexandre les Loix des Macédoniens, pour répondre aux reproches d'Hermolaüs, qui avoit confpiré contre fa vie. Cet Alexandre, qui femble n'avoir connu d'autres Loix que fes volontés dans la conquête du monde ; cet Alexandre ne dédaigne pas de s'appuyer de l'autorité des Loix, pour avoir fait donner le fouet à un jeune garçon, lorfqu'il eft le maître de l'Univers.

Comme il n'y a point de peuple qui n'ait à fe garantir des violences étrangeres, quand il eft foible, ou à rendre fa condition plus glorieufe par des conquêtes ; quand il eft puiffant ; comme il n'y en a

point

point qui ne doive aſſûrer ſon repos par la conſtitution d'un bon Gouvernement & la tranquillité de ſa conſcience par les ſentimens de ſa Religion ; auſſi n'y a-t'il point d'Hiſtorien qui ne doive être inſtruit de tous ces différens intérêts, quand il en entreprend l'Hiſtoire, qui ne doive faire connoître ce qui rend les hommes malheureux, afin que l'on l'évite, ou ce qui fait leur bonheur, afin qu'on ſe le procure. On ne ſauroit bien faire l'Hiſtoire de France, quelques Guerres qu'on ait à décrire, ſans faire connoître les ordres du Royaume, la diverſité de Religion & les libertés de l'Egliſe Gallicane.

Il ſeroit ridicule de vouloir écrire celle d'Angleterre, ſans ſavoir les affaires du Parlement & être bien inſtruit des différentes Religions de ce Royaume. Il ne le ſeroit pas moins d'entreprendre celle d'Eſpagne, ſans ſavoir exactement les diverſes formes de ſes Conſeils & le myſtére de ſon Inquiſition, auſſi bien que le ſecret de ſes intérêts étrangers, les motifs & les ſuccès de ſes Guerres.

Mais, à la vérité, ces diverſités de Loix, de Religion, de Politique, de Guerre, doivent être mêlées ingénieuſement & ménagées avec une grande diſcrétion ; car un homme qui affecteroit de parler ſouvent de la conſtitution & des Loix de quelque Etat, sentiroit plûtôt le Législateur ou le Jurisconsulte que l'Historien. Ce seroit faire des leçons de Théologie, que de traiter chaque point de religion avec une curiosité recherchée : on auroit de la peine à le souffrir dans l'Histoire de Fra-Paolo, quelque belle qu'elle puisse être, si on ne pardonnoit l'ennui de ses controverses entre les Docteurs, à la nécessité de son sujet.

Quoique la description des Guerres semble tenir le premier lieu dans l'Histoire, c'est se rendre une espece de conteur fort importun, que d'entasser évenement sur évenement, sans aucune diversité de matieres; c'est trouver le moyen dans les vérités d'imiter la maniere des vieux faiseurs de Romans dans leurs faux combats & leurs avantures fabuleuses.

Les Historiens Latins ont sû mêler admirablement les diverses connoissances dont j'ai parlé : aussi l'Histoire des Romains devoit-elle avoir du rapport avec leur vie, qui étoit partagée aux fonctions différentes de plusieurs professions. En effet, il n'y a guéres eu de grands personnages à Rome, qui n'ayent passé par les dignités du Sacerdoce, qui n'ayent été du Sénat, & tirés du Sénat, pour commander les Armées. Aujourd'hui, chaque profession fait un attachement particulier. La plus grande vertu des Gens d'Eglise est de se donner tout entiers aux choses ecclésiastiques ; & ceux que leur ambition a poussés au maniement des affaires, ont essuyé mille reproches d'avoir corrompu la sainteté de vie où ils s'étoient destinés. Les Gens de robe sont traités de ridicules aussi-tôt qu'ils veulent sortir de leur profession ; & un homme de Guerre ordinairement a de la honte de savoir quelque chose au-delà de son métier.

Il est certain néanmoins que les diverses applications des Anciens formoient une capacité bien plus étendue ; les mêmes personnes apprenant à bien employer les forces de la République & à contenir les peuples par la révérence de la Religion & par l'autorité des Loix. C'étoit un grand avantage aux Magistrats d'être maîtres des plus fortes impressions qui se fassent sur les esprits, & de saisir tous les sentimens par où ils sont disposés à la docilité, ou contraints à l'obéissance. Ce n'en étoit pas un moindre aux Généraux d'avoir appris dans les secrets de leur Religion à pouvoir inspirer leurs propres mouvemens & à les faire recevoir avec le même respect que s'ils avoient été inspirés véritablement par les Dieux, d'avoir l'art de tourner toutes choses en présages de bonheur ou d'infortune, & de savoir à propos remplir les Soldats de confiance, ou de crainte. Mais il en revenoit encore une autre utilité à la République ; c'est que les Magistrats se faisoient connoître pleinement eux-mêmes : car il étoit impossible que dans ces fonctions différentes, le naturel le plus profond pût également se cacher par tout, & que les bonnes & les mauvaises qualités ne fussent à la fin discernées. On découvroit en ces génies bornés que la nature a restraints à certains talens, qu'une humeur douce & paisible qui s'étoit accommodée au ministére de la Religion, n'avoit pas quelquefois assez de constance pour maintenir les Loix en vigueur.

On voyoit quelquefois un Sénateur incorruptible dans les jugemens, qui n'avoit ni l'activité, ni la vigilance d'un bon Capitaine. Tel étoit un grand homme de Guerre, comme Marius, qui se trouvoit sans capacité en ce qui regardoit la Religion & les affaires. A la vérité, il se formoit souvent une suffisance générale & une vertu pleine par tout, qui pouvoit rendre les Citoyens utiles au public en toutes choses ; mais souvent aussi une capacité moins étendue faisoit employer les hommes à certains usages où ils étoient seulement propres.

C'est ce qu'on a vû dans le Consulat de Ciceron & d'Antonius, où ce premier eut ordre de veiller au salut de la République, selon son talent ; & le second, fut envoyé assembler des Troupes avec Petreius, pour combattre celles de Catilina.

Si on fait réflexion sur ce que j'ai dit, on ne s'étonnera point de trouver d'excellens Historiens chez un Peuple où ceux qui écrivoient l'Histoire étoient des personnes considérables, ausquels il ne manquoit ni génie, ni art pour bien écrire, qui avoient une connoissance profonde des affaires de la Religion, de la Guerre, des hommes. A dire vrai, les Anciens avoient un grand avantage sur nous à connoître les génies par ces différentes épreuves où l'on étoit obligé de passer dans l'administration de la République ; mais ils n'ont pas eu moins de soin pour les bien dépeindre ; & qui examinera leurs éloges avec un peu de curiosité & d'intelligence, y découvrira une étude particuliere & un art infiniment recherché.

En effet, vous leur voyez assembler des qualités comme opposées, qu'on ne s'imagineroit pas se pouvoir trouver dans une même personne : *Animus audax, subdolus.* Vous leur voyez trouver de la diversité dans certaines qualités qui paroissent tout-à-fait les mêmes, & qu'on ne sauroit démêler sans une grande délicatesse de discernement : *Subdolus, varius, cujuslibet rei simulator ac dissimulator* (1).

(1) Salluste dans le caractere de Catilina.

Gg iij

Il y a une autre diversité dans les éloges des Anciens plus délicate, qui nous est encore moins connue. C'est une certaine différence, dont chaque vice ou chaque vertu est marquée par l'impression particuliére qu'elle prend dans les esprits où elle se trouve. Par exemple, le courage d'Alcibiade a quelque chose de singulier qui le distingue de celui d'Epaminondas, quoique l'un & l'autre ayent sû exposer leur vie également ; la probité de Caton est autre que celle de Catulus ; l'audace de Catilina n'est pas la même que celle d'Antoine ; l'ambition de Sylla & celle de César n'ont pas une parfaite ressemblance : & de-là vient que les Anciens, en formant le caractére de leurs grands hommes, forment, pour ainsi dire, en même temps le caractére des qualités qu'ils leur donnent, afin qu'ils ne paroissent pas seulement ambitieux & hardis, ou moderés & prudens, mais qu'on sache plus particuliérement quelle étoit l'espece d'ambition & de courage, ou de modération & de prudence qu'ils ont eûe.

Salluste (1) nous dépeint Catilina comme un homme de méchant naturel, & la méchanceté de ce naturel est aussi-tôt exprimée : *Sed ingenio malo pravoque.* L'es-

---

(1) Voyez les OBSERVATIONS sur Salluste & sur Tacite, page 126 de ce volume.

pece de son ambition est distinguée par le déreglement de ses mœurs, & le déreglement est marqué à l'égard du caractére de son esprit par des imaginations trop vastes & trop élevées : *Vastus animus immoderata, incredibilia, nimis alta semper cupiebat.* Il avoit l'esprit assez méchant pour entreprendre toutes choses contre les loix, & trop vaste pour se fixer à des desseins proportionnés aux moyens de les faire réussir.

L'esprit hardi d'une femme voluptueuse & impudique, telle qu'étoit Sempronia, eût pû faire croire que son audace alloit à tout entreprendre en faveur de ses amours : mais comme cette sorte de hardiesse est peu propre pour les dangers où l'on s'expose dans une conjuration, Salluste explique d'abord ce qu'elle est capable de faire, parce qu'elle a fait auparavant : *Quæ multa sæpè virilis audaciæ facinora commiserat.* Voilà l'espece de son audace exprimée. Il la fait chanter & danser, non avec les façons, les gestes & les mouvemens qu'avoient à Rome les chanteuses & les baladines, mais avec plus d'art & de curiosité qu'il n'étoit bienséant à une honnête femme : *Psallere, saltare elegantiùs quam necesse est probæ.* Quand il lui attribue un esprit assez estimable, il dit en même temps en quoi consistoit le mérite de cet esprit : *Verum, ingenium ejus haud absurdum : posse versus facere ; jocos movere ; sermone uti , vel modesto , vel molli , vel procaci.*

Vous connoîtrez dans l'éloge de Sylla, que son naturel s'accommodoit heureusement à ses desseins. La République alors étant divisée en deux factions, ceux qui aspiroient à la puissance n'avoient point de plus grand intérêt que de s'acquérir des amis, & Sylla n'avoit point de plus grand plaisir que de s'en faire. La libéralité est le meilleur moyen pour gagner les affections. Sylla savoit donner toutes choses. Parmi les choses qu'on donne, il n'y a rien qui assujettisse plus les hommes & assure tant leurs services que l'argent qu'ils reçoivent de nous. C'est en quoi la libéralité de Sylla étoit particuliérement exercée: *Rerum omnium, pecuniæ maximè largiter* (1). Il étoit libéral de son naturel, libéral de son argent par intérêt. Son loisir étoit voluptueux ; mais ce n'eût pas été donner une idée de ce grand homme, que de le dépeindre avec de la sensualité ou de la paresse, ce qui oblige Salluste de marquer le caractére d'une volupté d'honnête homme, soumise à la gloire, & par qui les affaires ne sont jamais retardées, de peur qu'on ne vînt à soupçonner Sylla d'une molesse où

---

(1) Monsieur de Saint Evremond a cité ici Salluste de mémoire. Cet Historien dit *multarum rerum ac maximè pecuniæ largitor*.

languissent d'ordinaire les efféminés : *Cupidus voluptatum, gloriæ cupidior ; otio luxurioso esse, tamen ab negotiis nunquam voluptas remorata.* Il étoit le plus heureux homme du monde avant la Guerre civile ; mais ce bonheur n'étoit pas un pur effet du hazard ; & sa fortune, quelque grande qu'elle fût toujours, ne se trouva jamais au-dessus de son industrie : *Atque illi, felicissimo omnium ante civilem victoriam, nunquam super industriam fortuna fuit.*

Quand Tacite fait la peinture de Pétrone, il marque les qualités qu'il lui donne avec ces sortes de distinctions : il lui fait dépenser son bien, non pas en dissipateur dans la débauche, mais en homme délicat dans un luxe poli & curieux. Le mépris de la mort qu'il lui attribue, n'a rien de commun avec celui qu'en ont eu les autres Romains. Ce n'est point la gravité constante de Thraseas, faisant des leçons à celui qui lui apportoit l'ordre de mourir : ce n'est point la constance forcée de Séneque, qui a besoin de s'animer par le souvenir de ses préceptes & de ses discours : ce n'est point la fermeté dont Helvidius se pique : ce n'est point une résolution formée sur les sentimens des Philosophes ; c'est une indifférence molle & nonchalante, qui ne laissoit aucun accès dans son ame aux funestes pensées de la mort ; c'est une continuation du train ordinaire de sa vie, jusqu'au dernier moment (1).

Mais, si les Anciens ont eu tant de délicatesse à marquer ces différences, il n'y a pas moins d'art dans le stile de leurs éloges pour attacher notre discernement à les connoître. Dans leurs narrations, ils nous engagent à les suivre par la liaison insensible d'un récit agréable & naturel : ils entraînent notre esprit dans leurs harangues par la véhémence du discours, de peur que s'il demeuroit dans son assiette, il n'examinât le peu de bon sens qu'il y a dans les exagérations de l'éloquence, & n'eût le loisir de former des oppositions secrettes à la persuasion. Ils apportent quelquefois dans un Conseil raisons sur raisons, pour déterminer les ames les plus irrésolues au parti qu'elles doivent prendre : mais dans les éloges où il faut discerner les vices d'avec les vertus, où il faut démêler les diversités qui se rencontrent dans un naturel, où il faut non-seulement distinguer les qualités différentes, mais les différences dont chaque qualité est marquée ; on ne doit pas se servir d'un stile qui nous engage ou qui nous entraîne, ni de raisonnemens suivis qui assujettissent le nôtre : au contraire, il faut nous dégager de tout

---

(1) Voyez le JUGEMENT sur Seneque, Plutarque & Péroné, page 26 de ce volume.

ce qui nous attire, de ce qui nous impose, de ce qui soumet notre entendement, afin de nous laisser chez nous-mêmes avec un plein usage de nos lumieres, attachés néanmoins, autant que nous pouvons l'être, à chaque terme d'un stile coupé & d'une construction variée, de peur que l'esprit ne vînt à se dissiper en des considérations trop vagues : par-là, un lecteur est obligé de donner toute son attention aux diverses singularités, & d'examiner séparément chaque trait de la peinture.

C'est ainsi que les Anciens formoient leurs éloges. Pour nous, si nous avions à dépeindre un naturel semblable à celui de Catilina, nous aurions de la peine à concevoir dans une même personne des qualités qui paroissent opposées. Tant de hardiesse avec un si grand artifice, tant de fierté & tant de finesse, tant d'ardeur en ce qu'il desiroit, avec tant de feinte & de dissimulation.

Il y a des différences délicates entre des qualités qui semblent les mêmes, que nous découvrons malaisément. Il y a quelquefois un mélange de vice & de vertu dans une seule qualité, que nous ne séparerons jamais. Véritablement, il nous est facile de connoître les vertus quand elles sont nettes & entieres : & d'ordinaire nous donnons de la prudence dans les conseils, de la promptitude dans l'exécution, & de la valeur dans les combats ; pour ce qui regarde les bonnes mœurs, de la piété envers Dieu, de la probité parmi les hommes, de la fidélité à ſes amis ou à ſon maître. Nous faiſons le même uſage & des défauts & des vices ; de l'incapacité dans les affaires, de la lâcheté contre les ennemis, de l'infidélité à ſes amis, de la pareſſe, de l'avarice, de l'ingratitude ; mais, ou la nature n'a pas mis une grande pureté dans les vertus, ou elle a laiſſé quelque mélange de vertu parmi les vices : nous manquons tantôt de pénétration à découvrir ce qui ſe cache, tantôt de délicateſſe à démêler ce qui ſe confond.

Ces diſtinctions particulieres qui marquent diverſement les qualités, ſelon les eſprits où elles ſe rencontrent, nous ſont encore plus cachées. La diverſité de vaillance nous eſt inconnue : nous n'avons qu'un même courage pour tous les gens de valeur ; une même ambition pour tous les gens de bien : & à dire vrai, l'éloge que nous faiſons d'un homme de grand mérite, pourroit convenir à tout ce qu'il y a eu de grands perſonnages de notre temps. Si nous avions à parler de ces Ducs de Guiſe dont la réputation durera toujours, nous les ferions vaillans, généreux, courtois, libéraux, ambitieux, zélés pour la

Religion Catholique, & ennemis déclarés de la Protestante; mais les qualités de l'un trop peu distinguées de celles de l'autre, ne formeroient pas des caractéres aussi divers qu'ils le devoient être. Ces vertus que la morale & les discours généraux nous représentent les mêmes, prennent un air différent par la différence de l'humeur & du génie des personnes qui les possédent.

Nous jugeons bien que le Connétable (1) & l'Amiral (2) ont été capables de soutenir le poids des affaires les plus importantes; mais la différence de leur capacité ne se trouve pas assez marquée dans nos Auteurs. Ils nous aprennent que d'Andelot (3), Bussy (4)

---

(1) Anne de Montmorenci, Connétable de France, mort le 12 de Novembre 1567.

(2) Gaspard de Coligny, Amiral de France, massacré à Paris le 24 d'Aoust, jour du massacre de la Saint Barthelemi l'an 1572.

(3) François de Coligny, Seigneur d'Andelot, frere de l'Amiral de Coligny, Général de l'Infanterie de France, mort le 27 Mai 1569.

(4) Louis d'Amboise, Seigneur de Bussy, Marquis de Renel, Capitaine de cinquante hommes d'Armes du Roi, Gouverneur & Lieutenant Général en Anjou, premier Gentilhomme de la Chambre du Duc d'Alençon, se rendit illustre par son savoir, par son courage & par sa politesse. La Reine Marguerite en parle avec éloge dans ses MEMOIRES, & comme d'une personne qui ne lui étoit pas indifférente: elle avoue même qu'on disoit hautement au Roi Henri IV. son mari, *qu'il la servoit*. Bussy fut assassiné en 1579, ou selon Mezerai en 1580, dans son Gouvernement d'Anjou, à l'âge d'environ 28 ans. Le Comte de Montsoreau ayant sû qu'il voyoit sa femme, la força le poignard sur la gorge, de lui écrire de se rendre incessamment auprès d'elle. Bussy vint; & dès

& Givry (1) ont été les plus braves gens du monde : mais on ne nous dit point qu'il y avoit une opiniâtreté de faction mêlée à la hardiesse de d'Andelot ; qu'il paroissoit quelque chose de vain & d'audacieux dans la bravoure de Bussy ; & que la valeur de Givry avoit toujours un air de chevalerie.

Il y a quelques choses de particulier dans les courages, qui les distingue, comme il y a quelque singularité dans les esprits qui en fait la différence. Le courage du Maréchal de Châtillon (2) étoit une intrépidité lente & paresseuse : celui du Maréchal de la Meilleraye (3) avoit une ardeur fort pro-

---

que le Comte sut qu'il étoit dans la chambre de sa femme, il s'y jetta accompagné de cinq ou six hommes armés. Bussy ne trouvant pas la partie égale, sauta par une fenêtre dans la cour : mais il y fut bien-tôt attaqué par d'autres personnes. Il se défendit long-temps avec une vigueur & une fermeté incroyable, & leur vendit bien chèrement sa vie. Brantome n'a pas osé s'étendre sur la mort tragique de Bussy d'Amboise, dans l'Abregé qu'il a donné de sa Vie au Tome III. des HOMMES ILLUSTRES.

(1) ---- de Longvic, Seigneur de Givry, tué au Siége de Laon en 1594. Dans les attaques, dit Mezerai, fut tué Givry, le plus accompli Cavalier qui fût à la

Cour, soit pour son héroïque vaillance, soit pour les connoissances qu'il avoit des belles Lettres, soit pour l'esprit & pour la galanterie. Un désespoir amoureux causé de l'infidélité d'une Princesse, le jetta si souvent dans les périls, qu'il y demeura comme il le souhaitoit. Cette Princesse, que Mezerai n'a pas voulu nommer, c'étoit Louise, fille de Henri Duc de Guise, assassiné aux Etats de Blois en 1588, par ordre du Roi : elle épousa François de Bourbon, Prince de Conti, & mourut en 1631.

(2) Gaspard de Coligny, Maréchal de France, mort en 1646.

(3) Charles de la Porte, Duc de la Meilleraye, Maréchal de France, mort en 1664.

pre à presser un Siége, & un grand emportement dans les combats de campagne. La valeur du Maréchal de Rantzau (1) étoit admirable pour les grandes actions ; elle a pû sauver une Province, elle a pû sauver une Armée : mais on eût dit qu'elle tenoit au-dessous d'elle les périls communs, à la voir si nonchalante pour les petites & fréquentes occasions où le service ordinaire se faisoit. Celle du Maréchal de Gassion (2), plus vive & plus agissante, pouvoit être utile à tous les momens : il n'y avoit point de jour qu'elle ne donnât à nos troupes quelque avantage sur les Ennemis. Il est vrai qu'on la voyoit moins libre à la vûe d'une grosse affaire. Ce Maréchal, si avanturier pour les partis, si brusque à charger les arrieres-gardes, craignoit un engagement entier ; occupé de la pensée des évenemens, lorsqu'il falloit agir, plûtôt que de penser.

Quelquefois nous donnons tout aux qualités, sans avoir égard à ce que l'humeur y mêle du sien. Quelquefois nous donnons trop à l'humeur, & ne considérons pas assez le fond des qualités. La rêverie de Monsieur de Turenne, son esprit retiré en

(1) Josias, Comte de Rantzau, de l'illustre Maison de Rantzau, dans le Duché de Holstein, Maréchal de France, mort en 1650.

(2) Jean de Gassion, Maréchal de France, mort en 1647 d'une blessure qu'il reçût au Siége de Lens.

lui-même, plein de ses projets & de sa conduite, l'ont fait passer pour timide, irrésolu, incertain, quoiqu'il donnât une bataille avec autant de facilité que Monsieur de Gassion alloit à une escarmouche. Et le naturel ardent de Monsieur le Prince l'a fait croire impétueux dans les combats ; lui qui se possède mieux dans la chaleur de l'action qu'homme du monde, lui qui avoit plus de présence d'esprit à Lens, à Fribourg, à Nortlingue & à Senef, qu'il n'en auroit eu peut-être dans son cabinet.

Après un si long discours sur la connoissance des hommes, je dirai que nos Historiens ne nous en donnent pas assez, faute d'application, ou de discernement pour les bien connoître. Ils ont crû qu'un récit exact des évenemens suffisoit pour nous instruire, sans considérer que les affaires se font par des hommes que la passion emporte plus souvent que la politique ne les conduit. La prudence gouverne les sages, mais il en est peu ; & les plus sages ne le sont pas en tout temps : la passion fait agir presque tout le monde, & presque toujours.

Dans les Républiques, où les maximes du vrai intérêt devroient être mieux suivies, on voit la plûpart des choses se faire par un esprit de faction, & toute faction est passionnée : la passion se trouve par tout,

tout, le zéle des plus gens de bien n'en est pas exempt. L'animosité de Caton contre César, & la fureur de Ciceron contre Antoine, n'ont guére moins servi à ruiner la liberté, que l'ambition de ceux qui ont établi la tyrannie. L'opposition du Prince Maurice & de Barneveld, également, mais diversement zélés pour le bien de la Hollande, ont failli à la perdre, lorsqu'elle n'avoit plus rien à craindre des Espagnols. Le Prince la vouloit puissante au-dehors: Barneveld la vouloit libre au-dedans. Le premier, la mettoit en état de faire tête à un Roi d'Espagne: le second, songeoit à l'assûrer contre un Prince d'Orange. Il en coûta la vie à Barneveld; &, ce qui arrive assez souvent, on vit périr par le peuple même les partisans de la liberté.

Je passe des observations sur l'Histoire, à des réflexions sur la Politique: on me le pardonnera peut-être; en tout cas je me satisferai moi-même.

Dans les commencemens d'une République, l'amour de la liberté fait la premiere vertu des Citoyens, & la jalousie qu'elle inspire établit la principale politique de l'Etat. Lassés que sont les hommes des peines, des embarras, des périls qu'il faut essuyer pour vivre toujours dans l'indépendance, ils suivent quelque ambitieux qui leur plaît, & tombent aisément d'une liberté fâcheuse dans une agréable sujétion. Il me souvient d'avoir dit souvent en Hollande, & au Pensionnaire même (1), qu'on se mécomptoit sur le naturel des Hollandois. On se persuade que les Hollandois aiment la liberté, & ils haïssent seulement l'oppression. Il y a chez eux peu de fierté dans les ames, & la fierté de l'ame fait les véritables Républiquains. Ils appréhenderoient un Prince avare, capable de prendre leur bien ; un Prince violent qui pourroit leur faire des outrages : mais ils s'accommodent de la qualité de Prince avec plaisir. S'ils aiment la République, c'est pour l'intérêt de leur trafic, plus que par une satisfaction qu'ils ayent d'être libres. Les Magistrats aiment leur indépendance, pour gouverner des gens qui dépendent d'eux : le peuple reconnoît plus aisément l'autorité du Prince que celle des Magistrats. Lorsqu'un Prince d'Orange a voulu surprendre Amsterdam, tout s'est déclaré pour les Bourguemestres ; mais ç'a été plûtôt par la haine de la violence, que par l'amour de la liberté. Quand un autre s'oppose à la Paix (2), après une longue Guerre, la Paix se fait malgré lui : mais elle se fait par le sentiment de la misére présente; & la considération naturelle qu'on a pour lui, n'est que suspendue, non pas ruinée.

(1) M. de Wit.   (2) La Paix de Nimegue.

Ces coups extraordinaires étant paſſés, on revient au Prince d'Orange. Les Républiquains ont le déplaiſir de voir reprendre au peuple ſes premieres affections, & ils appréhendent la domination, ſans oſer paroître jaloux de la liberté.

Dans le temps que le Prince d'Orange n'avoit ni Charge, ni Gouvernement; dans le temps qu'il n'avoit de crédit que par ſon nom, le Penſionnaire & Monſieur de Noortwik étoient les ſeuls qui oſaſſent prononcer hardiment le mot de REPUBLIQUE à la Haye. La Maiſon d'Orange avoit aſſez d'autres Ennemis : mais ces Ennemis parloient toujours des Etats avec des expreſſions générales qui n'expliquoient point la conſtitution du Gouvernement.

La Hollande, dit Grotius, eſt une République faite par hazard, qui ſe maintient par la crainte qu'on a des Eſpagnols : *Reſpublica caſu facta, quam metus Hiſpanorum continet.* L'appréhenſion que donnent les François aujourd'hui fait le même effet; & la néceſſité d'une bonne intelligence unit le Prince aux Etats, les Etats au Prince. Mais, à juger des choſes par elles-mêmes, la Hollande n'eſt ni libre, ni aſſujettie. C'eſt un Gouvernement compoſé de piéces fort mal liées, où le pouvoir du Prince & la liberté des Citoyens ont également beſoin de machines pour ſe conſerver.

Venons maintenant à ce qui regarde les Cours, & faisons réflexion sur les effets que les passions y produisent.

En quelle Cour les femmes n'ont-elles pas eu du crédit, & en quelles intrigues ne sont-elles pas entrées ? Que n'a point fait la Princesse d'Eboli sous Philippe II. tout prudent & tout politique qu'il étoit ? Les Dames n'ont-elles pas retiré Henri le Grand d'une Guerre avantageusement commencée ? Et ne lui en faisoient-elles pas entreprendre une incertaine & périlleuse, lorsqu'il fut tué ? Les piques du Cardinal de Richelieu & du Duc de Buckingham, pour une suscription de Lettres, ont armé l'Angleterre contre la France. Madame de Chevreuse a remué cent machines dedans & dehors le Royaume. Et que n'a point fait la Comtesse de Carlisle ? N'animoit-elle pas du fond de White-Hall toutes les factions de Westminster (1) ?

C'est une consolation pour nous de trouver nos foibles en ceux qui ont l'autorité de nous gouverner, & une grande douceur à ceux qui sont distingués par la puissance d'être faits comme nous pour les plaisirs.

(1) Voyez la VIE de S. Evremond, sur l'année 1625.

Fin du Tome troisième.

www.ingramcontent.com/pod-product-compliance
Lightning Source LLC
Chambersburg PA
CBHW050751170426
43202CB00013B/2381